项目化学习
实施策略的研究与实践

李耀文◎主编

上海交通大学出版社
SHANGHAI JIAO TONG UNIVERSITY PRESS

内容提要

　　本书立足中国教育实践,构建本土化、项目化学习理论框架,提出闭环策略体系、六维实施路径;突破学科壁垒,设计跨学科整合工具;开发分层实践模型(案例模板、教师指南、校本课程),以及"数字脚手架""双师协同"等技术赋能路径,重构师生角色与评价体系,形成可复制的教育方案,推动教育从知识传授转向素养培育,助力学校、教师、学生实现系统性转型。本书适合基础教育一线教师、教育研究者及学校管理者使用。

图书在版编目(CIP)数据

　　项目化学习实施策略的研究与实践/李耀文主编.
上海:上海交通大学出版社,2025.6. —ISBN 978-7
-313-32699-7

　　Ⅰ.G420

　　中国国家版本馆 CIP 数据核字第 2025WS7070 号

项目化学习实施策略的研究与实践
XIANGMUHUA XUEXI SHISHI CELÜE DE YANJIU YU SHIJIAN

主　　编:李耀文
出版发行:上海交通大学出版社　　　　　　地　　址:上海市番禺路 951 号
邮政编码:200030　　　　　　　　　　　　电　　话:021-64071208
印　　制:常熟市文化印刷有限公司　　　　经　　销:全国新华书店
开　　本:710mm×1000mm　1/16　　　　印　　张:17.5
字　　数:359 千字
版　　次:2025 年 6 月第 1 版　　　　　　　印　　次:2025 年 6 月第 1 次印刷
书　　号:ISBN 978-7-313-32699-7
定　　价:78.00 元

编 委 会

前言

在 21 世纪全球化与信息化浪潮的推动下,教育领域正经历前所未有的深刻变革。传统教学模式以知识灌输为核心,强调标准化与统一性,虽在基础知识的传递上具有一定成效,但其局限性日益凸显:学生被动接受知识,缺乏主动探索的动力;学习过程脱离真实情境,难以培养解决实际问题的能力;评价方式单一,忽视核心素养与综合能力的提升;等等。这些问题的存在,迫切要求教育者探索更符合时代需求的教学模式。

项目化学习作为一种以学生为中心的教学方式,逐渐成为教育改革的重要方向。它通过真实情境中的复杂问题驱动学习,强调学生的自主探究、团队协作与成果创造,能够有效激发学习兴趣,培养高阶思维,提升实践能力。近年来,国内外教育实践表明,项目化学习在促进学生核心素养发展、适应未来社会需求方面展现出显著优势。然而,如何系统设计实施策略、平衡教师指导与学生自主性、整合多元评价工具等问题,仍是教育实践者面临的挑战。

淮阳外国语实验小学结合理论学习,立足实践探索,始终帮助学生激发学习探索的热情,不断在解决真实问题的情境中发现自己,找到适合自己学习成长的突破方法,从而让学习变得有趣、丰富而精彩。为了使项目化学习摆脱知识细节的束缚,超越碎片化知识,在情境问题中实现知识与生活、社会、世界的连接与迁移,提高项目化学习的实效性,实现创新思维的培养与创造能力的提高,近年来学校组织教师开展了一系列关于学科项目化、跨学科项目化、活动项目化的设计与实践,形成了相关的理论认识、操作方法及指导方式,并由此总结提炼出了《项目化学习实施策略的研究与实践》一书,为教师提供了一套可操作、可复制的项目化学习实施框架,助力学校有效转变育人方式。

本书的撰写源于三个重要目标:一是理论深化,梳理项目化学习的理论基础,明确其核心理念与实施原则,为教育实践提供科学依据;二是策略创新,结合本土化实践,提炼问题驱动、工具支持、自主参与、合作探究、多元评价与成果展示六大维度的实施策略,形成系统化解决方案;三是实践转化,通过真实案例分析,展示策略的具体应用场景,帮助教师将理论转化为实践行动。

本书共分为六章,每章围绕一个核心主题展开,形成"问题驱动—工具支持—自主参与—合作探究—多元评价—成果展示"的完整闭环,具体内容如下。

第一章"问题驱动　促进学习动力",通过案例解析,情境导入,激发学生的学习兴趣,以问题链引导学生开展深度思考,并通过动态调整保持学习动力。因为问题驱动作为项目化学习的核心策略之一,可以为学生创造更加生动有效的学习环境。第二章"学习工具　助力学生学习",在项目化学习中,根据项目化学习的特点,选择合适的学习工具,助力学生的学习过程,为学生的学习提供有力的支持,对于提升学习效果至关重要。第三章"自主参与　发挥主体意识",充分发挥学生的主体意识,强调学生在项目化学习过程中的地位和主动性,这是项目化学习成功的关键所在。第四章"合作探究　培养团队精神",因为合作探究强调学生在团队中共同解决问题,分享知识和经验,不仅能够促进学生在项目化学习中的知识建构和技能提升,还能够培养学生的团队精神和协作能力。第五章"多元评价　提升思维品质",旨在探讨多元评价在项目化学习中的应用策略,强调评价方式的多样性和评价内容的全面性,可以客观反映学生的学习成果,还能够促进学生的思维品质提升。第六章"成果展示　凸显核心素养",通过应用成果展示策略,注重评价与反馈的多样性和有效性,为学生提供更多的展示平台和机会,为他们的全面发展创造更加广阔的空间。

我们期望通过对项目化学习设计成果的提炼与总结,为教师提供可操作的实践指南,助力教师角色从知识传授者向学习引导者与资源协调者转型;培养学生的批判性思维、创新能力、团结协作的精神与责任感;促进学校构建与完善以核心素养为导向的课程体系,推动教育生态的优化升级。

展望未来,项目化学习的深化仍需多方合力,技术发展将催生更多创新工具,教育政策需进一步支持实践探索,而教师的专业成长始终是改革的核心动力。我们期待项目化学习以其独特的魅力创造更多育人方式变革的教育生态,进而促进学校高质量发展。

目 录

第一章

问题驱动　促进学习动力

在当今教育领域,项目化学习作为一种创新的教学方式,正以其独特的魅力吸引着越来越多的教育者。它摒弃了传统教学中以知识灌输为主的方式,转而强调以问题为导向,通过真实情境中的项目活动,激发学生的内在学习动力。淮阳外国语实验小学作为教育改革的先锋,积极引入项目化学习模式,旨在培养学生的问题解决能力、批判性思维以及自主学习能力,为他们未来的学习和生活打下坚实的基础。本章将深入探讨问题驱动在项目化学习中的应用策略,强调问题的解决是有效促进学习的根本动力,以期为教育实践者提供有益的参考。

一、问题设计的原则

(一) 问题的真实性

在项目化学习中,驱动性问题的设计至关重要,它不仅是整个学习进程的起点,更是激发学生好奇心和探索欲的关键。为了确保问题能够贴近学生生活,激发他们的探索兴趣,问题应来源于学生的现实生活或与他们即将面临的情境紧密相关。这样的设计能够让学生感受到问题的真实性和紧迫性,从而更加主动地投入到问题解决的过程中。例如,在"时间规划师——我的时间我做主"案例中,问题设计的真实性原则得到了充分体现。该项目针对学生在日常生活中普遍存在的时间管理问题,如起床困难、写作业拖拉等,设计了"如何在有效的时间内做更多有意义的事情"这一驱动性问题。这一问题直接触及学生的生活痛点,让他们意识到时间管理的重要性,并产生了迫切想要解决问题的愿望。

(二) 问题的层次性

在项目化学习中,问题设计是驱动学生深入探究、实现知识建构和应用的关键。为了确保学生能够逐步深入、循序渐进地掌握知识,问题设计的层次性显得尤为重要。在"手机利弊面面观"项目中,通过由易到难、循序渐进的问题链(初步思考—信息收集与整理—调查设计与实施—数据分析与结论—辩论与讨论—实践应用),引导学生从初步思考手机利弊,到收集资料、整理观点,再到设计调查问卷、展开实地调查,最后进行辩论和讨论,设定合理的手机使用时间限制。这一过程不仅要求学生掌握信息收集和处理的方法,还培养了他们的数据分析能力和批判性思维能力。

(三) 问题的开放性

在项目化学习中,问题设计的开放性原则扮演着举足轻重的角色,它激励学生挣脱传统束缚,进行发散性思维,从多元视角审视问题,从而点燃其创新思维的火花,并锻炼其实践能力。以"为学校标本室献标本"项目为例,教师精心设计了一系列开放性问题,诸如"如何通过标本制作来呈现动植物的独特特征?""如何使标本传达出大自然的美和生命力?""如何将标本与艺术元素相结合,创作出既有科学价值又有艺术美感的作品?"这些问题像一把把钥匙,引领学生踏入动植物特征探究、标本采集与制作以及展示方式创新等多个领域的广阔天地,鼓励他们探索多样化的解决方案。这一过程不仅锻炼了学生的创新思维,还显著提升了他们解决实际问题的能力。

(四) 问题的挑战性

在项目化学习中,挑战性原则对问题设计至关重要。它要求设定的问题具有一定的难度和深度,既能激发学生的求知欲,又能促使他们通过努力和探索来解决问题,从而提升他们的学习能力和创新思维。

设定适度难度的问题,能够使学生在解决问题的过程中感受到挑战和成就感。当问题过于简单时,学生可能会感到乏味和缺乏动力;而当问题过于复杂时,则可能使学生产生畏难情绪,甚至放弃努力。因此,挑战性原则的核心在于找到一个合适的难度平衡点,使学生在面对问题时能够保持积极的态度和持续的努力。

"创编童话故事"项目要求学生不仅要掌握童话故事创作的基本要素,还要发挥想象力,构建独特的故事世界和角色,编写出引人入胜的童话故事。这样的任务对学生来说具有一定的挑战性,需要他们综合运用语文知识、创新思维和团队协作能力来完成。

二、问题驱动的实施流程

(一) 情境导入

情境导入旨在通过生动、具体的故事、视频或学生活动等形式,为学生创造一个与学习内容紧密相关的问题情境。在这个情境中,学生会遇到一系列与主题相关的问题或挑战,这些问题或挑战既贴近他们的生活实际,又具有一定的探索性和挑战性。通过这样的情境导入,可以迅速吸引学生的注意力,激发他们的好奇心和探索欲。

在实施情境导入时,教师需要精心选择或设计导入素材,确保素材既符合学生的学习特点,又能与项目主题紧密契合。例如,在"时间规划师——我的时间我做主"这一项目中,教师利用"小明的一天"的照片作为导入素材,通过展示小明一天中的时间安排,引导学生思考时间规划的重要性,并激发他们的驱动力,想要帮助小明改善不良的生活习惯。

此外,教师还可以结合学生的生活经验和社会热点,进一步丰富情境导入的内容,使其更加贴近学生的生活实际,从而更有效地激发学生的探索兴趣和参与度。通过这样的情境导入,学生不仅能够迅速进入学习状态,还能在后续的问题分析和解决过程中保持高度的学习热情和积极性。

(二) 问题提出

在项目化学习中,问题驱动是一种有效的教学策略,它以学生为中心,通过真实、具体的问题引导学生主动探索、合作学习,从而达成学习目标。其中,问题提出是问题驱动实施流程的重要一环,它关乎着整个学习活动的方向和深度。

在问题提出阶段,教师需要精心设计一个或一系列贴近学生生活、能够激发学生探索兴趣的问题。这些问题应具有真实性,即来源于学生的日常生活或实际情境,确保学生能够理解和感受到问题的实际意义和价值。同时,问题还应具有一定的挑战性,能够激发学生的求知欲和探索精神,引导他们深入思考、主动探究。最好这些问题能让学生根据情境、体验等自己发现并提出,或通过教师的引导逐步提出,尽量避免直接生硬地给出。这种方式不仅能够增强学生的参与感和主动性,还能培养他们的问题意识和独立思考能力。

(三) 自主探究

在项目化学习中,自主探究是问题驱动实施流程中的关键环节。这一阶段,学生将在教师的引导下,以个人或小组的形式,主动探索问题的解决方案。自主探究不仅有助于学生深入理解问题,还能培养他们的独立思考意识和团队协作能力。

在自主探究过程中,教师需要有效引导学生逐步分析问题、解决问题。首先,教师可以提供必要的背景信息和资源,帮助学生建立对问题的初步认识。其次,鼓励学生提出假设,设计实验或调查方案,以验证他们的想法。在此过程中,教师要及时给予反馈,帮助学生调整思路,完善方案。

为了提高学生的自主探究能力,教师还可以采用一些有效的策略,举例如下。

(1) 设置阶段性目标,让学生在达成小目标的过程中逐步接近最终解决方案。

(2) 提供多样化的学习资源,如图书、视频、网络课程等,以满足不同学生的学习需求。

(3) 鼓励学生之间的交流和合作,通过小组讨论、角色扮演等方式,激发学生的思维碰撞,促进学生对问题的深入探究。

(四) 反馈调整

在项目化学习中,反馈调整是确保学生有效探究、逐步解决问题的重要流程。它要求教师根据学生的探究情况适时引导,灵活调整问题难度,从而引导学生逐步分析问题、解决问题。在"风向袋的制作"项目中,学生面对的核心问题是如何制作一个能够准确指示风向的风向袋。随着项目的深入,学生会遇到各种实际问题,如材料选择不当、风向袋灵敏度不够等。此时,教师的作用就凸显了出来。

首先,教师需要密切关注学生的探究过程,及时发现问题。例如,在制作风向袋的过程中,学生可能会发现某些材料不够轻便,导致风向袋无法准确指示风向。这时,教师应及时给予反馈,引导学生分析问题所在。

其次,针对学生遇到的问题,教师应灵活调整问题难度,提供适当的引导。教师可以提问："为什么这种材料不适合制作风向袋？我们可以尝试用哪些材料替代？"通过这些问题，引导学生深入思考，逐步找到解决问题的方法。

最后，教师需要鼓励学生不断尝试、不断反思。在制作风向袋的过程中，学生可能会经历多次失败，但正是这些失败可以让他们更加深入地理解问题、解决问题。教师应肯定学生的努力，鼓励他们从失败中汲取经验，不断优化自己的作品。

反馈调整是确保学生有效探究、逐步解决问题的重要流程。通过教师的适时引导和灵活调整，学生可以更加深入地理解问题、解决问题，从而在实践中成长，在创新中发展。

三、问题驱动的实施策略

（一）学习动力观察

学习动力观察是确保学生学习积极性和参与度的重要手段。这一策略通过细致观察学生在项目过程中的表现，包括他们的参与度、兴趣变化等，及时调整教学策略，激发学生的学习动力。

以"风向袋的制作"项目为例，在项目启动阶段，教师就需密切关注学生对风向袋制作的兴趣程度。通过观察学生在课堂上的反应，如他们对风向袋工作原理的好奇程度、对项目任务的投入状态等，初步评估学生的学习动力。若学生表现出浓厚的兴趣，教师可适时增加项目的挑战性，如要求学生制作能够适应不同风速和风向的风向袋；若学生兴趣一般，教师则需通过生动有趣的讲解、展示等方式，激发学生的探究欲望。

在项目实施过程中，教师还需持续观察学生的学习动力变化。例如，在制作风向袋的环节，学生可能会因为材料选择、结构设计等问题而陷入困境，此时他们的兴趣和参与度可能会下降。这时，教师应及时介入，通过提供材料样本、展示优秀设计等方式，帮助学生克服困难，重拾信心。

此外，教师还需通过学生的学习成果来反推其学习动力。如学生在风向袋制作过程中的创意构思、材料选择、制作技巧等方面表现出色，说明他们具有较高的学习动力和探究欲望；反之，若学生在这些方面表现不佳，则可能说明他们的学习动力不足，需要教师进一步引导和激励（见表 1-1）。

表 1-1 "风向袋的制作"学习动力观察表

学生姓名：_____　　　　日期：_____　　　　观察者：_____

观察维度	观察指标	表现描述	等级（1—5）	备注
创意构思	1. 提出独特且有创意的风向袋设计想法			
	2. 能够清晰表达设计思路和原理			
	3. 积极尝试不同的设计方案，并进行比较			

续 表

观察维度	观察指标	表现描述	等级(1—5)	备注
材料选择	1. 根据设计需求,合理选择材料			
	2. 能够阐述材料选择的原因,并强调材料的特性			
	3. 尝试使用不同的材料进行组合和创新			
制作技巧	1. 熟练使用工具进行制作,操作规范			
	2. 能够解决制作过程中遇到的问题			
	3. 注重细节,追求作品的精致度和美观度			
学习态度	1. 积极参与课堂讨论,主动提出问题			
	2. 认真倾听他人意见,并积极回应			
	3. 乐于分享自己的经验和成果			
合作精神	1. 与小组成员分工合作,共同完成任务			
	2. 能够有效沟通,解决合作中的分歧			
	3. 积极帮助组内其他同学,共同进步			
学习成果	1. 风向袋设计新颖,符合功能需求			
	2. 风向袋制作精美,结构牢固			
	3. 能够清晰讲解风向袋的工作原理和使用方法			

(二) 问题解决能力评估

问题解决能力评估是项目化学习中问题驱动实施策略的重要组成部分。通过作品和报告的评价,结合实例的融合应用,可以有效评估学生的问题解决能力,推动问题驱动教学策略的深入发展。在"风向袋的制作"项目中,学生的问题解决能力评估主要通过其作品和报告来体现。作品方面,学生制作的风向袋不仅要求能够准确指示风向,还要在美观性、实用性等方面有所创新。通过观察学生制作的风向袋,教师可以直观地评估学生在材料选择、结构设计、制作技巧等方面的问题解决能力。

报告方面,学生需要提交一份详细的制作报告,内容包括设计思路、制作过程、遇到的问题及解决方案等。通过审阅学生的报告,教师可以深入了解学生的问题解决策略,评估其在信息收集、分析比较、决策制定等方面的能力。

在评估过程中,教师应注重融合实例,将学生在项目中的具体表现与问题解决能力评估标准相结合。例如,在"风向袋的制作"项目中,教师可以结合学生在测试风向袋准确性、灵敏度时的数据记录和分析情况,评估其问题解决能力的实际效果。同时,教师还可以邀请学生分享自己的问题解决经验,通过讨论和交流,进一步提升学生的问题解决能力(见表1-2)。

表1-2 "风向袋的制作"项目问题解决能力评估表

学生姓名：_____   日期：_____

评估维度	评估标准	学生表现记录	等级	教师评语
问题理解与分析	1. 能准确理解项目要求,明确需要解决的问题			
	2. 能分析影响风向袋准确性和灵敏度的因素			
方案设计与实施	1. 能设计合理的方案测试风向袋的准确性和灵敏度			
	2. 能按照方案进行实验,并记录实验数据			
	3. 能根据实验现象和数据调整方案			
数据分析与结论	1. 能对实验数据进行整理和分析			
	2. 能根据实验现象和数据调整方案			
	3. 能反思实验过程中的不足,并提出改进建议			
沟通与表达	1. 能清晰地表达自己的观点和想法			
	2. 能积极参与小组讨论,分享经验			
	3. 能认真倾听他人意见,并进行有效沟通			

(三) 反思总结

在项目化学习中,反思总结是问题驱动实施策略中的重要一环,它不仅能够帮助学生总结经验教训,还能促进师生共同回顾项目过程,提升学习效果。在"为学校标本室献标本"项目中,反思总结同样发挥着关键作用。学生在采集、制作、分类和捐赠标本的过程中,会遇到各种挑战和困难。在反思总结中,他们一起讨论了如何更有效地采集标本、如何保持标本的完整性、如何分类和记录等问题。通过分享各自的经验和教训,学生更全面地理解了项目目标,掌握了更多实用技能。

在反思总结中,教师还需引导学生总结项目中的成功经验和失败教训,思考如何将所学知识和技能应用到未来的学习和生活中。通过这样的反思和总结,学生们不仅能够巩固所学知识,还能培养批判性思维和解决问题的能力,为未来的项目化学习打下坚实的基础。

(四) 持续优化

持续优化是基于评估结果对问题设计策略进行调整,以确保项目学习的有效性和针对性。

例如,在"为学校标本室献标本"项目中,学生在初步采集和制作标本后,教师组织了一次中期评估。通过评估,教师发现部分学生在标本的采集和制作过程中存在效率低下、标本质量不高的问题。针对这些问题,教师及时调整了问题设计策略,引导学生更加深入地学习标本采集和制作的专业知识,同时鼓励他们采用团队合作的方式,分工协作,提高效率和质量。在后续的标本捐赠环节,学生不仅成功捐赠了高质量的标本,还学会了如何有效地进行团队协作。

同样,在"时间规划师——我的时间我做主"项目中,学生在初步规划自己的日常学习和生活时间后,也遇到了一些问题。通过评估,教师发现部分学生在时间规划上缺乏灵活性,无法应对突发情况。针对这一问题,教师优化了问题设计策略,引导学生学习时间管理的技巧,如设置缓冲时间、优先级排序等,以提高时间规划的灵活性和有效性。在后续的实践中,学生逐渐掌握了这些技巧,并能够更好地规划自己的时间。

通过持续优化策略的实施,教师能够根据学生的实际情况和学习需求,及时调整问题设计策略,确保项目学习的针对性和有效性。同时,学生也能够在不断调整和优化中,逐步提升自己的学习能力和综合素质。

总之,在当今这个快速变化的时代,教育者的使命已经超越了单纯的知识传授,更重要的是激发学生的内在潜能,将他们培育成具有批判性思维、创新能力和实践精神的新时代人才。问题驱动作为项目化学习的核心策略,为实现这一使命提供了坚实的支撑。在解决问题的过程中,他们不仅能深化对知识的理解,更能锻炼思维能力和激发创新潜能。同时,问题驱动策略还着重培养学生的实践能力和责任意识,促使他们在解决问题的同时,学会关怀他人,关注社会现实,并积极承担起社会责任。我们坚信,在问题驱动的引领下,项目化学习将展现出更为旺盛的生命力,为新时代人才的培养贡献更大力量。

📖 案例分享

创编童话故事

项目类型	年级	课时数	设计者
活动类	三年级	12课时	符瑞　董文婷

一、项目概述

在校报投稿的热潮中,我们见证了学生对文学创作的无限热情与自信。为了珍惜并鼓励这份难能可贵的创造力,同时避免名额限制带来的遗憾,我们决定启动一项名为"创编童话故事"的项目式学习活动。本项目旨在通过引导学生深入探索童话世界,不仅为他们提供一个广阔的平台来展现自我、分享创意,还旨在通过创作过程,深刻理解童话故事中的人物塑造、情节构建及深层寓意,进而提升学生的语言运用能力、想象力、创新思维及团队合作能力。

二、项目目标

(一) 知识与能力目标

(1) 语文：通过"创编童话故事"项目化学习，掌握童话故事创作的基本要素，提升学生的阅读理解和写作能力，培养学生丰富的想象力和表达力。

(2) 美术：在"创编童话故事"项目中，学生能够掌握并运用绘画技巧，展现创新思维，将文字故事深刻转化为富有表现力和感染力的视觉艺术作品。

(二) 学习素养目标

(1) 通过项目研究，培养学生的创新思维和文学素养，提升语言表达能力和故事创作能力。

(2) 通过项目实践，融合艺术与技术，增强审美鉴赏能力和团队协作能力。

(三) 核心价值目标

(1) 培养学生对童话故事的兴趣和热爱，激发他们创作的热情和动力。

(2) 通过阅读和创作童话故事，培养学生的审美情趣和审美能力。

(3) 在童话故事中传递积极向上的价值观，如善良、勇敢、友爱等，引导学生形成正确的价值观和人生观。

三、挑战性问题

(一) 本质问题

如何运用丰富的想象力，并遵循一定的逻辑与结构，来创造性地编写一个引人入胜的童话故事？

(二) 驱动性问题

如何携手小组成员，运用无限的创意与严谨的逻辑思维，共同编织一个既充满奇幻色彩又结构严谨的童话故事，让每一个读者都能在你的故事中找到共鸣，感受到真善美的力量，并通过你的创作展示你的才华与团队协作的魅力。

四、认知策略

信息收集（ √ ）　比较分析（ √ ）　调研（　）　决策（　）

问题解决（ √ ）　系统分析（　）　创见（　）　实验（ √ ）

五、学习实践

（1）创造性实践：在"创编童话故事"项目化学习过程中，学生发挥无限创意，构建独特的故事世界和角色。

（2）调控性实践：学生合理规划时间，有效监控项目进度，确保故事创作顺利进行。

（3）探究性实践：通过深入研究和分析，学生探索童话故事的主题和结构，提升创作深度。

（4）社会性实践：学生在团队合作和分享交流中培养社会技能，促进共同成长。

（5）审美性实践：学生注重语言的艺术性和插图的设计感，打造美轮美奂的童话故事。

（6）技术性实践：利用现代数字化工具，学生将传统故事元素与现代技术结合，创新故事呈现方式。

六、预期成果

（一）产品形式

（1）学生阅读童话故事剪影。

（2）创编童话故事大纲。

（3）编写童话故事。

（4）自制童话故事人物头饰。

（5）形成班级童话故事集册。

（二）公开方式

学生以小组为单位，召开童话故事分享会，带着自己制作的故事及相关图表、演示文稿、童话故事头饰等活动展板，向参会的师生介绍项目经历，呈现产品效果，带领他们走进童话故事王国。

七、项目评价

（一）过程评价

（1）记录学生在课堂上的表现，如发言次数、小组讨论参与度等。同时，关注学生在课外的自主学习情况，如阅读童话故事的数量、搜集资料的情况等。

技能发展评价：观察学生在故事编写过程中的技能提升，如语言表达能力、情节构思能力、角色塑造能力等。通过对比学生初稿和终稿的差异，评价他们在写作技能上的进步。

（2）鼓励学生提出新颖的想法和创意，如独特的角色设定、故事情节等。对学生在创新方面的表现给予积极的反馈和评价。

（3）关注学生在小组合作中的表现，如沟通能力、协作精神、任务分配等。通过观察和记录小组活动情况，记录学生在合作能力方面的成长。

（二）结果评价

1. 知识技能、合作技能、实践技能的评价量规用表

（1）知识评价：童话故事的搜集及创编童话故事的有趣性、生动性、完整性的相关评价。

（2）技能评价：童话故事的选择、童话故事头饰的制作及使用、操作技法、沟通评价。

（3）实操评价：动手绘制故事大纲、人物头饰制作、童话故事集册制作。

2. 产品展示、项目介绍、故事集展示等评价

八、项目资源及工具

（一）项目资源

计算机、平板电脑、网络、与童话故事相关的书籍或其他形式的资料信息、绘图工具、美术材料等。

（二）制作工具

照片、卡纸、剪刀、双面胶、A4 纸、筛子、KT 板。

（三）计划时间表（见表 1-3）

表 1-3　计划时间表

时间	课时	内　　容
第一周	2	发布项目主题，调查数据分享，确定探究内容，开展入项活动
第二周	3	分享童话故事，归纳童话故事特点
第三周 第四周	4	提供知识技能，编写童话故事大纲，利用绘画工具
第五周	3	创编童话故事，提出修订建议，形成最终成果，演示文稿报告，公开成果展示
量化打分（"极好"为 10 分，"较好"为 8 分，"一般"为 6 分）		

九、项目实施设计

(一) 入项活动

教师向学生抛出三个精心设计的导入问题,旨在唤醒他们内心深处的童话梦想,并与他们已有的经验紧密相连:大家最喜欢的童话是什么? 什么样的故事可以被称为童话? 一个童话创作家应该具备什么样的能力? 随后,教师提出挑战,激发学生的创作热情:"同学们,你们每个人都是潜在的童话大师,拥有创造无限可能的力量。现在,就让我们化身为童话创作家,用我们的智慧和才华,编织出一个个充满奇幻色彩、引人入胜的童话故事吧! 在接下来的旅程中,我们将一起探索童话创作的奥秘,学习如何塑造生动的角色、构建扣人心弦的情节,并在故事中传递爱与勇气、善良与智慧的美好价值观。让我们携手并进,用童话点亮生活的每一个角落!"

(1) 全班学生以小组为单位,利用午读时间,分享自己喜欢的童话故事。

(2) 以小组为单位讨论童话故事大纲的绘制。

(3) 学生自主创编童话故事,并装订成册。

(二) 项目实施

1. 了解童话故事特点

(1) 学生自主选择喜欢的童话故事进行阅读。

(2) 学生进行小组讨论,探讨这些故事共有的特点。

(3) 小组代表汇报归纳童话故事的特点。

教师提供"组员分享童话故事评价表"(见表1-4),学生进行互评。

表1-4　组员分享童话故事评价表

组员	内　容			
	大声表达	认真倾听	积极分享	想象丰富
组员1				
组员2				
组员3				
组员4				
量化打分("极好"为10分,"较好"为8分,"一般"为6分)				

2. 编写童话故事大纲

(1) 学生在小组内讨论编写童话故事大纲需要哪些要素。

(2) 学生代表汇报,教师进行补充。

(3) 总结归纳。编写童话故事大纲的要素有:选择故事角色,构思故事情节,确定故事情节和主题,编写故事大纲。

教师提供"童话故事大纲编写评价量表"(见表1-5)。

表1-5 童话故事大纲编写评价量表

评估内容	评估指标	个人评估	小组评估
童话故事大纲	主题是否鲜明		
	情节构思能力		
	角色塑造能力		
	故事大纲是否完整		
量化打分("极好"为10分,"较好"为8分,"一般"为6分)			

3. 创编具体、完整、生动、有趣的童话故事

(1) 学生充分发挥想象力,自主创编童话故事。

(2) 学生完成初稿之后,在小组内进行互评。

(3) 教师提出修改意见,学生进行誊写。

教师提供"童话故事创编评价量表"(见表1-6)。

表1-6 童话故事创编评价量表

评 价 标 准	自评	他评	师评
发挥想象,创编有鲜明特点的童话人物			
故事情节生动有趣、跌宕起伏,人物有奇特经历,能吸引读者			
童话语言生动新鲜,能用多种描写手法,把关键情节写具体			
能用修改符号修改自己的故事			
量化打分("极好"为10分,"较好"为8分,"一般"为6分)			

(三) 出项活动

经过入项和实施后,项目活动进入出项公开展示阶段——创编童话故事集。

(1) 开展项目化成果展示会,展示最终作品。

(2) 班级推选代表介绍项目过程及收获。

(3) 教师对学生成果做出评价,完成评价表(见表1-7)。

表1-7 "创编童话故事集"出项活动环节评价表

评价种类	评价指标	得分(满分50分)
想象力与创意 (10分)	创意独特,引人入胜(5分)	
	情节丰富,出人意料(5分)	
角色塑造与 情感表达(20分)	角色鲜明,个性突出(5分)	
	情感真挚,触动人心(5分)	
	成长与启示(5分)	
	语言生动,情感饱满(5分)	

续　表

评价种类	评价指标	得分(满分 50 分)
逻辑结构与 连贯性(10 分)	结构合理,层次分明(5 分)	
	逻辑严密,无漏洞(5 分)	
团队协作 与分享(10 分)	积极参与,共同创作(5 分)	
	有效沟通,相互尊重(5 分)	

十、反思与展望

(一) 反思

在"创编童话故事"的项目化学习过程中,我们收获了许多宝贵的经验和教训。首先,通过实践,我们深刻认识到创造性在故事创作中的重要性。学生在构思故事情节和角色时,展现出了惊人的想象力和创造力,但也存在部分作品缺乏深度和独特性的问题。这提示我们在以后的教学中,需要更加注重对学生创造性思维的培养和启发。

项目化管理对确保学生学习过程的顺利进行起到了关键作用。然而,在实际操作中,我们也发现了一些问题,如时间管理不当、进度监控不够严格等。这要求我们在未来的项目化学习中,加强对学生时间管理和进度监控的指导,确保项目能够按时完成并达到预期效果。

我们还发现,在探究性实践中,学生对童话故事的主题和结构理解不够深入。这可能与我们的教学方法和教学资源有关。因此,我们需要进一步丰富教学资源,改进教学方法,引导学生更深入地探究童话故事的本质和内涵。

在社会性实践方面,我们欣喜地看到学生在团队合作和分享交流中取得了显著的进步。然而,也存在部分学生缺乏团队合作精神和沟通能力的问题。在未来的教学中,我们将注重培养学生的团队协作和沟通能力,使他们在项目中能够更好地发挥个人优势,实现共同目标。

在审美性实践和技术性实践方面,学生展现出了对美的追求和对技术的热爱。他们通过精心设计的插图和创新的数字化呈现方式,使童话故事焕发出新的生机和活力。然而,我们也发现了一些学生在技术运用上的不足之处。因此,我们将加强对学生技术能力的培养和指导,使他们在未来的学习和工作中能够更好地运用现代技术手段。

(二) 展望

展望未来,我们将继续深化项目化学习在创编童话故事中的应用。首先,我们将进一步完善项目化学习的管理体系和教学方法,使其更加符合学生的实际需求和发展规律。其次,我们将加强对学生创造性思维、时间管理、进度监控、探究能力、团队协作能力和沟通能力等方面的培养,使他们在未来的学习和工作中能够更好地应对各种挑战。

我们也将积极探索新的教学资源和技术手段,为学生提供更加丰富、多样和有趣的学习体验。例如,我们可以利用虚拟现实技术为学生打造沉浸式的童话世界体验,让他们更加深入地感受童话故事的魅力。此外,我们还可以邀请专业的作家和插画师来校指导学生的创作过程,为他们提供更加专业的指导和建议。

通过反思与展望,我们将不断努力完善项目化学习在创编童话故事中的应用,为学生提供更加优质、有趣和富有挑战性的学习体验。

📖 案例分享

风向袋的制作

项目类型	年级	课时数	设计者
学科类	五年级	4 课时	周艳　刘金华

一、项目概述

我校非常重视科学教育,一直致力于为学生打造丰富的科学实验平台。随着近年来环境教育的重要性日益上升,学校决定设立一个科学实验基地,以增强学生的动手实践能力及科学思维能力,拓宽他们的科学知识储备,端正科学态度。考虑到学生对科学实验的浓厚兴趣以及实践操作的渴望,学校设计了"风向袋的制作"这个既有趣又富有挑战性的活动。通过亲手制作风向袋,学生不仅可以直观地理解风向袋的工作原理,还能在操作过程中锻炼自己的动手能力,培养科学探究精神。

二、项目目标

(一)知识与能力目标

(1)科学:通过本项目,学会搜集资料并进行整理,深入理解风向袋的工作原理,了解风向袋如何捕捉和指示风向,从而准确判断风向。

(2)劳动:能在项目过程中,理解劳动在生活中的重要性,通过制作风向袋提高实践技能,掌握基本的动手能力。

(3)语文:通过记录制作风向袋的过程及感受,提高学生的语言表达能力,使学生的书写更具条理性。

（二）学习素养目标

（1）学会通过收集信息和了解风向袋的工作原理,利用资料设计并制作风向袋。

（2）强化动手实践能力,通过实际操作提升综合技能。

（3）在项目中不断反思自己的操作过程和方法,改进并优化风向袋。

（4）学生通过亲手制作风向袋,培养自己的实践操作能力、问题解决能力、创新思维能力、团队合作精神和沟通能力。

（三）核心价值目标

（1）树立科学探索意识。

（2）培养社会责任感,认识到科技兴国对国家和社会的影响。

三、挑战性问题

（一）本质问题

什么是风向袋?如何发挥学生奇思妙想来制作风向袋?

（二）驱动性问题

随着户外活动和气象观测的普及,风向袋作为一种简单实用的风向指示工具,越来越受到人们的重视。同学们,你们会制作吗?作为五年级的你们,在户外活动中,如何借助风向袋来选择最佳行进方向?如何借助风向袋来观察和测量风向,如何制作一个能够准确指示风向的风向袋,并理解风向袋背后的科学原理呢?

四、认知策略

信息收集（ √ ） 比较分析（ √ ） 调研（ √ ） 决策（ ）

问题解决（ √ ） 系统分析（ ） 创见（ ） 实验（ √ ）

五、学习实践

（1）创造性实践:对风向袋的制作及原理充满了好奇,有强烈的求知欲望和动手欲望;敢于探索和创新,不怕失败。

（2）创新性实践:在制作过程中,不拘泥于传统方法,敢于尝试新的材料、设计和制作方法。建立知识网络,了解风向袋的原理,并运用到制作过程中。

（3）操作性实践:在制作风向袋时,能够灵活运用所学知识,选择合适的材料,设计合理的结构,确保风向袋能够准确指示风向。

六、预期成果

（一）产品形式

（1）实物模型或设备：制作风向袋并进行展示。

（2）展示说明会：举办风向袋模型展览会，让学生将自己的风向袋作品进行陈列，供其他学生和教师观赏，在展示时让学生介绍其设计思路、制作过程和特色亮点，分享在制作过程中的经验、遇到的困难和解决方法，邀请表现突出的学生进行现场演示，展示他们的制作技巧和成果。

（二）公开方式

（1）班级展览会：在班级内组织成果展示会，邀请家长、教师、其他班级学生来参观，并安排学生现场解说，增加互动交流。

（2）线上平台分享：制作美篇，在班级公众号展示。

七、项目评价

（一）过程评价

（1）创意构思与设计初稿：学生能否根据搜集知识结果进行头脑风暴，提出风向袋的设计构思，其创意是否独特、可行，并能够体现风向袋的实用性。

（2）材料选择与成本考量：学生是否会选择合适的材料，并考虑成本因素。

（3）积极参与、合作探究：鼓励全体同学积极参与其中。

（二）结果评价

（1）美观性评价：是否大胆构思、精心设计，从颜色调配、图案美观、装饰用心等方面进行设计制作。

（2）科学性评价：制作的风向袋是否能准确测试风向。

（3）成果的展示和反思评价：能否清晰地展示自己的作品并分享设计思路和制作过程。学生能否进行反思，总结自己在项目中的收获和不足，以便在未来的学习中不断改进和提高。

八、项目资源及工具

（一）项目资源

（1）图书资源：利用学校图书馆或班级图书柜中的书籍作为研究资料，培养学生良好的阅读习惯，加深学生对本次项目主题的理解。

（2）人力资源：邀请科学老师或者相关知识比较充足的家长、志愿者提供指导或建议，并分享他们的知识或经验，使学生能够从中学到知识。

（3）自制资源：鼓励学生利用准备的材料进行创作，激发他们的创新思维。

（二）制作工具

1. 协作与沟通

视频分享平台：利用班级公众号或朋友圈等线上平台，让学生录制自我介绍、项目展示等视频进行分享和交流。

2. 创作和设计

（1）邀请有经验的家长进行讲解，帮助学生进行既简单又有趣的设计。

（2）创作设计：创作自己的小发明，培养创新思维。

3. 展示

（1）幻灯片软件：简单易用的幻灯片制作软件、播放软件，学生可以用它来准备项目展示的相关幻灯片。

（2）学习记录工具：通过视频拍摄、纸质学习日志、班级墙报等方式让学生展示自己的项目成果。

4. 反馈和评价

在线问卷：利用表格，教师和学生都可以对项目进行评价和反馈，帮助学生进行自我反思。

九、项目实施设计

（一）入项活动

1. 谈话导入，引出"驱动性问题"

"同学们，你们有没有注意过天空中的云彩总是朝着某个方向飘动呢?"（展示一段有趣的风向袋如何判断风向的视频，吸引学生的注意力，引发他们对风向袋的好奇心和探究欲。）从同学们的讨论中提炼出驱动性问题：学校科学实验基地要进行展览活动，现向全校师生征集风向袋模型进行展览。如果让你动手制作风向袋去判断风向，你会怎么做？

2. 组建小组，拟定方案

根据风向袋的类型建立小组，风向袋的形状主要是圆锥形的布袋。这种形状可以使风向袋在风中保持稳定，分小组来开展研究，初定方案。

（二）项目实施

1. 搜集风向袋知识，设计风向袋

（1）分组搜集，分享成果。

项目成立后，学生自行分成小组，学生查找、搜集资料，并整理出风向、风向袋、风向袋制作原理的定义以及如何制作风向袋。小组之间分享经验,进行交流,深刻理解其定义。小组内的记录员做好记录,标注好重点。

(2)整理资料,明确任务。

整理资料:结合其他小组分享整理出的完整的风向袋知识。

明确任务:画出小组要制作的风向袋的设计图。

(3)评价与反思。

学生评价:组内的发言人,分享组内搜集的相关材料。通过动手搜集、查找风向袋的相关知识,激发学生制作风向袋的兴趣,提高自己的综合素质和搜集资料的能力。

教师评价:对整个活动进行总结,肯定学生的努力和成果,同时指出活动中存在的问题和不足,提出改进的建议。

预设阶段性成果:学生在系统学习风向袋制作知识的基础上,明确自己要制作什么样的风向袋。

2.风向袋制作的材料选择并制作

(1)收集材料。学生收集各种可能的材料样本,如尼龙纱巾、塑料布、纸张、棉布、小木棍、铁丝等。

(2)分析记录。分析布料的轻便性和耐用性,选择最适合制作风向袋的布料。

(3)确定材料。学生在小组内讨论并分享各自的材料选择理由,通过讨论形成共识,确定最终的材料选择。

活动总结:通过这项活动,选出制作风向袋的材料并开展制作活动。学生根据所学的风向袋制作原理,自行设计风向袋的样式和尺寸,并绘制出详细的设计图。学生按照设计图,使用所选材料,逐步制作风向袋。在此过程中,教师提供必要的指导和帮助。

3.测试风向袋

(1)不同地点测试。学生在教室、大厅以及校园内测试风向袋的准确性和灵敏度(见表1-8)。

表1-8　同一方向不同地点记录表

材料种类	风向	风向袋反应	
		准确性	灵敏度
尼龙纱布			
塑料布			
纸张			
棉布			

(2)不同风向测试。设置不同的风向和风速,观察风向袋的反应(见表1-9)。

表1-9　同一地点不同风向记录表

材料种类	风向	风向袋反应	
		准确性	灵敏度
尼龙纱布			
塑料布			
纸张			
棉布			

（3）评价与反思。学生记录每次测试的数据，包括风向以及风向袋的反应情况，然后对数据进行分析，评估风向袋的性能。

预设阶段性成果：学生通过了解风向袋制作原理及选取材料，制作出风向袋，通过运用测风仪器进行对比实验。

4. 优化风向袋

（1）合作制作。学生利用尼龙纱布、剪刀、铁丝、小木棒等材料，根据设计图纸制作风向袋。在制作过程中，小组成员可分工合作，有人负责剪切，有人负责缝制等，培养团队合作能力。教师巡回指导，解答疑惑并提供优化建议。

（2）优化改进。小组展开讨论，可以从准确性、灵敏度、耐用性等几方面对用材进行调整。

（3）展示分享。优化后的风向袋进行最终展示，分享改进前后的差异及原因。评价反思整个活动过程（见表1-10），感受学习的快乐和收获。

表1-10　"风向袋的制作"项目化学习结果评价量表

	评 估 标 准			评价主体			评价结果
	优秀（10分）	良好（8分）	待改进（5分）	自评	互评	师评	
创作表现	掌握风向袋的原理并成功制作风向袋	能一般掌握风向袋的原理但制作需加强	不能掌握风向袋原理，制作不出风向袋				
成果展示	作品能很好地展示风向袋指示风向	风向袋可以指示风向，但是不够明显	风向袋不能指示风向				
学习收获	提高实践能力和科学素养	提高了实践能力，但科学素养未得到提升	没有提高实践能力和科学素养				
成果中存在的问题							
可以改进的具体建议							

5. 活动总结

学生在使用风向袋的过程中,发现其存在的问题和不足,如稳定性不够、灵敏度不高等。学生针对发现的问题,提出改进方案,如改变风向袋的形状、增加配重等,然后再次制作并测试改进后的风向袋。

(三) 出项活动

经过入项和实施后,项目活动进入出项——举办风向袋模型展览会。

让学生将自己的风向袋作品进行陈列,供其他学生和教师观赏,在展示时让学生介绍其设计思路、制作过程和特色亮点,分享在制作过程中的经验、遇到的困难和解决方法,邀请表现突出的学生进行现场演示,展示他们的制作技巧和成果。

1. 项目展示

展览会:在班级及学校举办展览,展出项目实施过程中的照片、实物模型、宣传材料等。

2. 分享经验

(1) 制作分享材料:整理项目中的关键学习点和成功经验,制作成易于理解的手册。

(2) 线上发帖:通过班级或个人社交账号发布项目介绍和经验分享帖。

3. 接受评价

(1) 邀请科学老师评审:邀请科学老师或家长参加展示会,对项目进行评价和建议。

(2) 设置反馈箱:在展示会现场设立反馈箱,鼓励观众留下他们的意见和建议。

十、反思与展望

在制作风向袋的过程中,学生亲自动手操作,锻炼了他们的动手能力和实践技能。同时,小组合作的方式让学生学会了分工协作、交流沟通和互相支持,培养了团队合作精神和解决问题的能力。整个项目充满了趣味性和挑战性,极大地激发了学生的学习兴趣和探索欲望。学生在设计和制作风向袋的过程中,不断尝试新的方法和材料,充分发挥了创新思维,提出了许多独特的想法和解决方案。

在项目开始前,教师对每个环节进行详细的时间规划,并根据学生的实际情况进行合理调整。同时,在项目实施过程中,加强对时间的监控和管理,确保各项任务按时完成。制订详细的评价标准,包括学习过程中的参与度、团队合作能力、创新思维表现等。采用自评、互评和教师评价相结合的方式,充分听取学生的意见和建议,使评价结果更加公正、客观、全面。

风向袋制作只是一个起点,未来我们可以开展更多与自然科学、工程技术相关的项目化学习,如太阳能热水器制作、桥梁模型搭建等,让学生在更广泛的领域中探索和实践。将项目化学习与社会实际需求相结合,引导学生关注社会热点问题,如环境保护、能源节约等,在解决实际问题的过程中,培养学生的社会责任感和创新精神。

总之,风向袋制作项目化学习为我们积累了宝贵的经验和教训。在未来的教学中,我们将不断改进和完善,为学生提供更多优质的项目化学习机会,让他们在实践中成长,在创新中发展,为未来的学习和生活打下坚实的基础。

📖 案例分享

时间规划师——我的时间我做主

项目类型	年级	课时数	设计者
学科类	二年级	10 课时	王宁　李海红

一、项目概述

我们每天都会与时间"打交道",然而,总有学生由于缺乏规划,让时间轻易就溜走了,比如哭哭啼啼的"起床困难户"、每天拖拖拉拉写作业的学生……为了改变这样的生活习惯,我们将时间的学习与学生切实存在的问题相结合,开展了"时间规划师——我的时间我做主"项目化学习活动。此项活动中,学生在观察中思考,在实践中体验。尤其是在实践中,学生要学习"规划时间需要掌握什么本领""如何合理管理时间""如何体验课间十分钟""如何用手抄报的方式记录"等。最后,他们还要通过自己的实践做出一份健康合理的时间规划表。这样的项目虽充满挑战,但真实有趣,同时也能培养学生解决问题的能力,让学生体验成功的乐趣,学会珍惜时间,真正做时间的小主人。

二、项目目标

(一) 知识与能力目标

(1) 道德与法治:通过项目探究,提高学生的动脑动手能力,养成做事认真、有始有终、不拖拉的好习惯。

(2) 数学:在项目活动中感受时间单位在生活中的应用,逐步完善有关时间单位的知识体系。

(3) 语文:通过项目研究,学会表达自己的思维和行为,学会组织语言介绍计划表,汇报项目开展经历。

(4) 美术:学会设计手抄报。

(二) 学习素养目标

(1) 通过项目研究,学会搜集、整合信息,提升合理安排时间的能力和设计制作时间规划表的能力。

（2）通过本项目的研究，在实践中发现问题，学会运用项目化、可视化学习工具解决问题。

（三）核心价值目标

（1）在项目实施过程中养成珍惜时间的好习惯，提高管理时间的意识和能力。

（2）通过项目研究，学生能利用逻辑思维有条理地梳理信息，提高解决问题的能力。

三、挑战性问题

（一）本质问题

学生如何更好地把握时间，制订健康合理的时间规划表？

（二）驱动性问题

如何在有效的时间内做更多有意义的事情？

四、认知策略

信息收集（ ✓ ）　比较分析（ ✓ ）　调研（ ✓ ）　决策（ 　 ）

问题解决（ ✓ ）　系统分析（ 　 ）　创见（ 　 ）　实验（ ✓ ）

五、学习实践

（1）创造性实践：小组合作制作健康合理的时间规划表。

（2）调控性实践：制订时间规划表，反思调控自己的行为。

（3）探究性实践：通过资料收集、整理、筛选、记录，设计健康时间规划表。

（4）社会性实践：项目小组开展活动调查、信息收集、时间规划表等介绍，组织学生展示汇报健康合理的时间规划表。

（5）审美性实践："我的时间我做主"的手抄报制作样式。

（6）技术性实践：运用各种工具，设计一份健康合理的时间规划表。

六、预期成果

（一）产品形式

设计一份健康合理的时间规划表，包括具体时间段做什么事情。

（二）公开方式

学生以小组为单位，带着自己设计的手抄报向参会的师生进行介绍，班内展示健康合理的时间规划表。

七、项目评价

(一) 过程评价

(1) 学生能否积极主动参与,能否和小组成员开展有效沟通,理解什么是"时间规划师",理解项目的要求。

(2) 学生能否在项目过程中主动思考、搜索资料并发挥自己的创造力。

(3) 学生能否在探究中质疑,有自己独特的想法。

(4) 学生能否合理规划时间,并用语言解说自己的时间规划表。

(二) 结果评价

1. 知识技能、合作技能、实践技能的评价量规用表

(1) 知识评价:健康合理的时间安排、考虑休闲娱乐和学习时间的评价。

(2) 技能评价:计划表排版布局合理、层次清晰、画风优美的评价。

(3) 实操评价:能够认真执行、在合理的范围内机动调节的评价。

2. 产品展示、项目介绍、时间规划表评价

八、项目资源及工具

(1) 项目资源。

计算机、平板电脑、网络、与合理规划时间相关的书籍或其他形式的资料信息、绘图工具、美术材料等。

(2) 制作工具。

剪刀、画笔、8K 白纸、尺子。

(3) 计划时间表(见表 1 - 11)。

表 1 - 11　计划时间表

时间	课时	内　　容
第一周	2	发布项目主题,调查数据分享,确定探究内容,开展入项活动
第二周	2	明确活动任务,了解有关时间的知识,亲身体验时间的长短,规划自己的时间
第三周 第四周	4	提供知识技能,掌握设计方法,合理规划时间,设计手抄报
第五周	2	提出修订建议,形成最终成果,演示文稿报告,公开成果展示

九、项目实施设计

(一) 入项活动

导语:教师出示"小明的一天"的照片,让学生初步感受时间规划的重要性,激发他们搜集信息、制订合理规划表改正小明不良生活习惯的强烈愿望。

(1) 全班学生以小组为单位,利用课间休息,随机对全班学生进行口头问卷调查:"小明的一天"中哪些是合理的,哪些是不合理的。

(2) 以小组为单位,统计出合理事项和不合理事项。

(3) 公布统计结果,激发学生的驱动力,提出如何在有效的时间内做更多有意义的事情的重要性。

(二) 项目实施

1. 回顾有关时间的基本知识

(1) 动手操作钟表模具,复习时间的相关知识。

(2) 收集有关时、分的相关知识,画出关于时间知识的手抄报。

手抄报包括"时间知识梳理""家长对我说""通过资料收集我的发现"等,知识点梳理可作为进一步的讨论点。教师提供"认识时间我能行"评价量表(见表1-12),学生对手抄报进行评价。

表1-12 "认识时间我能行"评价量表

评价领域	评价标准	画上你的个性表情吧!		
		自评	组评	师评
知识构建	能否说出钟面的构造			
	能否准确描述时针、分针的特点			
动手操作	能否通过拨钟面,认识几时几分			
	能否通过拨钟面感受时间的流逝			
交流沟通	能向小组成员讲解有关时间单位的知识			
	能清楚地叙述自己的手抄报			
表情评价	☺ 非常满意	☺ 比较满意		☹ 不满意
综合评语				

2. 大胆尝试,完成体验单

(1) 教师运用如下问题链,促进学生去思考和探索。

① 一分钟比一秒钟长多少? 一分钟比一小时短多少?

② 一分钟到底有多长呢?

③ 一分钟可以做哪些事呢？

（2）小组讨论一分钟可以完成的事情。

① 一分钟可以完成哪些事情？

② 你会如何合理安排自己的课间十分钟？

（3）开展分享会，提升认知与表达能力。

根据分享交流，学生通过文字描述和语言表达逐渐对"一分钟""十分钟"的长短有进一步的认识。教师提供"感知时间长短参与评价表"（见表1-13），学生对体验时间进行评价。

表 1-13　感知时间长短参与评价表

评价内容	评价等级			评价形式		
				自评	互评	师评
	☆☆☆	☆☆	☆			
参与度	非常积极	较积极	不积极			
配合度	非常配合	较配合	不配合			

3. 制订周末时间规划表

（1）学生广泛收集网上合理规划时间的资料，并利用课余时间制订出自己的周末时间规划表。

（2）教师运用如下问题链驱动学生探索，统计出各个小组在计划表中的优缺点。

① 周末计划如何安排得最合理？

② 如何制作一个最适合自己的周末时间规划表？

（3）以小组为单位，进行头脑风暴，组织学生展开讨论，提出合理规划时间的方法，形成小组意见。

（4）发表意见，形成决策。全班学生对各小组提出的意见进行分析交流。

（5）设计周末时间规划表手抄报。手抄报的内容要呈现前面四个活动的学习成果，设计版面要恰当、美观。按照表1-14进行评价。

表 1-14　"周末时间规划表"评价表

评价内容	评 价 指 标			自评	小组评	家长评
	A	B	C			
我会评价	计划表排版合理，重点突出，版式优美	计划表排版还算合理，也有重点	计划表排版不合理，版式较乱、不整洁			
我会表达	清晰完整，有条理地介绍计划表	能较完整地介绍计划表	计划表不够清楚，抓不住重点			

评价内容	评价指标			自评	小组评	家长评
	A	B	C			
我会评价	准确、有针对性地指出他人计划中的优点和不足	能说出他人计划中的大部分优点和不足	不清楚他人计划表中的优点和不足			
我会优化	善于听从他人的意见，在原有的基础上改进自己的计划表	能改进比较明显的不足之处	不清楚自己的不足，无从下手			
我会创新	计划表的制作有明显的创新意识	有一定的创新意识	无创新意识			

（三）出项活动

经过入项活动和实施后，项目活动进入出项公开展示阶段。开展"时间规划师——我的时间我做主"手抄报展示会，学生通过展示自己的规划表，讲解自己的时间安排。由实施项目的教师和分管德育的领导进行评价打分（见表 1-15、表 1-16）。

（四）项目评价

表 1-15　项目学习评价表

评价内容	评价等级			评价形式		
	☆☆☆	☆☆	☆	自评	互评	师评
参与度	每一个组员都参与	大部分组员参与	小部分组员参与			
配合度	与组员合作有序，配合默契，帮扶有效	与组员配合一般	与组员无合作、无配合			
合理度	规划表设计很合理	规划表设计一般	规划表设计不合理			

表 1-16　"周末时间规划表"最终评价表

评价维度	标准描述	分值（5—10 分）
科学性	科学合理地安排时间，既考虑休闲娱乐，又考虑学习时间，找出每天的最佳学习时间	
机动性	规划不要排得太紧太满，要有一定的机动时间	
全面性	充实周末，计划不单一，考虑到不同的学科和不同的休闲娱乐	
针对性	分析自己的学习现状，薄弱的地方在时间上给予重点照顾	

评价维度	标　准　描　述	分值(5—10分)
艺术性	规划表布局排版合理,层次清晰,画风优美	
学科性	在制订规划表的时候,用到数学学科及其他学科知识解决各种各样的问题	
执行性	能够认真执行自己的规划表,在合理范围内机动调节并且能够坚持下来	

十、反思与展望

(一)项目化学习让学生学有所获,拓展思维

在本项目中,学生积极主动地参与,不仅知识面拓宽了,思维也得到了质的提升,有种"给我一个支点,就可以撬起整个地球"的感觉。当学生在课堂上听到同伴们通过搜集资料介绍规划时间的重要性时,简直惊呆了,他们在敬佩自律名人时,也对自己的学习有了更新的规划。这在各小组的汇报中就有非常好的体现。同时,在项目式学习活动中,孩子们调用多种感官,在动手、动口、实践的过程中全方位地感知了时间,提升了自己的综合素养。在小组汇报中,很多小组都感叹时间的珍贵,学生学习的兴趣、探究的热情就像水达到了沸点一样,开始沸腾起来。

(二)项目化学习带动育人方式变革,给学校和教师带来了许多挑战

基于本项目的研究,我们在校内进行了项目化学习推广,带动了育人方式变革,促进了提升教育教学质量。在整个活动过程当中,教师起到了真正意义上的引路人作用。我们给了学生一粒"种子",学生便让这粒种子生根、发芽,甚至开花、结果。这样的汇报、这样的学习,比起平时的作业讲评、练习巩固,更多了一份积极主动和乐趣,可以看出学生在课内外都散发着点点星光。

反思我们平时的教学,是不是拘束多了点、预设多了点?如果能给学生一定的空间去发挥,那他们会有更精彩的发现,当看到学生的发现远胜教师的预设时,我们内心真心为学生喝彩,也深刻地反思自己,要努力为学生的发展精心策划自己的每一节课、每一次活动。

未来,我们将继续深化和拓展"时间规划师——我的时间我做主"项目化活动,通过更多的实践活动和案例分析,帮助学生更好地管理时间,提高学习效率和生活质量。同时,我们也将关注学生在时间管理方面的个体差异,提供个性化的指导和支持。

📖 案例分享

手机利弊面面观

项目类型	年级	课时数	设计者
活动类	六年级	12课时	梁晶

一、项目概述

随着科技的飞速发展,智能手机已成为人们日常生活中不可或缺的一部分,特别是对于小学生这一群体,他们正处于成长的关键时期,对新鲜事物充满好奇,手机的使用也日益普遍。然而,手机在带来便利的同时,也引发了一系列关于其利弊的讨论。在当前教育环境下,培养学生的信息素养和批判性思维能力显得尤为重要。本项目旨在让学生围绕"手机利弊面面观"这一主题进行深入探究,项目活动有小学生手机使用现状调查、分享手机使用感受、开展手机利弊辩论赛、设定合理的手机使用时间限制等。通过以上活动,引导学生主动探索手机在学习中的应用,提高他们自主解决问题的能力及批判性思维能力,培养他们的团队协作精神及合理使用手机的习惯。

二、项目目标

(一) 知识与能力目标

(1) 语文:通过项目研究,学会用文字记录项目研究过程、撰写项目报告等;学会组织语言开展关于手机利弊的辩论赛。

(2) 道德与法治:引导学生认识到在使用手机过程中需要承担的责任,如保护个人信息、遵守网络道德等。

(3) 美术:通过项目开展,用艺术表现形式做最后的成果汇报。

(二) 学习素养目标

(1) 通过项目化学习的方式,引导学生主动探索手机在学习中的应用,提高自主学习和解决问题的能力。

(2) 培养学生的团队协作精神,提高他们的信息素养和批判性思维能力。

(三) 核心价值目标

(1) 培养学生的责任感和自律意识,让他们能够自觉遵守学校规定和社会公德,合理使用手机。

(2) 弘扬社会主义核心价值观,培养学生的爱国情感和民族精神,让他们形成正确的世界观、人生观和价值观。

三、挑战性问题

(一) 本质问题

在数字时代,我们如何合理使用手机,培养自我管理和自律能力,以实现学习与娱乐的平衡,促进我们的全面发展和健康成长?

(二) 驱动性问题

使用手机有哪些明显的优点和潜在的缺点? 我们应该如何权衡这些利弊,作出明智的选择?

四、认知策略

信息收集(　√　)　比较分析(　√　)　调研(　√　)　决策(　　　)
问题解决(　√　)　系统分析(　　　)　创见(　　　)　实验(　　　)

五、学习实践

(1) 创造性实践:小组合作设计调查问卷,并展开实地调查。
(2) 调控性实践:制订计划和调查表;反思调控自己的行为。
(3) 社会性实践:联合项目小组调查、信息收集、比较分析、填写调查问卷。

六、预期成果

(一) 产品形式

(1) 开展一场手机利弊辩论赛。
(2) 设计图文并茂的手抄报,介绍过度使用手机的危害、如何合理安排手机使用时间以及寻找替代活动的建议。

(二) 公开方式

现场展示。

七、项目评价

(一) 过程评价

(1) 学习态度与参与度:观察学生在项目启动阶段是否表现出对"手机利弊面面

观"主题的兴趣和热情,是否主动提出问题、参与讨论。

(2)团队合作能力:观察学生在团队中的沟通方式和协作能力,是否能有效表达自己的观点,并与团队成员共同解决问题。

(3)信息收集与处理:评估学生是否掌握了有效的信息收集方法。

(4)批判性思维:考查学生是否具备批判性思维能力,能否对手机利弊进行客观、全面的分析,表达自己的观点和见解。

(二)结果评价

(1)成果质量:评价学生最终提交的手机使用调查报告、辩论陈词等是否内容丰富、观点明确、逻辑清晰、表达准确。

(2)展示效果:观察学生在手机利弊辩论环节的语言表达是否流畅、自信,能否有效正确传达自己的观点。

八、项目资源及工具

(一)项目资源

(1)手机使用与心理健康相关研究报告和文章,帮助学生理解过度使用手机的心理影响。

(2)时间管理、自律和自我控制等方面的教育资料,引导学生养成健康的生活习惯。

(3)优秀案例分享,包括其他学校或班级成功实施类似项目的经验,为学生提供借鉴和启发。

(4)小组讨论和角色扮演的剧本或指导材料,促进学生在互动中深入理解手机使用的利弊。

(5)利用问卷调查和数据分析工具,帮助学生收集和分析手机使用现状数据。

(二)计划时间表(见表1-17)

表1-17 计划时间表

时间	课时	内　　容
第一周	2	发布项目主题,确定探究内容,开展入项活动
第二周	3	设计调查问卷,展开实地调查并对调查数据进行分析
第三周	1	展示调查结果,小组展示手机使用感受
第四周	3	开展辩论赛,制订手机使用计划
第五周	3	提出修订建议,形成最终成果,公开成果展示

九、项目实施设计

(一) 入项活动

(1) 教师通过 PPT 或视频介绍手机的普及情况和主要功能,引发学生对手机利弊的思考。

(2) 提出活动主题"手机利弊讨论",并解释活动的目的和意义。

(3) 分组讨论手机利弊。

① 明确讨论要点。教师发放手机利弊讨论指南,包括讨论要点、问题提示等(见表 1-18)。

表 1-18　手机利弊讨论指南

讨论规则: 尊重每个人的观点,积极倾听,不进行人身攻击	
一、手机的"利" 便利性 功能性 安全性	二、手机的"弊" 健康问题 社交问题 网络欺凌 过度消费

② 学生讨论。交流后收集资料,整理观点,并记录在讨论纸上。

③ 达成共识。小组内部成员进行初步观点碰撞和交流,形成小组共识。

④ 分享交流。每个小组选派一名代表上台分享讨论成果,包括手机利弊的观点、案例、数据等。

⑤ 明确观点。教师根据学生的分享和交流情况进行点评和指导,引导学生初步形成自己的观点,为接下来的学习做好准备。

(二) 项目实施

1. 小学生手机使用现状调查

(1) 明确调查目的和范围。明确调查的目的,了解手机使用的普遍情况、小学生使用手机的习惯。

学生讨论确定调查的范围,如调查的对象(年龄、性别、职业等)、地域和时间段等。

(2) 设计调查问卷或访谈大纲(见表 1-19)。根据调查目的和范围,小组设计合理的调查问卷或访谈大纲。问卷或大纲应涵盖手机使用的各个方面,如使用时长、频率、功能偏好、影响等,同时要注意问题的逻辑性和连贯性。

表 1-19　手机使用现状调查评价量表

序号	调查内容	选项	评分
1	你每天使用手机的时间大致为多少？	A. 1 小时以下	
		B. 1—3 小时	
		C. 3—5 小时	
2	你主要使用手机进行哪些活动？（多选）	A. 社交聊天	
		B. 学习查资料	
		C. 娱乐游戏	
		D. 网购支付	
		E. 其他	
3	你觉得手机对您生活的影响是什么？	A. 非常积极	
		B. 积极	
		C. 消极	
4	你是否觉得手机对您的视力产生了影响？	A. 是	
		B. 否	
5	你是否有设置手机使用时间的限制？	A. 有,严格执行	
		B. 有,但偶尔超出	
		C. 没有设置过	

（3）组建调查团队和分配任务。①小组分工组建调查团队,包括负责问卷设计、数据收集、数据分析等方面的成员。②明确每个成员的任务和职责,确保调查活动的顺利进行。

（4）调查数据收集。对收集到的数据进行整理、分析和解读,在全班展示。

2. 分享手机使用感受

每组派学生代表分享一个与手机使用相关的具体案例,可以是自己的亲身经历,也可以是观察到的现象。

分享者需简要描述案例背景、过程和结果,并表达自己的看法和感受。

其他小组成员认真倾听,可以提问或补充观点。

（1）小组讨论。①每组围绕分享的案例展开讨论,分析手机使用的利弊、影响及可能的解决方案。②教师巡回指导,鼓励学生积极参与讨论,引导学生深入思考手机的利弊。

（2）观点展示。每组选派一名代表,汇总小组讨论成果,向全班展示本组的观点和看法。其他小组可以提问或进行辩论,促进观点的碰撞和交流。

（3）总结反思。教师对活动进行总结,提炼学生讨论中的亮点和不足之处。引导学生反思自己在手机使用方面的行为,思考如何更好地管理和利用手机资源。

（4）活动评价。观察学生在活动中的参与程度、表达能力和合作精神。

3. 手机利弊辩论赛

（1）立论陈词。①正方一辩首先发表立论陈词,阐述手机的利大于弊的观点,提出论据和论证过程。②反方一辩随后发表立论陈词,阐述手机的弊大于利的观点,同样提出论据和论证过程。

（2）攻辩。①正方二辩对反方一辩的立论进行质疑和反驳,提出自己的观点和论据。②反方二辩对正方一辩的立论进行质疑和反驳,同样提出自己的观点和论据。③双方轮流进行攻辩,直至时间结束。

（3）自由辩论。①双方队员依次进行自由发言,可以就对方的观点、论据或论证过程进行反驳或补充。②主持人要控制发言时间和节奏,确保双方都有机会发言。

（4）总结陈词。①正方四辩对整场辩论进行总结,强调手机利大于弊的观点,并提出结论。②反方四辩同样进行总结,强调手机弊大于利的观点,并给出结论。

（5）评选结果。评委根据双方的表现进行打分,评选出最佳辩手、最佳团队等奖项（见表1-20）。

表1-20　手机利弊辩论赛评价量表

评价指标	评价标准	得分
论点构建	论点明确,逻辑严密,能清晰阐述手机利弊的各个方面	
论据支持	论据充分,引用数据、案例或专家观点支持论点	
反驳能力	能够有效识别并反驳对方论点,提出有力的反驳论据	
语言表达	表达清晰,语速适中,用词准确,具有感染力	
时间控制	在规定的发言时间内完成陈述,不超时	
团队合作	在团队辩论中,与队友配合默契,相互支持	
应变能力	面对突发情况或对方的新论点,能够灵活应对	
礼仪风度	辩论过程中保持礼貌,尊重对方	
创新表现	在辩论中展现出独特的视角、新颖的观点或创新的表达方式	

4. 如何设定合理的手机使用时间限制

（1）自我评估。回顾并评估自己目前的手机使用情况,包括每天使用手机的时间、主要应用的使用以及手机使用对你生活和学习的影响。可以通过记录每天手机使用的时间和应用,或者通过一些手机应用来追踪自己的手机使用习惯。

（2）设定目标。在了解了自己的手机使用习惯后,需要设定一些具体的目标。这些目标可以是减少每天的手机使用时间,限制某些应用的使用时间,或者设定特定时间段不使用手机等。

（3）制订计划。根据设定的目标来制订具体的手机使用计划,计划可以包括每天的手机使用时间限制、应用使用限制以及特定时间段的手机禁用等（见表1-21）。

表 1 - 21　小学生手机使用计划

时间段	活动安排	手机使用目的	预计使用时间（分钟）	备注
早上 6:30—7:00	起床,准备上学	不使用手机	0	
上学期间(全天)	在校学习、活动	不使用手机(紧急情况除外)	0	专注于学习
下午放学 17:30—18:30	家庭作业时间	不使用手机	0	专心完成作业
18:30—19:00	晚餐、家庭时间	不使用手机	0	与家人互动
19:00—19:30	休闲时间	观看教育视频或小游戏	30	控制娱乐时间
19:30—20:00	准备就寝	阅读电子书或听睡前故事	15—20(可选)	温和结束一天

（4）执行与调整。执行计划是关键的一步。严格按照计划来使用手机,并时刻注意自己的手机使用行为。同时,定期回顾和调整计划,以确保它仍然符合需求和目标。如果发现计划中的某些部分难以执行,或者目标设定得过高,可以适时地进行调整。

（三）出项活动

（1）小组展示:各小组依次展示前期调研的成果和小组讨论的共识。

（2）班级交流:在小组展示后,全班同学进行自由发言和提问,分享自己的看法和感受。

（3）总结反馈:活动结束后,进行总结和反馈,让学生反思自己在活动中的表现和收获。

（4）活动延伸:组织关于合理使用手机的主题班会或讲座,邀请专家或教师进行分享和指导。

十、反思与展望

（一）反思

1. 教学方法与过程反思

（1）多媒体教学法:通过播放使用手机的图片、视频等多媒体材料,直观展示了手机使用的场景及可能带来的后果,有效吸引了学生的注意力。

（2）问卷调查:设计了针对学生手机使用习惯、态度及影响的问卷,收集了大量一手数据,为后续分析提供了坚实基础。

（3）讨论法:组织学生进行小组讨论,鼓励学生表达自己对手机使用的看法和感受,促进思维的碰撞和观点的交流。

2. 成果与收获

通过本项目的学习,学生不仅加深了对手机使用利弊的认识,还学会了如何合理使用手机,平衡学习与生活。同时,学生的团队协作能力、批判性思维能力以及沟通表达能力也得到了提升。

(二)展望

1. 深化研究内容

在未来的项目化学习中,可以进一步细化手机使用的利弊分析,如针对不同类型的应用(如社交软件、学习软件、游戏等)进行专门的研究,以更全面地了解手机对学生生活的影响。

2. 拓展研究方法

除了现有的多媒体教学法、问卷调查和讨论法外,还可以引入更多元化的研究方法,如访谈法、实验法等。通过访谈学生、教师及家长等不同群体,获取更全面的信息;通过实验法探究手机使用对学生注意力、学习效率等方面的具体影响。

3. 加强家校合作

手机使用的利弊不仅关乎学生个人,还涉及家庭和社会。因此,在未来的项目中可以加强家校合作,共同制订手机使用规则和管理措施,形成家校共育的良好氛围。同时,也可以通过家长会等形式向家长普及手机使用的相关知识,提高家长的认知和重视程度。

4. 提升学生自我管理能力

本项目的最终目标是帮助学生提升自我管理能力,学会合理使用手机。可以通过开设相关课程、组织专题讲座等方式,向学生传授时间管理、自我约束等方面的知识和技巧,引导学生树立正确的手机使用观念和行为习惯。

综上所述,"手机利弊面面观"项目化学习是一个具有深远意义的教育实践活动。通过不断的反思与展望,我将继续进一步完善项目设计,提升教学效果,为学生的健康成长和全面发展贡献更多力量。

📖 案例分享

为学校标本室献标本

项目类型	年级	课时数	设计者
活动类	三年级	12 课时	石宜鑫

一、项目概述

随着创建"科技实验校园示范校"工作的推进,我校即将创建标本室。为了给学校标本室增加标本,同时丰富学生的科学常识,我们决定开展"为学校标本室献标本"项目化活动。本活动旨在通过动植物调研、标本采集及制作、交流展示等环节,最终为学校标本室增添标本。该项目不仅能提升学生查阅信息、动手能力、科研能力和创新思维等多维度能力,同时能引导学生了解大自然,激发学生热爱大自然的情感。

二、项目目标

(一) 知识与能力目标

(1) 科学:在项目实施过程中,学会掌握动植物相关知识以及科学采集、保存和展示标本,培养科学探究能力。

(2) 劳动:通过项目实践,提升学生的合作技能和实践技能。学会使用采集工具,整理、清洁和展示标本,提升劳动实践能力。

(3) 语文:通过项目研究,学会用文字描述动植物特征和标本制作的过程,提升语文综合应用能力。

(4) 美术:通过实地观察记录,能运用绘画和构图技巧设计标本展示方式,提升标本的艺术价值。

(二) 学习素养目标

(1) 通过参与项目活动,激发学生对自然科学的兴趣和热情,培养学生长期学习和探索的习惯。

(2) 通过本项目的研究,提高学生的信息素养,学会利用多种渠道获取和整理信息。

(三) 核心价值目标

(1) 通过实践活动,弘扬尊重自然、保护环境的理念,增强团队成员的环保意识;同时,培养科学精神,弘扬严谨求实、勇于创新的科学态度。

(2) 通过项目研究,培养团队协作精神,强调集体荣誉感和责任感,增强团队凝聚力。

三、挑战性问题

(一) 本质问题

标本制作如何帮助我们更深入地理解生物的特征和科学价值,以及这种实践活动对科学探究和学习的意义是什么？

(二) 驱动性问题

如何了解动植物的特征？如何有效地采集标本？如何通过制作标本传达大自然的美丽与生命力？

四、认知策略

信息收集（ √ ）　比较分析（ √ ）　调研（ √ ）　决策（　　）
问题解决（ √ ）　系统分析（　　）　创见（　　）　实验（　　）

五、学习实践

（1）创造性实践：小组合作制作标本。
（2）调控性实践：制订小组分工表和评价表；反思调控自己的行为。
（3）探究性实践：探索动植物特征。
（4）审美性实践：设计动植物手抄报，设计标本图案。
（5）技术性实践：制作标本二维码，展示标本采集过程、制作过程以及标本介绍；运用各种工具制作标本。

六、预期成果

(一) 产品形式

（1）自制的标本。
（2）动植物手抄报。
（3）拍摄的动植物照片，采集标本过程照片。
（4）采集标本过程、制作标本过程、介绍标本的二维码。
（5）手工微缩生态景观。

(二) 公开方式

在校内举办以"大自然博物馆"为主题的标本展，"小讲解员"介绍项目制作经历，呈现产品。

七、项目评价

(一) 过程评价

（1）能否详细了解所感兴趣的动植物的特征，用文字和绘图的形式介绍感兴趣的动植物特征,记录动植物的纹理、颜色、生长过程等。

（2）能否完整地采集标本。

（3）能否熟练地用工具制作标本。

（4）能否制作展示采集、制作标本过程以及介绍标本的二维码。

（二）结果评价

（1）知识技能、合作技能、实践技能的评价量规用表。

① 知识评价:动植物特征以及生活习性相关评价。

② 技能评价:标本的选择、信息技术的运用、沟通等评价。

③ 实操评价:标本的制作、清晰展示动植物的特征等相关评价。

（2）产品展示、项目介绍、营销效果评价。

八、项目资源及工具

（一）项目资源

计算机、平板电脑、网络、与动植物相关的书籍或其他形式的资料信息、绘图工具、美术材料等。

（二）制作工具

剪刀、手套、收集袋、干燥剂、标签、保存盒、标本框、塑封膜、胶水等。

（三）计划时间表（见表 1-22）

表 1-22　计划时间表

时间	课时	内　　容
第一周	2	发布项目主题,调查数据分享,确定探究内容,开展入项活动
第二周	2	观察动植物特征,了解其生长习性,绘制动植物手抄报
第三周 第四周	4	提供知识技能,掌握技术工具,手工制作标本
第五周	2	提出修订建议,形成最终成果
第六周	2	演示文稿报告,公开成果展示

九、项目实施设计

（一）入项活动

导语:学校即将创建标本室,标本室缺少许多标本,我们可以为标本室增添一些标本。

（1）全班学生以小组为单位,利用午读时间,随机对全校师生以及学校分管科研的相关领导进行口头问卷调查,寻找校园适合采集标本的地方。

（2）以小组为单位,统计出被提及次数最多的点位。

（3）公布统计结果,激发学生的驱动力,提出探寻动植物特征。

（二）项目实施

1. 实地考察,了解动植物

（1）组织学生参观公园、动物园、生态角,观察了解动植物特征。

（2）记录动植物的信息,完成动植物记录手抄报。

信息包括动植物的外貌特征,如颜色、形状、纹理等,动植物的生活习性及生长过程可作为进一步讨论点。教师提供"动植物记录小报作品评价量表"（见表1-23）,学生根据审美感知、艺术表现、创意实践、科学探索等学科素养对动植物记录小报作品进行评价。

表 1-23 动植物记录小报作品评价量表

评价领域	评价标准	画上你的个性表情吧!		
		自评	组评	师评
审美感知	能否说出动植物的外形特点			
	能否准确描述动植物的生长过程			
艺术表现	能否用线描的形式绘出动植物的基本造型			
	能否准确配对动植物的基本颜色			
创意实践	作品是否有突出动植物生长过程的描写			
	作品是否有关于动植物形态的说明			
科学探索	能否用语言表达自己对动植物特征的了解			
	能否简单说一说动植物的生活习性			
表情评价	☺ 非常满意	☺ 比较满意		☹ 不满意
综合评语				

2. 采集标本

（1）明确组内任务与职责:采集员、制作员、记录员、小组长（见表1-24）。

表 1-24 小组分工

小组分工表			
姓名	职务	准备	负责内容
	采集员	剪刀、手套、收集袋等采集工具	负责在实地探索中识别并采集合适的动植物标本。了解不同动植物的采集技巧,确保采集的标本完整且损伤较小

续　表

小组分工表			
姓名	职务	准备	负责内容
	制作员	干燥剂、标签、保存盒等准备制作所需的材料和工具	负责将采集的标本进行初步处理和制作,如清洁、干燥、整理等。了解标本制作的基本步骤和注意事项,确保制作的标本符合标准
	记录员	记录本和相机等记录工具,确保信息的准确性和完整性	负责记录整个采集和制作过程中的关键信息,如采集时间、地点、标本种类、数量等。协助其他成员整理和汇总信息,形成项目报告或展示材料
	小组长	小组活动记录本	负责协调小组内的各项工作,确保项目顺利进行。与教师保持沟通,及时反馈项目进展和遇到的问题。组织小组内的讨论和分享,促进成员之间的合作和交流

(2) 小组分工采集标本,并注意妥善保存标本。

(3) 制作标本。

① 小组搜集有关标本制作的资料。

② 小组展示采集的标本。

③ 教师运用如下问题链,促进学生去思考和探索:

a. 如何通过标本制作来呈现动植物的独特特征?

b. 如何使标本传达出大自然的美和生命力?

c. 如何将标本与艺术元素结合,创作出既有科学价值又有艺术美感的作品?

如:制作微缩生态景观,模拟动植物在自然环境中的生存状态,让观众仿佛置身于大自然之中。

④ 小组分工合作制作标本。

a. 教师对学生的制作过程进行点评,指出其中的亮点和不足。

b. 学生需要记录探究制作心得,并交流分享经验(见表1-25)。

表1-25　学生探究制作标本记录

我的任务:
我发现了:
我猜这可能是因为:
我解决该问题的方法是:
小组探讨解决该问题的方法是:

(三) 出项活动

经过入项和实施后,项目活动进入出项公开展示阶段——"大自然博物馆"标本展。

在学校走廊设置展架,展示标本产品并营销推广,学生需要现场演示介绍标本。学生先进行评估陈述,在陈述中,项目小组成员共同陈述报告,并介绍自己在项目中承担的任务。

在公开成果展中记录他人意见和观点(见表1-26)。

表1-26　评价及建议

评价内容	不好	一般	很好	存在不足	改进建议
标本呈现					
标本价值					
标本介绍					
互动区体验感					

十、反思与展望

回顾本次"大自然博物馆"标本展项目活动,我们取得了显著的成果,但也存在一些不足。

(一) 反思

(1) 项目策划与组织:通过小组分工和明确的职责划分,项目得以顺利进行。但在项目实施初期,部分小组在分工上存在不明确或重复的情况,导致工作效率受到影响。

(2) 实地考察与采集:实地考察活动极大地丰富了学生对动植物的认知,但在采集过程中,部分学生对标本的完整性和损伤程度不够重视,导致部分标本质量不高。

(3) 标本制作与展示:在制作标本的过程中,学生展现出了较高的创造力和实践能力,但在如何将标本与艺术元素结合方面仍有待提高。在展示阶段,部分学生缺乏自信,现场演示介绍时略显紧张。

(4) 评价与反馈:通过评价量表和探究制作记录表,学生得以对自己的学习和实践进行反思和总结。但在收集他人意见和观点时,部分学生未能充分听取和吸收他人的建议。

(二) 展望

(1) 加强项目策划与组织:在项目启动前,教师应更加细致地指导学生进行小组分工和职责划分,确保每个学生都能明确自己的任务和责任。同时,建立有效的沟通机制,促进小组内部的协作和交流。

(2) 提高标本采集质量:在采集标本前,教师应加强对学生的培训和指导,强调标本的完整性和损伤程度对后续制作和展示的重要性。同时,引导学生学习并掌握不同动植物的采集技巧和方法。

（3）提升标本制作与展示水平：教师应鼓励学生发挥创造力和想象力，将标本与艺术元素相结合，创作出既有科学价值又有艺术美感的作品。同时，加强对学生现场演示介绍的培训和指导，提高学生的自信心和表达能力。

（4）重视评价与反馈：教师应充分利用评价量表和探究制作记录表等工具，引导学生对自己的学习和实践进行反思和总结。同时，鼓励学生积极收集并吸收他人的意见和建议，不断完善自己的作品。

通过本次"为标本室献标本"项目活动，我收获了许多宝贵的经验和教训。展望未来，我将继续努力改进和优化项目流程和方法，为学生提供更加丰富多彩的学习和实践机会。

第二章

学习工具　助力学生学习

在开展项目化学习的过程中，学习工具宛如学生手中的指南针与利刃，其选择与运用的得当与否，直接关系到学生学习效果的优劣。项目化学习强调学生通过自主尝试、合作实践来解决复杂的实际问题。在此过程中，学习工具不仅是获取知识的媒介，更是助力学生提升综合素养的重要载体。合适的学习工具能够引导学生明确学习方向，提升学习效率，激发创新思维，从而助力学生在项目化学习的海洋中顺利航行，抵达知识与能力的彼岸。

一、学习工具的分类与功能

（一）数字化学习工具与作用

1. 在线资源

在当今数字化时代，网络平台汇聚了海量的学习资源，如在线课程平台、教育类网站等。以"品传统文化　绘国风扇影"项目为例，学生可以在网站上深入了解扇子的历史渊源、文化内涵、艺术风格等丰富知识。通过网上查询，获取扇子在不同历史时期的演变、在文学艺术作品中的象征意义等详细信息，为项目中的扇子设计与文化传承提供坚实的理论支撑。同时，短视频平台也为学生提供了大量精美扇子图片和创意设计案例，学生可以从中汲取灵感，将不同的绘画风格和构图技巧，应用于自己的扇子创作中。

2. 协作平台

像"小管家"等协作平台，除了布置作业外，还能生成调查问卷，作为项目开展初期的准备工作。在"旧物重生记"项目中，教师以调查问卷的形式在"小管家"发布任务，调查他们日常旧物的处理方式，达到了很好的效果。

（二）传统学习工具与作用

随着信息技术的飞速发展，现代教育领域涌现出了众多新型教学工具与方法，如在线课程、人工智能辅助教学等。然而，传统学习工具在历经时间的考验后，依然在教育领域占据重要地位。它们以其独特的优势，如直观性、互动性、可操作性等，成为现代教育不可或缺的一部分。

1. 学习卡片

学习卡片是一种简单而有效的学习工具，在项目化学习中应用广泛。以"我是小小防灾专家"项目为例，学生可以制作灾害知识学习卡片，将不同灾害的类型、特点、预防措施等关键信息写在卡片上。一面写灾害名称和简要介绍，另一面详细列出应对该灾害的具体方法,如地震时应躲在坚固家具下、火灾时要用湿毛巾捂住口鼻逃生等。学生可以随时随地翻阅这些卡片,加深记忆,方便在项目实践中快速运用相关知识。

2. 思维导图

在"环保袋妙手生花"项目中,教师可以用表格的形式引导学生设计环保袋(见表2-1),从材料选择、需求分析、设计构思、制作步骤等方面进行详细梳理。指向性明确的表格能够为学生搭建思维框架,激发学生的学习欲望,使他们在设计环保袋时考虑更多因素,如材料环保性、实用性、美观性的平衡,制作工艺的可行性等,从而制作出更加优质的环保袋作品,同时培养学生的系统思维能力和全局观念。

表2-1 "环保袋妙手生花"思维表

步骤	备注
(为什么要制作环保袋)	
环保袋的用处(你制作环保袋用来做什么)	
环保袋大小测量(用什么来测量、制作)	
工具、材料准备(你会选择哪一种材料进行制作,所需工具是什么)	
确定材料、颜色等(把你想要做的环保袋设计图画出来)	

3. 书籍材料

在"我是小小防灾专家"项目中,学生收集整理防灾减灾的相关资料,了解真实的灾害案例和应对经验。通过分析这些案例,学生能够总结出有效的防灾减灾策略,如学校在地震、消防演练中的成功经验等。同时,纸质资料便于学生进行标注、笔记和资料整理,有助于深入学习和研究。

(三) 混合学习工具与作用

混合学习工具能够极大地提高学习效率,使学生更快地掌握项目所需的基础知识,为深入实践打下坚实基础。同时,这些工具增强了学习的灵活性,让学生能根据个人兴趣和需求进行自主学习,更好地融入项目并发挥创造力。此外,混合学习工具促进了师生及生生间的深度互动与合作,有助于共同解决问题,深化对项目内容的理解。多样化的学习资源满足了不同学习风格的需求,而数据分析和个性化学习支持则确保了每位学生都能得到最适合自己的学习路径,从而在项目化学习中取得更出色的表现。

以"品传统文化 绘国风扇影"项目为例。第一步,学生可以通过网络搜索扇子的图片、视频等数字资源,了解扇子的各种样式和制作工艺,获取广泛的创意灵感。第二步,利用纸质资料深入研究扇子的历史文化背景,查阅相关书籍、文献,挖掘扇子在传统文化中的深厚内涵。在设计扇子时,学生可以使用绘图软件进行初步的设计构思,尝试不同的图案、色彩搭配。第三步,画出设计和制作流程图。例如,学生在软件中设计好扇子的构图和图案布局后,使用毛笔在扇面上进行细致地绘画,运用传统绘画技法表现出线条的韵味和色彩的层次感,使扇子既具有现代创意又不失传统文化底蕴。

在"我是小小防灾专家"项目中,学生借助在线课程学习防灾减灾的理论知识,如灾害的形成原理、预防措施等。同时,利用实物模型制作家庭防灾应急包,模拟实际操作。在制作过程中,学生可以参考网络上的应急包制作教程,获取更多创意和改进方法。例如,通过在线视频学习如何合理折叠急救毯以节省空间,然后在实物模型制作中进行实践应用。此外,学生还可以将自己制作应急包的过程拍摄成视频,上传到在线平台与其他同学分享,接受大家的评价和建议,进一步完善自己的作品,实现数字化学习与传统实践的有机融合。

二、学习工具的选择原则

(一) 主题性原则

在项目化学习中,学习工具的选择原则至关重要,在选择时应考虑其是否有助于达成既定的学习目标,即是否能有效支持学生对项目知识的掌握和应用。因此,在选择学习工具时,务必确保它们与项目主题紧密相关,并能有效促进学习目标的实现。这样的选择原则有助于确保项目化学习的顺利进行。

例如,在"环保袋妙手生花"项目中,教师的目标是让学生了解环保袋相关知识并制作环保袋,为了实现这一目标,教师提供了与环保袋相关的书籍、网络资料、绘图工具等。这些工具与环保袋制作这一主题高度契合,学生通过查阅资料、使用绘图工具设计环保袋样式,再运用缝纫工具将废旧衣物等材料制作成环保袋,从而在实践中掌握了环保袋的制作技能,提升环保意识,达到项目的学习目标。

(二) 适应性原则

在项目化学习中,学习工具的选择还需适应学生的年龄特点和认知水平。由于不同年级的学生在认知能力和操作技能上存在差异,因此选择学习工具时,需充分考虑学生的实际情况。对于低年级学生,应选择界面友好、操作简便的工具,以激发他们的学习兴趣和积极性;而对于高年级学生,则可以提供更具挑战性和复杂性的工具,以促进他们高阶思维的发展。总之,适应学生的年龄特点和认知水平是选择学习工具的重要原则之一,有助于确保每位学生都能在项目化学习中获得适合自己的学习体验。

在一年级的"智慧循环　废纸新旅"项目中,考虑到学生年龄较小,认知水平有限,教师选择了生活中常见的废纸、剪刀、胶水、画笔等简单易用的工具,让孩子制作一些笔筒、收纳盒等简单的小手工。这些工具的选择易于学生理解和操作,学生能够在收集废纸、用剪刀剪裁、用胶水粘贴以及用画笔装饰的过程中,逐步培养环保意识和手工制作能力,符合一年级学生的认知发展阶段。

而在六年级的"品传统文化 绘国风扇影"项目中,学生的认知能力和动手能力相对较强,教师提供了笔墨纸砚、不同形状和材质的扇子以及扇骨、扇面等扇子零件,让学生进行扇子的拆分、组装和绘制。同时,引导学生运用思维导图软件整理扇子知识,这些工具和活动能够满足六年级学生的学习需求,促进他们在传统文化扇子制作和文化理解方面的提升。

(三)便捷性原则

在项目化学习中,学习工具的选择还需符合便捷性原则。所选择的学习工具应使学生能够迅速上手并熟练操作,从而专注于项目内容的学习而非工具的使用。此外,工具的获取途径也应便捷,无论是通过学校提供的资源、网络平台,还是其他渠道,都应确保学生能够轻松获取所需工具。这样的选择原则有助于减少学生在学习过程中的障碍,提高学习效率,确保项目化学习的顺利进行。

例如在"我是小小防灾专家"项目中,尺子、纸盒、胶水、彩纸等制作工具都是学生日常容易接触到的物品。学生在绘制家庭逃生疏散路线和防灾减灾手抄报等活动中,能够轻松获取并熟练使用这些工具,不会因为工具的获取困难或操作复杂而影响项目的推进。

在"课间游戏巧设计"项目中,教师选择了卡纸、剪刀、黑笔、竹筒、彩笔、绳子等制作工具,这些材料在学校或家庭中较为常见,学生可以方便地获取并用于游戏道具的制作。同时,计算机、平板电脑等家庭常用的设备也被用于帮助学生查阅游戏资料,这些工具的便捷性有助于学生更好地开展项目活动。

(四)创新性原则

在项目化学习中,选择具有创新性和趣味性的学习工具,能够极大地激发学生的学习兴趣和参与度。创新性工具往往能带来新颖的学习方式,打破传统教学的束缚,使学生能够以全新的视角审视和探索项目内容,能让学生在轻松愉快的氛围中学习,使学习过程不再枯燥乏味,从而更加主动地参与项目化学习。因此,在选择学习工具时,注重其创新性和趣味性,对于提升学生的学习效果和积极性具有重要意义。

在"品传统文化 绘国风扇影"项目中,教师引入实地走访、参观扇子博物馆等方式作为学习工具,这种创新性的学习方式让学生亲身感受扇子文化的魅力,激发了他们对传统文化的兴趣。同时,利用思维导图软件辅助学生整理扇子知识,既有趣味性,又有助于提高学生的学习效率。

在"智慧循环 废纸新旅"项目中,教师组织了"纸张变废为宝"的手工制作比赛,让学生将废弃的纸张制作成各种有趣的作品,并在六一儿童节联欢活动中进行展示。

这种趣味性的活动形式激发了学生的积极性和创造力,使他们更加主动地参与项目中。

三、学习工具的有效运用

在项目化学习的实践中,学习工具的有效运用是实现教学目标、促进学生全面发展的关键环节。合适的学习工具能够为学生提供丰富的学习资源、便捷的操作手段以及广阔的创意空间。然而,仅仅提供学习工具是不够的,更重要的是引导学生正确、高效地使用这些工具,并激发他们探索工具新功能的热情,同时整合多种工具构建多元化学习环境,以充分发挥学习工具在项目化学习中的最大价值。

(一)引导学生正确使用学习工具,提高学习效率

在学习的过程中,正确选择和使用学习工具是提高学习效率的关键。教师应积极引导学生根据学习内容和项目需求,选择适合自己的学习工具。例如,对于需要大量阅读和记录的项目,纸质书籍和笔记本仍然是学生不可或缺的学习伙伴;而对于需要快速查找和整合信息的项目,电子书籍、在线数据库和搜索引擎则更为高效。此外,教师还应教授学生如何高效利用这些工具。

例如在"我是小小防灾专家"项目中,教师在学生利用空间几何知识规划家庭安全疏散路线时,指导学生正确使用尺子进行实地测量,确保测量数据的准确性;在制作家庭防灾应急包时,引导学生根据清单合理选择物品,并正确使用纸盒、胶水等工具进行包装。通过教师的指导,学生能够更加高效地完成任务,提高学习效率。

在"环保袋妙手生花"项目中,教师在学生设计环保袋样式时,引导学生运用绘图工具准确表达自己的设计意图,在制作环保袋过程中,指导学生正确使用针线进行缝制,避免出现操作失误,提高了制作的成功率和质量。

(二)鼓励学生探索学习工具的新功能,培养创新思维

智能学习工具凭借其强大的数据处理能力、丰富的交互体验以及个性化的学习支持,为学生探索新知、发挥创意提供了前所未有的机遇。如豆包、文小言、KIMI等APP,集成了人工智能、大数据分析等先进技术,能够为学生提供个性化学习资源、智能评估与反馈以及协同创作等功能。这些工具的新功能,如豆包的智能推荐系统、文小言的自然语言处理与文本生成能力、KIMI的虚拟实验与模拟环境等,为学生探索学习提供了强大的支持。

在"旧物重生记"项目中,学生可利用豆包对废旧物品进行创意设计,只需要向豆包提出要求,豆包就会根据相应的需求进行创作,并以图片的形式呈现出来,我们要求的标准越高,创作的物品就会越精细。另外,在项目展示阶段,我们还可以利用豆包的"打电话"功能,要求豆包给出创意性的展示建议,豆包会根据我们的需求进行

设计。

"文小言"作为一款强大的 AI 写作助手,能够根据输入的指令和要求,快速生成高质量、逻辑清晰的文本内容。在项目化学习中,学生可能面临解说稿撰写难度大、时间紧迫等问题,而"文小言"的出现,恰如其分地解决了这些难题。学生只需将项目的核心思想、关键数据、创新点等信息输入系统,系统便能迅速整合这些信息,生成一份既符合项目特色又易于理解的解说稿。这不仅节省了宝贵的时间,使他们能够将更多精力投入到项目的其他关键环节,提升了项目的整体质量,也让学生有更多机会去探索和尝试新的想法和技术。

(三) 整合多种学习工具,构建多元化的学习环境

在项目化学习中,构建多元化的学习环境是项目化学习成功实施的重要保障,是提升学生学习效果和创新能力的关键。这些工具不仅限于传统的教科书和笔记本,而是涵盖了信息收集工具(如搜索引擎、图书馆资源)、可视化学习工具(如思维导图、问题清单)、手工制作工具(如剪刀、胶水、针线)以及调研工具(如问卷、访谈提纲)等。通过灵活运用这些工具,学生能够更加高效地收集信息、整理知识、分析问题,并最终形成创意性的解决方案。

在"智慧循环 废纸新旅"项目中,教师将生活中的废纸等实体材料与画笔、剪刀等手工工具相结合,让学生进行废纸手工作品制作;同时利用学校公众号、视频号、朋友圈、微信群等平台展示学生作品,将数字工具与实体工具整合。这种多元化的学习环境不仅提高了学生的动手能力和创造力,还增强了学生的信息传播和分享意识。

在"品传统文化 绘国风扇影"项目中,教师将实地调研、采访访谈长辈、参观扇子博物馆等实践活动与网络搜集资料、使用思维导图软件等学习方式相结合,让学生在不同的学习方式中感受扇子文化的魅力,提升综合素养。

通过对多个项目化学习案例的深入剖析,我们清晰地看到学习工具的多样性和功能性。数字化学习工具拓展了知识的广度与深度,传统手工工具则锤炼了学生的实践技能。依据项目主题、学生特性等原则精心挑选学习工具,能为项目的顺利推进奠定了坚实基础。

如今,项目化学习已成为培养学生综合素养的重要途径。而学习工具的设计与运用是提高项目化学习效率的关键要素,其合理运用与多元整合对于构建有效的学习环境具有重要作用。展望未来教育,学习工具必将随着科技发展而持续革新。作为教育者的我们,应积极拥抱变革,深入挖掘学习工具的潜力,不断优化项目化学习设计。通过持续创新学习环境,激发学生的学习热情与创造力,为学生提供更加丰富、高效的学习体验,助力他们在知识经济时代中苗壮成长,成为推动社会进步的栋梁之材,为教育事业的蓬勃发展贡献力量,共同开创教育的美好未来。

案例分享

旧物重生记

项目类型	年级	课时数	设计者
活动类	三年级	8课时	张雪云　刘苗苗

一、项目概述

在环保日来临之际,我们特开展"旧物重生"活动,旨在聚焦日常废旧物品,鼓励学生以环保视角发掘其价值。通过创意设计,将废旧物品变为或实用或美观的艺术品,体验变废为宝的魔力。

此过程不仅能够增强学生的环保意识,还能锻炼他们的创新思维与实践能力,为未来奠基。通过这样的活动,学生能够深刻体会到物品在生活中的多重价值和实际应用,从而提高珍惜资源、减少浪费的意识。

二、项目目标

(一) 知识与能力目标

(1) 科学:通过观察,学习基本的环保概念,如旧物分类、回收和再利用。

(2) 美术:发挥创造力,将废旧物品转化为艺术品,培养他们的审美能力。

(3) 数学:通过测量、计算,完成图案设计。

(4) 语文:在设计中介绍自己的创意,商讨方案等;在成果展示的宣传过程中,描述创意过程和表达环保理念,增强学生的语言表达能力。

(5) 劳动技术:掌握基本的手工技能,如粘贴、折叠等。

(6) 艺术:通过奇思妙想,设计造型精美的图案。

(二) 学习素养目标

(1) 审美与环保素养:通过废旧物品再利用的创作,学生将提升审美能力,学会在日常废弃物中发现并创造美;同时增强环保意识,理解旧物循环利用的价值,培养可持续发展的生活态度。

(2) 创新与问题解决能力:本次活动旨在培养学生的创新思维,让他们在面对挑战时能够创造性地提出解决方案,并通过实践不断优化,从而显著提升学生的问题解决能力和创新能力。

(3) 团队协作与社交沟通:本次活动促进了学生之间的团队协作,让他们学会有效沟通、分工合作、资源共享,共同解决问题。这一过程将极大提升他们的团队合作能力和社交沟通能力,为未来发展奠定坚实基础。

(三)核心价值目标

(1)培养环保责任感与创造力:通过旧物利用的实践,激发学生对环保的热情,培养他们的创造力,形成珍惜资源、减少浪费、乐于实践环保行动的良好习惯。

(2)领悟循环经济价值,增强社会责任感:让学生深刻体会到循环经济的意义和价值,同时激发学生对生活环境的热爱与珍惜,培养积极向上的生活态度。

三、挑战性问题

(一)本质问题

在世界环境日来临之际,通过废旧物品再利用作品展示,引发学生的思考,提高周围人保护环境、节约资源的意识。

(二)驱动性问题

在世界环保日来临之际,如何发挥你的奇思妙想,将日常生活中的废品成功变身为创意小作品?

四、认知策略

信息收集(√) 比较分析(√) 调研(√) 决策(√)
问题解决(√) 系统分析(√) 创见( ) 实验( )

五、学习实践

(1)创意性实践:小组合作,发挥想象力,将日常生活中的废弃物,如塑料瓶、旧衣物、废纸板等转化为创意小作品。

(2)探究性实践:探索创新旧物利用的方法,提升对环保科学知识的理解和应用能力。

(3)社会性实践:收集可回收旧物,学习垃圾分类知识;通过学校公众号、创意作品展等形式分享旧物利用成果,提高公众环保意识;

(4)审美性实践:在旧物利用的创作中融入艺术元素,进行色彩搭配、形状设计等方面的练习,提升作品的审美价值,展现旧物利用的艺术美感。

(5)技术性实践:掌握旧物利用的基本技能,如粘贴、编织、组装等,熟练运用各种工具(如剪刀、胶水、缝纫机等)和可回收材料,亲手制作出富有实用性和创意性的旧物利用作品。

六、预期成果

(一) 产品形式

(1) 创意小手工。

(2) 旧物改造艺术品展览。

(3) 旧物利用创意手册。

(4) 旧物利用设计图集。

(5) 旧物利用视频教程系列。

(二) 公开方式

展示旧物利用的多样成果:创意小作品、制作手册、设计图集及视频教程。三名小讲解员现场讲解项目过程、成果及制作步骤。

七、项目评价

(一) 过程性评价

(1) 协作性:学生是否能够在小组合作中有效沟通、分工合作,共同解决问题,体现出团队协作与社交沟通能力。

(2) 创新型:学生是否在旧物利用项目中展现出创新思维。

(3) 反思与改进:面对创作过程中的挑战,学生是否能够有效调整方案,确保旧物利用的高效性。

(二) 结果评价

(1) 是否能体现旧物再利用。

(2) 是否能体现"创意"二字。

(3) 是否具有观赏性或实用性。

(4) 是否具有实用性。

八、项目资源及工具

(一) 项目资源

(1) 多媒体资源:包括与旧物利用、环保知识相关的视频、图片、音频等多媒体资料。

(2) 书籍与资料:与旧物利用、环保科学相关的书籍、教程等资料。

(二) 制作工具

(1) 基本工具:剪刀、尺子、胶水、细绳等常用手工工具。

(2) 制作材料:废旧塑料、纸板、布料等。

(三) 计划时间表(见表 2-2)

表 2-2　计划时间表

时间	课时	内　　容
第一周	2	根据学生特点进行分组;发布主题,分解主题,明确探究内容
第二周	2	引导学生观察日常生活中产生了哪些垃圾,哪些垃圾是可以再利用的
第三周	2	引导学生结合收集的废品,展开奇思妙想,设计创意小作品
第四周	2	引导学生将创意制作成小作品,进行成果展示和分享;总结项目经验,准备展示材料

课外活动:

(1) 资料搜集:学生需搜集与旧物利用、环保知识相关的资料,为项目制作提供素材和灵感。

(2) 材料准备:学生需根据设计方案准备所需的制作材料和工具。

(3) 宣传推广:学生需通过公众号、作品展等形式分享旧物利用成果,提高公众环保意识。

九、项目实施设计

(一) 入项活动

1. 创设情境,引出问题

(1) 展示成功案例:首先,通过多媒体展示一系列旧物再利用的成功案例,如废旧物品转化为艺术品、家居装饰品、学习用品等,激发学生对旧物再利用的兴趣和好奇心。

(2) 引出驱动性问题:在资源紧张和环境保护的当下,我们如何运用所学知识,结合创意与科技,将日常生活中的旧物变废为宝,创造出既实用又环保的新物品?

2. 引导学生将以上驱动性问题拆分成三个子问题

(1) 身边哪些旧物是可以再利用的?

(2) 这些旧物有可能被改造成什么?

(3) 如何将你的创意制作成小作品?

3. 合作探究,确定项目主题

(1) 小组讨论:将学生分为小组,每组分配一个核心问题进行深入讨论。小组成员需共同收集资料、分析案例,并尝试提出解决方案。

(2) 汇报分享:各小组选派代表向全班汇报讨论成果,分享对三个子问题的理解和初步设想。

（3）教师引导：教师根据学生汇报情况，进行点评和引导，帮助学生明确项目主题和目标，确保项目方向正确且富有挑战性。

4. 分组与分工

（1）分组：根据学生特点和项目需求进行分组，确保每组学生在能力、兴趣和经验上形成互补。每组7人，以保证每个成员都能积极参与。

（2）角色分配：在小组内部进行角色分工，明确每个成员在项目中的具体职责，如项目组长、资料收集员、设计师、制作师等。

（3）制订计划：各小组根据项目目标和分工情况，制订详细的项目实施计划，包括时间节点、任务分配和预期成果等。

（二）项目实施

1. 搜集身边可再次利用的旧物

（1）师：同学们，通过仔细观察你会发现，我们的身边每天都会产生大量的垃圾，那么在你身边产生了哪些垃圾呢？你又如何把这些垃圾进行分类呢？观察身边的废品，并对常见的旧物进行分类（见表2-3）。

表2-3 身边的废品

废品种类	
可回收	
有害垃圾	
厨余垃圾	
其他	

（2）师：这些旧物通常是如何被处理的呢？仔细观察你会发现，并不是所有的垃圾都毫无用途，那么我们常见的物品中，有哪些是可以回收再利用的呢？小组内说一说。

（3）课下搜集能够再次利用的旧物。

【设计意图】通过一系列活动和思考，引导学生全面认识旧物分类和资源循环利用的重要性，培养他们的环保意识、创新思维和动手能力。

2. 发挥奇思妙想，设计创意作品

（1）课前准备：让学生把搜集到的可再次利用的旧物带到学校，以小组为单位进行整理。

师：同学们，面对眼前的旧物，你有什么想法？（指名回答）

师：你希望你设计的小作品具有什么功能？是装饰性、实用性还是两者兼具？你为什么要制作这个创意作品？

（2）小组合作，发挥奇思妙想，设计出你心目中的创意小作品。

（3）向组内成员介绍你的设计思路（见表2-4）。

【设计意图】启迪学生的观察力与创新思维，可引领他们探索日常废旧物品之美，深挖其潜在价值。搭建开放交流平台,鼓励学生围绕这些物品展开想象,勇敢表达创意,分享灵感。此活动不仅能增强学生的环保意识,更能激发他们的创新思维,培养他们多角度思考与尝试新解的能力。

表2-4　旧物的改造方向

旧物名称	我的奇思妙想

3. 将创意变成作品

教师以问题链的形式开展本节课,引发学生思考的同时,引导学生将创意变成作品。

(1)你需要哪些旧物材料来制作这个小作品?是否已经收集齐全?

(2)除了旧物材料外,你还需要哪些辅助工具或材料?

(3)你遇到了哪些实际问题,是如何克服的(见表2-5)?

(4)对组内作品进行评价并给出合理建议,再次进行修改、完善(见表2-6)。

表2-5　评价表

你遇到的问题	你的做法	达成的效果

表2-6　评价表

作品名称	我的评价	我的建议

【设计意图】本环节的设计意图在于通过实践操作,将学生的创新思维转化为具体作品。通过收集旧物材料,学生学会资源再利用;规划设计方案,锻炼空间想象力与色彩搭配能力;面对设计与制作难题,培养问题解决能力与应变能力。此过程不仅提升动手能力,还深化环保意识,让学生在实践中体验创造的乐趣与成就感。

(三)出项活动

(1)举办"废品重生记"主题展览,展示学生的创作成果。鼓励学生为作品编写解说词,介绍创作过程和意义。

（2）鼓励师生对作品从创意性、实用性、美观度等方面对作品进行投票,评选出"最受欢迎作品奖"（见表 2-7）。

表 2-7　最佳作品评选

你最喜欢的作品是什么	
你喜欢的原因是什么	

十、反思

（一）反思

1. 项目设计合理性与实施效果

（1）项目设计紧密围绕环保主题,通过多元化的实践活动,如创意性实践、探究性实践、社会性实践等,有效提升了学生的创新思维能力和动手能力,增强环保意识。

（2）在实施过程中,学生通过小组合作,共同解决问题,不仅增强了团队协作能力,还培养了社交沟通能力。

（3）在项目初期,部分学生对旧物分类和再利用的认识不够深入,导致在创意设计阶段花费了较多时间进行资料搜集和思路整理。这提示我们在未来的项目中需要加强前期引导,增强学生的环保意识和相关知识储备。

2. 学生参与度与反馈

（1）大多数学生积极参与项目活动,表现出较高的热情和创造力。他们通过收集废品、设计创意作品、制作成品等过程,深刻体会到了变废为宝的乐趣和成就感。

（2）部分学生在面对设计和制作难题时,能够主动寻求帮助,积极解决问题,体现了良好的问题解决能力和应变能力。

（3）但也有少数学生因为缺乏自信或兴趣不足,参与度不高。这提示我们需要更加关注个体差异,因材施教,激发每个学生的潜能和兴趣。

3. 资源利用与成果展示

（1）项目充分利用了多媒体资源、书籍与资料以及基本工具和制作材料,为学生提供了丰富的创作素材和条件。

（2）成果展示环节通过举办主题展览和投票评选活动,有效展示了学生的创作成果,增强了他们的自信心和成就感。同时,也提高了公众的环保意识。

（3）在资源利用方面,部分废品因材质或形状限制,未能得到充分利用。这提示我们在未来项目中需要更加注重废品的多样性和可再利用性,提高资源利用效率。

（二）展望

1. 优化项目设计与实施流程

（1）根据学生的年龄特点和认知水平，合理调整项目内容和难度，确保每个学生都能积极参与并有所收获。

（2）细化项目实施流程，明确每个环节的目标和任务，提高项目实施的效率和效果。

2. 注重个体差异与因材施教

（1）关注学生的个体差异，针对不同能力和兴趣的学生提供个性化的指导和支持。

（2）鼓励学生发挥自己的特长和优势，在项目活动中展现个性和风采。

3. 建立长效机制与持续跟踪

（1）建立项目实施的长效机制，将环保教育和旧物利用纳入学校日常教育教学活动中。

（2）对项目实施效果进行持续跟踪和评估，及时发现问题并采取措施加以改进。同时，积极总结经验教训，为未来类似项目的实施提供参考和借鉴。

📖 案例分享

环保袋妙手生花

项目类型	年级	课时数	设计者
活动类	三年级	10 课时	楚春玲

一、项目概述

随着社会的快速发展和人们生活水平的提高，一次性塑料制品的消费量急剧增加，其中塑料袋作为日常生活中不可或缺的一部分，其使用后的处理问题日益凸显。大量塑料袋被随意丢弃，不仅造成资源浪费，而且给生态环境带来严重污染。因此，推广环保理念，倡导绿色生活方式，减少塑料袋的使用和妥善处理废弃塑料袋，已成为当前社会亟待解决的问题。

"环保袋妙手生花"项目化学习活动旨在通过一系列富有创意和实践性的活动，提高学生的环保意识，培养他们的环保行为习惯，同时整合劳动、科学、美术、数学、道德与法治等学科的重要概念，和多个学科形成关联。学生通过搜索、调查、访谈、咨询等手段来获取信息，并通过信息处理及分析形成基本概念。学生使用各类技能，开展协作式、探究式学习。在解决全球白色污染问题的同时，学习知识，建立学科联系，掌握技能，增强环保意识，推动校园内外的环保行动，共同为建设美丽中国贡献力量。

二、项目目标

(一) 知识与能力目标

（1）劳动：通过项目实践，提升学生的合作技能和实践技能。掌握手工制作环保袋的劳动技能和一般步骤，学会自制实用又美观的环保袋。

（2）语文：通过项目研究，学会用文字描述环保袋的基本特征，记录项目研究过程，撰写项目报告等；学会组织语言介绍环保袋，汇报项目开展经历。

（3）数学：运用数学所学图形分割，把环保袋的每一部分都裁剪好，再利用针线进行缝合或者胶带黏合，在动手操作过程中深刻理解数学知识在生活中的应用。

（4）科学：在环保袋的设计制作过程中，能用设计图表达环保袋的结构设计和创意；学习运用科学方法和手段开展观察、对比、模仿、实验、调查，奠定初步的科学探究意识和积极劳动思维，激发学生对环保袋的探究兴趣。

（5）美术：通过搜索观察生活中的环保袋，设计美观的环保袋。

（6）道德与法治：培养学生的良好道德修养，让孩子体验到公共设施给自己生活带来的便利，自觉爱护家庭、学校及公共环境卫生，遵守公共秩序，从而提升自身环保意识。

(二) 学习素养目标

（1）通过项目研究，学会根据调研数据分析问题，制作问题清单，整合知识结构，设计制作思维导图。

（2）通过本项目的研究，在实践中发现问题，学会运用项目化学习可视化学习工具解决问题。

(三) 核心价值目标

（1）在项目实施过程中，提高学生的动手能力，使他们具备劳动情怀，养成热爱劳动、崇尚劳动的好习惯。

（2）通过项目研究，学生能知道环保袋的主要实用价值，了解环保袋与人们的生活有着密切的关系；感受环保的重要性，明白要为保护环境、建设美好家园贡献力量。

三、挑战性问题

(一) 本质问题

如何设计和制作既实用又美观的环保袋，以实现废旧衣服的再利用并提升孩子的环保意识？

(二) 驱动性问题

我们如何制作环保袋来代替塑料袋？

四、认知策略

信息收集(√)　比较分析(√)　调研(√)　决策(　　　)
问题解决(√)　系统分析(　　)　创见(√)　实验(　　　)

五、学习实践

(1)创造性实践:小组合作制作环保袋。

(2)调控性实践:制订计划和调查表,反思调控自己的行为。

(3)探究性实践:探索环保袋实用的原理和方法。

(4)社会性实践:联合项目小组调查、信息收集、比较分析、填写调查问卷,介绍项目经历,组织与参与义卖活动。

(5)审美性实践:描绘设计环保袋制作式样。

(6)技术性实践:运用针、线、剪刀裁剪旧衣服并缝纫制作环保袋。

六、预期成果

(一)产品形式

(1)自制的环保袋。

(2)环保袋绘画设计作品。

(3)绘制环保袋制作结构图。

(4)问卷及结果报告提出"用环保袋购物"的倡议。

(二)公开方式

(1)开展一次环保袋展示活动,活动开始时,设置一个走秀环节,让学生展示自己的环保袋。学生可以挎着自己设计的环保袋,搭配相应的服饰,进行走秀表演。通过走秀的形式,学生展示创意和制作成果,同时也让其他同学欣赏和学习。

(2)学生以小组为单位,带着自己制作的环保袋及相关图表布置环保袋展板,向参加活动的师生介绍项目经历,呈现产品使用效果,展示环保袋是一种循环实用性产品。

七、项目评价

(一)过程评价

(1)能否区分环保袋,用语言表达和文字描述的形式说出环保袋的概念、种类及其在生产、使用、回收等环节中的环保作用,并说明环保袋在生活中的实用性。

(2) 能否运用绘画技能对环保袋进行现场样式设计。

(3) 能否整合知识制作环保袋结构图。

(4) 能否熟练掌握制作环保袋的劳动技能。

(二) 结果评价

1. 知识技能、合作技能、实践技能的评价量规用表

(1) 知识评价:环保袋的样式及其在生产、使用、回收中的相关评价。

(2) 技能评价:材料的选择、器材的使用、操作技法、沟通评价。

(3) 实操评价:旧衣服裁剪、手工制作环保袋、成品性能检测。

2. 产品展示、项目介绍、营销效果评价

八、项目资源及工具

(一) 项目资源

计算机、平板电脑、网络、与环保袋相关的书籍或其他形式的资料信息、绘图工具、美术材料、旧衣服、床单等。

(二) 制作工具

针、线、剪刀、尺子、胶水、热熔枪、缝纫机等。

(三) 计划时间表(见表 2-8)

表 2-8　计划时间表

时间	课时	内　　　容
第一周	2	发布项目主题,调查数据分享,确定探究内容,开展入项活动
第二周	2	了解环保袋概念,提升环保意识,设计环保袋样式
第三周 第四周	4	提供知识技能,掌握技术工具,设计环保袋结构图,手工制作环保袋
第五周	2	提出优化建议,形成最终成果,文字报告,公开成果展示

九、项目实施设计

(一) 入项活动

随着社会的进步和生产力水平的不断提高,人类在享受高度物质文明带来的成果同时,也对人类生存的环境产生越来越多的威胁和破坏。人类的生产、生活给环境带来的环境污染已成为世界性难题,如塑料做成的袋子、包装盒、薄膜等,加之塑料本

身不易降解的特性和人们的卫生习惯,造成了严重的白色污染。

(1) 全班学生以小组为单位,利用大课间时间,随机对全班师生进行口头问卷调查。调查每个家庭一周所使用的塑料袋数量。

(2) 以小组为单位,统计出本班部分学生家庭一周塑料袋使用数量情况。

(3) 公布统计结果,激发学生的驱动力。

(二) 项目实施

1. 确定环保袋所需要的材料

活动一:如何确定制作环保袋所需的材料?如何获取这些材料,特别是废旧物品的收集和处理?做一个小调查,把学生知道的材料都列举出来,再让学生讨论哪种材料比较耐用、环保(见表 2-9)。

(1) 观看生活中所用购物袋种类图片,了解它们的原材料、环保性、实用性以及是否可回收。

(2) 确定制作环保袋的材料,并说一说原因(学生小组合作讨论)。

表 2-9 环保袋材料来源分析及筛选

材料种类(材料来源)	是否可降解	是否耐用	是否环保	制作难易	是否可清洗
帆布(旧衣服)					
塑料(超市购物袋回收)					
纸质(购买衣服纸袋)					
尼龙(旧衣服、旧包)					
皮质(旧衣服)					
生物降解材料(食品包装袋)					

教师提供"调查活动组员互评表"(见表 2-10),学生根据调查过程中组员是否认真进行评价。

表 2-10 调查活动组员互评表

学生姓名:

评价内容	量 分 标 准			
	组员 1 评价	组员 2 评价	组员 3 评价	平均值
调查时,积极参与				
调查时,认真倾听				
调查时,认真记录				
调查完后,与组员讨论,分析调查结果				
量化分析("极好"为 5 分,"较好"为 4 分,"一般"为 3 分,"较差"为 2 分,"极差"为 1 分)				

2. 设计环保袋样式

活动二：如何设计环保袋的样式和外观？如何将环保理念融入设计？以环保标志为契机，让学生尽情发挥，设计出独一无二的图案。设计环保袋的样式和外观时，将环保理念融入其中是关键。所以我为学生提供了生活中的环保袋需求调查表及样式设计来激发学生的创造力，进一步了解本项目化活动的本质问题并解决（见表2-11）。

（1）观看网络搜索到的设计图案，启发学生进行样式设计（小组成员讨论完成）。

（2）结合实际生活，为妈妈设计出一款多功能的购物袋、环保袋，要求实用美观。

表 2-11　生活中的环保袋需求调查表及样式设计

步骤	备注
需求分析（为什么要制作环保袋?）	
环保袋的用处（你制作环保袋用来做什么?）	
环保袋大小测量（用什么来测量、制作）	
工具、材料准备（你会选择哪一种材料进行制作？所需工具是什么?）	
确定材料、颜色等（把你想要做的环保袋设计图画出来）	

教师提供"环保袋设计结构图评价"（见表2-12），学生根据设计过程中组员是否认真进行评价。

表 2-12　环保袋设计结构图评价

评价项目	自我评价	小组评价	教师评价
能根据需求设计环保袋方案			
能准确地表达设计意图			
主动参与设计方案并大胆交流			

3. 尝试制作环保袋

活动三：如何学习并掌握制作环保袋的基本技能？

掌握基本的缝纫技能是制作环保袋的基础。这包括学习如何使用缝纫机或手工缝纫，掌握基本的针法和技巧。此外，还需要了解如何根据材料的特性选择合适的针脚大小和线头处理方式，以确保缝纫的牢固性和美观性。因此我设计了环保袋制作任务单，让学生发挥自己的创新和操作能力，制作出美观又实用的环保袋。

（1）小组设计"手工制作环保袋"的结构图。

各小组通过小红书学习、网络查询或自媒体视频学习，了解"手工制作环保袋"的方法和步骤,使用不同的设计思维,设计"手工制作环保袋"的结构图,内容包括选材料、裁剪、制环保袋、装饰等方法和步骤的可行性分析。

学生需要决定哪个设计方案是最成功的并且思考为什么。

教师从以下几个方面驱动学生思考:安全生产、批量生产、美观实用。学生完成"环保袋现场制作评价表"(见表2-13),量化评分进行自我评价。

表2-13　环保袋现场制作评价表

评价等级: "★"完全符合;"▲"比较符合;"●"不符合。评价方式:以符号进行记录为主,文字简述为辅。			姓名:　　　　　性别:
			团队活动(　　) 个人活动(　　)
			项目活动:
一级指标	二级指标	评价	
团队协作能力	1. 遵守团队的约定		
	2. 过程中是发起者或主导者角色		
	3. 倾听并尊重队友的友好建议,对不合理的观点温和友善地表示不同意		
	4. 融入团队工作,并能帮助解决团队问题		
	5. 能完成团队内分配的工作		
思辨能力	1. 能说出为什么要做这个项目		描述:
	2. 能在项目活动中提出问题		
	3. 能大胆清楚地陈述自己的想法、观点等		
	4. 能从同伴、教师的交流中获得信息进行思考,改进工作		
	5. 能安静、独立地思考、分析并做出判断、选择		
创新创造能力	1. 经常会想到并提出一些新创意		
	2. 能说明自己的创意,有理有据		
	3. 创意被同伴采纳,辅助应用		
	5. 能给予同伴的创意一些帮助和完善		
实践操作能力	1. 能根据自己的想法画设计图或示意图		
	2. 主动参与操作,能独立完成		
	3. 能和同伴一起完成操作		
	4. 主动收集活动相关信息、资料		
	5. 能运用测量、计算、剪、黏合等技能进行操作		

(2) 各小组分工合作,使用项目工具,手工制作各种各样的环保袋。通过尝试,

让学生熟练掌握制作环保袋的劳动技能。

教师运用如下问题链驱动学生操作实践:

① 你制作环保袋是准备自制自用还是批量生产?

② 你选择什么样的工具来制作环保袋?

③ 你选择什么样的材料来制作环保袋?

④ 你制作完成一个环保袋需要多长时间?

⑤ 你们小组的制作方法适合批量生产吗?

⑥ 你是否简单地记录下小组实践操作的步骤?

⑦ 你是如何确定环保袋的实用性的?

制作步骤:

① 取出旧背心,将背心里外翻面。

② 将背心底边前后对齐,然后用针依次将底边缝牢。

③ 缝完后再将背心翻回原样。

④ 展示(背心的身躯部分成为袋身,肩部变为提手)。

学生需要用记录表(见表2-14)记录探究制作数据,并交流分享经验。

表2-14 学生探究制作环保袋记录表(一)

目标管理	是否要批量生产?
使用工具	小组选择的实操工具有哪些?
材料类型	小组选择什么类型的制作材料?
制作时间	完成一个环保袋需要多少分钟?
实用效果	用哪种方式测试实用性?
生产条件	小组制作的方法是否适合批量生产?
操作步骤	

教师通过以下问题链引导学生进行操作实践:

① 你选择制作什么样的环保袋?

② 制作环保袋要有哪些注意事项?

③ 让环保袋更加实用的方法有哪些?

④ 合作过程中如有意见分歧你是怎么处理的?

学生需要记录探究制作心得,并交流分享经验(见表2-15)。

表2-15 学生探究制作环保袋记录表(二)

我的任务:
我发现了:
我猜这可能是因为:

续　表

我解决该问题的方法是：
小组探讨解决该问题的方法是：

（3）自制环保袋。

为了帮助学生完成以上任务，我们为其提供了手工制作环保袋的工具：绣花针、剪刀、旧衣服、胶水、缝纫机。学生自制环保袋产品，并完成教师提供的"探究小组PBL 实践评价表"（见表 2 - 16）。

表 2 - 16　"自制环保袋产品"探究小组 PBL 实践评价表

评价要素	主　要　指　标	评价结果 ABC		
		自评	组评	师评
购物袋产品调研	积极参与小组分工，调查产品数量达到 10 个以上，善于解决过程中遇到的问题			
调查结果分析	能从环保产品的实用性、美观、环保等方面进行综合分析，筛选出适用的环保袋产品			
自制环保袋产品	与小组成员积极配合，动手能力强，熟练掌握环保袋的制作方法			
展示汇报	声音响亮，吐字清晰，表达流利，能较好地呈现出探究结果			
我收获的评语				

4. 试验、探讨与优化

（1）根据去超市购物测试环保袋的实用性，在环保袋牢固性的测试方法上进行优化。

（2）个体和项目小组根据意见修订自己的成果。

（3）收集项目材料，包括项目计划、调查问卷、过程日志、修改记录、评价量规以及环保袋测试最终结果，最终形成可以参加成果展的产品。

（三）出项活动

经过入项和实施后，项目活动进入出项公开展示阶段——自制环保袋展示活动。

（1）开展走秀活动进行展示。

让学生展示自己的环保袋。学生可以挎着自己设计的环保袋，搭配相应的服饰，进行走秀表演。通过走秀的形式，学生展示创意和制作成果，同时也让其他同学欣赏和学习。

（2）介绍环保袋的设计理念及制作过程。

学生将自己的环保袋摆放在展示区，并准备相应的介绍材料。每个团队或学生可以轮流上台，介绍自己的环保袋设计理念、制作过程、使用材料以及功能特点等。通过展示和介绍，让其他同学了解每个作品的独特之处和背后的故事。

（3）反馈交流环保袋制作经验。

在成果展示之后，组织学生进行学习心得的交流。学生可以分享自己在制作环保袋过程中的经验教训、遇到的困难以及解决的方法等。同时，也可以邀请教师或嘉宾发表讲话，对学生的作品和表现进行评价和指导。通过交流，让学生相互学习、相互启发，提升环保意识和手工制作能力。

（4）颁发证书及礼品。

对作品的创意性、实用性、美观性等方面进行评价，评选出优秀作品和团队，并进行表彰。可以设立奖项如"最佳创意奖""最佳实用奖""最佳团队奖"等，激发学生的竞争意识和积极性。同时，也可以为获奖者颁发证书或小礼品，以资鼓励。

十、反思与展望

（1）通过"环保袋妙手生花"项目化学习方案的实施，学生不仅能够掌握环保知识，提高环保意识，还能够培养创新思维和动手能力。同时，通过实践应用，学生能够将所学知识转化为实际行动，为保护环境贡献自己的力量。此外，该项目的开展还能够带动更多的人关注环保问题，共同为构建美丽家园而努力。

（2）通过本项目的研究，学生学会在实践中发现和解决问题，更加深入地理解所学知识。项目化学习是一种非常有效的学习方式，它可以帮助学生将理论知识实际应用到实践中，锻炼学生的团队合作和解决问题的能力，增强学生的自主学习能力和沟通能力，培养学生的独立思考能力和解决问题的能力，让学生在实践中发现和解决问题，更加深入地理解所学知识。

（3）通过本项目的研究，学生学会运用可视化学习工具解决问题。本项目中，师生根据项目开展阶段的真实情境设计了大量可视化学习工具，有基于观察的问题清单、逻辑性思维的分析表和进行自我学习界定的评价表等，借助项目研究可视化学习工具，学生的思维就有方向，帮助学生形成一种有形的思维抓手。学生在学习工具的帮助下，像专家一样思考问题、解决问题，实现了素养的提升。

（4）项目化学习带动育人方式变革，给学校和教师带来了许多挑战。通过本项目的研究，在校内进行项目化学习推广，带动育人方式变革，促进提升教育教学质量。在实践当中，项目化学习的开放性和不确定性，也为学校和教师带来了许多挑战。我们需要跳出传统教学方式的固有经验，把握好项目化学习的本质内涵，更为积极地拥抱教育观念转变。

案例分享

品传统文化　绘国风扇影

项目类型	年级	课时数	设计者
学科类	六年级	10 课时	陈艳霞　崔建

一、项目概述

夏天到了,天气逐渐炎热,用自己绘制的、具有传统文化主题的扇子在炎炎夏日中享受到一丝清凉,引发了孩子们的兴趣。千百年来,专属东方人的含蓄之美,都藏在了小小扇子里。团扇又称宫扇、纨扇,是中国传统的工艺品,本课程通过多学科融合,开展赏扇、制扇、绘扇、展扇等活动,使学生感知古今扇文化,探究扇子绘制的各种方法,并解决学生在实际操作中遇到的问题。毕业季,我们可以把亲手绘制的扇子当成友谊的见证物,在同学间互相赠送,留作纪念。体验艺术源于生活而又回归生活,进而感受和传承中华传统文化,提高学生的艺术素养,基于以上思路,由此开启"品传统文化　绘国风扇影"项目化学习的探究。

二、项目目标

(一) 知识与能力目标

(1) 美术:通过多种方式探索传统文化,绘制国风扇影,培养学生对传统文化的热爱。

(2) 语文:引导学生从文学作品中汲取灵感,将文学作品或者诗词歌赋中的情感、意境转化为设计扇子的元素。

(3) 历史:通过调查,了解扇子的发展历史,培养学生对扇子背后历史文化的探究能力。

(4) 劳动:通过传统折扇的拆分与组装,培养学生的动手能力和制作技能。

(二) 学习素养目标

(1) 学生将收集的信息归纳提炼,让学生具备初步收集和整理信息的能力。

(2) 小组合作收集扇子信息资料,整合知识结构,设计制作思维导图,锻炼学生的团结协作能力。

(三) 核心价值目标

(1) 通过多种方式探索传统文化扇子,初步感受中国传统文化的魅力,激发学生乐于探究的精神。

（2）通过诗词歌赋表现传统文化扇子的绘制，培养学生对传统文化的热爱，提高审美素养。

三、挑战性问题

（一）本质问题

如何通过国风扇子的表现形式，体验并传承中国传统文化，增强民族文化自信？

（二）驱动性问题

炎炎夏日，如何自制一把体现传统文化的扇子，在炎炎夏日中享受到一丝清凉？

四、认知策略

信息收集（ √ ）　比较分析（ √ ）　调研（ √ ）　决策（　　）
问题解决（ √ ）　系统分析（　　）　创见（　　）　实验（ √ ）

五、学习实践

（1）创造性实践：探索扇子文化与其他文化的跨界创新融合。例如，在传承传统扇子文化的基础上，融入现代审美观念和设计元素，可以将扇子元素融入现代服装设计、家居装饰等领域。

（2）探究性实践：学生关注扇子在不同历史时期的发展变化、艺术特色和文化内涵，深入了解扇子的制作工艺、材料选择、图案设计等方面的知识，探究传统文化扇子的绘制方法。

（3）社会性实践：实地调研、访谈长辈、参观扇子博物馆和工艺品市场等，网络搜集资料帮助学生收集传统文化扇子的信息，实地感受扇子文化的魅力。

（4）审美性实践：通过传统文化扇子的画面表现，提高审美能力。

（5）技术性实践：通过扇子、扇面、扇骨的组装和画面构图的把握，绘制扇子。

六、预期成果

（一）产品形式

（1）展示和推荐各种形式的传统扇子。

（2）扇子思维导图。

（3）过程性评价量表。

（4）展板展示整个活动流程。

（二）公开方式

（1）举办校园扇子展览会,邀请全校师生参观交流,扩大传统文化的影响力。

（2）毕业季,我们可以把亲手绘制的扇子当成友谊的见证物,在同学间互相赠送,留作纪念。

七、项目评价

（一）过程评价

（1）是否能够整合知识,绘制传统文化扇子思维导图。

（2）是否能够熟练掌握扇子的制作技能和上色、构图原理。

（3）是否能从文学作品中汲取灵感,将文学作品或者诗词歌赋中的情感、意境转化为扇子设计的元素。

（4）设计国风扇影时能否展现独特的创意和想象力,将传统文化元素与现代审美相结合。

（二）结果评价

（1）文化理解:较好地了解扇子文化的历史背景、艺术特色、文化内涵等,深化对传统文化与扇子的有机结合的认识。

（2）创新思维:能够在继承传统文化的基础上,进行思维创新,如扇子表现形式的创新发展,形成具有个人特色的艺术作品。

（3）技能提升:通过实践,熟练掌握中国画扇子的构图技巧以及其他传统文化中扇子的表现技巧,提高作品的艺术性和观赏性。

（4）成果收获:通过项目化学习,更深入地了解传统文化的内涵和价值,也让我们更加热爱和珍视传统文化。同时,我们也通过绘画实践,提高自己的艺术修养和创作能力。

八、项目资源及工具

（一）项目资源

（1）实物资源:不同题材的传统文化扇子(书法扇面、国画扇面)。

（2）媒体资源:体现传统文化的扇面画网站和绘制中国风扇面的教程。

（二）制作工具

（1）材料工具:笔墨纸砚、不同形状、不同材质的扇子,以及扇骨、扇面等扇子零件。

（2）记录本：用于绘制项目思维导图、过程计划、环节评价记录。

（3）展示工具：展板或者展示架用于展示项目成果和设计理念，展示台用于展示创作过程和各种导图。

（三）计划时间表（见表2-17）

表2-17　计划时间表

时间	课时	内　　容
第一周	2	发布项目主题，收集调查扇子信息，设计思维导图，开展入项活动
第二周	2	展开入项活动，整理、归纳扇子信息并在班级交流，制作评价量
第三周	2	收集诗词歌赋，探讨诗画融合的方法，掌握书画构图方法
第四周	2	实际操作扇子的制作方法，开展并创新国风扇影传统文化扇子的绘制
第五周	2	提出修订建议，形成最终成果，举办国风扇影成果展，完成评价量表

九、项目实施设计

（一）入项活动

1. 设置情境，激发兴趣

（1）讲述王羲之助人卖扇的故事，激发学生的好奇心和学习兴趣。

据说有一天，王羲之在路上遇见了一位老婆婆，她拎着一篮子六角形的竹扇在集市上叫卖，却没什么人买。王羲之见了，就帮老婆婆在每把扇子上都题上字，引来路上的行人纷纷购买。老婆婆十分高兴，感谢王羲之帮助她卖掉了竹扇。

（2）王羲之助人卖扇的故事给了我们什么启示？

2. 引出问题，激发想象

（1）思考：老婆婆为什么后来卖掉了竹扇？

（2）引出驱动性问题：如何亲手绘制设计一把具有传统文化的扇子，在炎炎夏日享受一丝清凉？

3. 合作探究，拓宽视野

（1）你对扇文化了解多少？初步尝试构思思维导图呈现扇子知识。

（2）通过什么方式获取更多的传统扇子知识？

（3）探究：在绘制国风扇影的过程中，你将如何融入并体现中国传统文化的元素和内涵，使扇子不仅具有实用性，还富有深厚的文化底蕴和艺术价值？

活动方法：课下，师生实地走访、实地调研、访谈长辈、参观扇子博物馆、工艺品市场等，并通过在网络搜集关于传统文化扇子的信息，绘制思维导图。学生绘制"思维导图评价标准"（见表2-18）。

表 2 - 18　"品传统文化　绘国风扇影"思维导图评价标准

评价项目	评价内容	分值	得分
布局结构	布局均衡:主干布局合理、均衡,疏密有度,确保核心主题明确且居中,突出	20分	
	结构清晰:多级分支粗细有别,有层次,逻辑关系清晰,一目了然,体现结构性(层次清晰)	20分	
语言逻辑	层级分明:文字要准确、流畅,突出中心,由中心主题向外发散,表达能力强	15分	
	逻辑连贯:插图和图表逻辑清晰,与内容相符合,分支具有逻辑性,有条理性	15分	
审美感知	视觉美观:整体美观,视觉效果好,线条流畅,体现粗细、宽窄变化	15分	
	色彩鲜明:颜色对比明显和谐,分支不同,颜色不同,符合主题内容要求,激发创造,便于记忆	15分	

4. 划分小组,制订计划

(1) 请根据自己遇到的问题成立项目活动小组,民主选取小组长。

(2) 各小组合作探究,探讨如何突显国风扇影中的创新思维,以小组为单位初步绘制思维导图。

(二) 项目实施

1. 项目活动一:遇见《枫桥夜泊》——揭秘扇面诗画融合之旅

(1) 出示《枫桥夜泊》团扇,激发学生对扇面传统文化的学习热情。

(2) 子问题 1:以你对扇子的了解,如何做到扇面的诗画融合?

① 对应活动:前期调研,收集国风扇影的相关资料,了解传统文化扇子的历史背景、艺术特色、文化内涵等。通过实地考察、专家访谈等方式,深入了解国风扇影的表现方法。

② 制订计划:根据调研结果,制订详细的项目计划,包括学习时间安排、小组划分、资源调配等。

(3) 项目推进:

① 小组讨论各自收集到的扇子素材,小组推荐成员介绍扇子文化的历史背景、文化内涵以及扇子分类和作用等。

② 小组探究传统扇子在形状、材质、装饰等方面的多样性,分享它们在不同历史时期和社会文化背景下的演变。

③ 制作评价量表:在活动过程中,通过小组合作从收集的信息中归纳提炼出扇子的相关知识,从信息收集、团队合作等方面进行量化评分。教师提供"项目化学习活动一过程评价量表"(见表 2 - 19)。

表 2-19　项目化学习活动一过程评价量表

评价内容	评 价 等 级			评价形式	
	优秀（A）	良好（B）	待改进（C）	互评	师评
文化理解	较好地了解扇子文化的历史背景、艺术特色、文化内涵	扇子文化的历史背景、艺术特色、文化内涵缺乏见解	不了解扇子的艺术特色、文化内涵		
信息收集	小组组员均能参与信息收集	大部分组员参与信息收集	小部分组员参与信息收集		
团队合作	与组员合作有序，整理信息配合默契	与组员配合一般	与组员无合作、无配合		

2. 项目活动二：《清明上河图》启扇——探寻扇子构图，诗画融合之美

(1) 出示《清明上河图》书画、国画扇面，激发学习兴趣。

(2) 子问题 2：如何构图才能更好地体现扇子的诗画融合之美？

对应活动：交流课下通过网络或者书籍收集到的不同题材的诗词歌赋。

活动方法：集思广益小组成员熟知的诗词歌赋，小组探讨诗画融合方法。

(3) 项目推进。

① 学生分享扇子的画面主题，如山水、花鸟、人物等。

② 小组选择与主题相匹配的诗词歌赋与扇面简单搭配。诗词歌赋的内容、意境和风格应该与画面主题相契合，以强化画面的主题表达。

③ 自制取景框，学生上台尝试模拟扇子的构图方法。

④ 讲解书法与绘画的和谐统一：扇子上的诗词通常以书法的形式呈现。因此，书法的选择和运用至关重要。书法字体、大小、布局等应该与画面设计协调，既要清晰地传达出诗词的内容，又要与画面风格相统一。

⑤ 学生尝试用书法的形式表现扇面。

⑥ 完善评价量表：根据学生对文字的情感共鸣、书法在扇面上的合理安排等方面进行量化评分。教师提供"项目化学习活动二过程评价量表"（见表 2-20）。

表 2-20　项目化学习活动二过程评价量表

评价内容	评 价 等 级			评价形式	
	优秀（A）	良好（B）	待改进（C）	互评	师评
小组合作	小组推选代表上台，较好地完成扇子的构图	构图知识掌握不太牢固，组员配合不密切	与组员无合作、无配合		
情感共鸣	通过扇子上诗词歌赋的选择，与组员间较好地产生情感共鸣	对诗词歌赋了解过少，与小组成员间较少产生情感共鸣	不能将个人的情感体验与组员间产生情感共鸣		

续 表

评价内容	评价等级			评价形式	
	优秀（A）	良好（B）	待改进（C）	互评	师评
诗画融合	分享的知识很好地做到诗画融合	分享的知识与书画融合不太紧密	诗画不能完全融合		

3. 项目活动三：邂逅《国色天香》——探索国风扇影的现代审美与创意

（1）出示《国色天香》国画折扇，激发学习兴趣。

① 对应活动：通过折扇《国色天香》探究折扇的制作方法。

② 活动方法：将收集的不同形状的扇子进行拆分、组装，进一步了解扇子的构造。

（2）子问题3：你都有哪些金点子将扇子的现代审美与创意表达相结合？

（3）项目推进。

① 学生根据自己的拆装经验，实际操作扇子的制作方法。

② "接天莲叶无穷碧，映日荷花别样红。"以家乡的荷为例，示范传统文化的扇子绘制步骤。

③ 学生根据所学国画构图知识和技巧，进行国风扇影的国画绘制实践。

④ 运用其他形式表现传统文化扇子。比如：衍纸节气扇子、簪花扇子等。

⑤ 进一步完善评价量表：在活动过程中，从学生的技能提升、扇子表现形式的创新思维、团队合作等方面进行量化评分。教师提供"项目化学习活动三过程评价量表"（见表2－21）。

表2－21　项目化学习活动三过程评价量表

评价内容	评价等级			评价形式	
	优秀（A）	良好（B）	待改进（C）	互评	师评
小组合作	与组员配合默契，共同研究扇子制作方法，参与度高	与组员配合不密切，参与度一般	与组员无合作、无配合		
创新思维	能够在继承传统文化的基础上，进行创新和发展，形成具有个人特色的艺术作品	基本能够展现出创新思维和想象力，将传统文化元素与现代审美相结合	创作方法缺乏创新思维和创造力		
技能提升	通过实践，熟练掌握扇面表现技巧，提高作品的艺术性和观赏性	在实践中，很好地提升了绘画技能和审美能力	对扇面的构图创作技法掌握不牢固		

（三）出项活动

1. 展示活动："扇"色满园关不住，我的小组来展示

（1）扇子绘制完成后，我们举办班级展览，展示成果。

（2）举办校园扇子展览会，邀请其他班级师生参观交流，扩大传统扇面文化的影响力。

（3）毕业季，我们可以把亲手绘制的扇子当成友谊的见证物，在同学间互相赠送，留作纪念，感受中国传统文化的魅力。

2. 项目评价：评价促成长，反思助前行

（1）同伴互评。

① 同小组成员间互评，增强合作探究问题的能力。

② 同伴互评可以促进学生之间的交流和学习，同时也可以让他们更全面地了解自己的优点和不足，促进小组合作。

（2）教师评价。

根据学生对扇子文化的内涵、创意思维、扇子制作、绘画构图、创新表现形式等方面进行全面评价。

（3）自我评价。

① 虚心听取别人的意见，对自己的学习过程进行自我评价，反思自己在活动中的感悟和收获。

② 通过撰写学习反思或心得体会的方式，让学生表达自己的感悟和体会。

十、反思与展望

通过本项目的研究，让学生在实践中发现和解决问题，更加深入地理解所学知识。项目化学习高效融合理论与实践，强化团队协作、问题解决、自主学习与沟通能力，培养独立思考能力，实现知识的深度应用与理解。师生在反思中砥砺前行，在展望中绚丽成长。

（1）团队建设：发布项目后，学生积极收集扇子资料。入项活动中，小组分享并评比整理的信息，锻炼信息收集能力与团队合作能力，强化团队协作与凝聚力。同时，培养小组长的领导力和组织能力，使其在项目中发挥更大作用。

（2）项目优化：学生课下收集诗词歌赋，课堂探讨诗化融合，这种主动学习与合作探究转变了学习方式；优化流程与时间管理，确保项目高效完成。

（3）创新实践：学生设计出融合传统与现代美的国风扇影作品，展现创意与风格。五年级学生结合节气文化、花卉创作节气扇、簪花扇；六年级学生从文学作品中汲取灵感，将情感意境转化为扇子设计元素，以书法、绘画形式展现传统文化。这种创新实践体现了项目化学习对学习方式的积极转变。

（4）学习成果：项目化学习出项活动精彩纷呈，学生发挥奇思妙想，纷纷展示自己

的劳动成果,有的小组展示书法国画扇子,有的小组展示衍纸扇子,还有的小组穿上儒雅的汉服,自编古典扇子舞令人陶醉其中,带给大家不一样的视觉盛宴,真是美不胜收!

"品传统文化　绘国风扇影"项目学习成果丰硕,学生们创作的传统扇子为我国扇文化注入了新鲜设计元素。毕业季,这些扇子成为友谊的见证,珍贵而独特。项目不仅深化了学生对国风扇文化的理解,也提升了学生的综合能力和文化素养。未来,我们将继续探索传统文化,深化学习、创新实践,为文化传承与发展贡献力量。学生绘制"项目化学习反思展望评价量表"(见表2-22)。

表2-22　项目化学习反思展望评价量表(学生绘制)

评价项目	评价标准	得分(1—5分)
展示活动	展示的作品是否满意,能否体现国风扇影?	
项目评价	你对自己参与整个项目化学习过程是否满意?	
反思期望	你对自己在项目中的表现,能否深入自我反思?	

📖 **案例分享**

我是小小防灾专家

项目类型	年级	课时数	设计者
学科类	四年级	6课时	郑艳　栗漫玉

一、项目概述

近年来,全球灾害频发,给人类社会带来了极大的破坏和损失。特别是地震、洪水、火灾等灾害时有发生,给人民的生命财产安全带来了严重威胁。因此,防灾减灾工作显得尤为重要。小学生作为社会的未来和希望,他们的防灾减灾意识和能力直接关系到未来社会的整体防灾水平。然而,当前小学生的防灾减灾教育普遍存在不足,缺乏系统性和实践性,导致学生缺乏应对灾害的基本知识和技能。

在此背景下,开展小学防灾减灾项目化活动具有重要意义。通过项目化的方式,将防灾减灾教育融入学生的日常学习和生活中,让学生在实践中学习、掌握防灾减灾知识和技能,提高他们的自救互救能力,为未来的社会发展奠定坚实的基础。

二、项目目标

(一)知识与能力目标

(1)数学:灵活运用空间几何知识解决防灾减灾中的实际问题;通过观察、实验、归纳和推理等数学方法,分析防灾减灾问题;引导学生将数学知识应用于防灾减灾的情境中,增强数学与生活的联系,提升数学应用意识和实践能力。

（2）语文:通过项目研究,学会用文字描述家庭疏散路线图设计想法与过程、撰写项目报告等;学会组织语言介绍汇报项目开展经历。

（3）美术:能利用不同的工具设计防灾减灾手抄报。

（4）科学:促进学生之间的合作与交流,培养他们的团队合作精神;培养对生命的尊重和重视意识,树立对生活的积极态度。

（二）学习素养目标

（1）通过项目化学习,培养学生的逻辑推理能力、问题解决能力和抽象思维能力,使学生能够运用数学方法分析和解决防灾减灾中的实际问题。

（2）培养学生具备跨学科整合能力、创新思维、实践能力、团队协作能力。

（3）在市场调研的过程中培养学生沟通能力、语言表达能力和终身学习的态度等综合素养。

（三）核心价值目标

激发学生对学习活动的热爱与探索精神,培养他们对学校的深厚情感与责任心,以及尊重与合作的价值观。

三、挑战性问题

（一）本质问题

如何通过设计并制定防灾减灾有效措施,培养小学生的空间感知与几何应用能力,对灾害有一定的认识,同时提升他们的应急避险和自我保护能力?

（二）驱动性问题

如果我们是一名防灾专家,如何利用所学知识解决防灾减灾中的实际问题,提高小学生的防灾减灾意识和能力?

四、认知策略

信息收集（ √ ）　比较分析（ √ ）　调研（ √ ）　决策（　　）
问题解决（ √ ）　系统分析（　　）　创见（ √ ）　实验（　　）

五、学习实践

（1）创造性实践:小组合作设计防灾减灾手抄报。

（2）社会性实践:小组合作进行市场调研,了解应急包的种类等。

（3）审美性实践：绘制实用、美观的防灾减灾宣传海报。

（4）技术性实践：运用各种工具实地考察并测量，绘制实用有效的家庭逃生疏散路线图。

六、预期成果

（一）产品形式

（1）每个小组制作一本防灾减灾知识手册。

（2）设计并制作一张防灾减灾主题的海报。

（3）制作家庭逃生疏散路线图。

（4）制作家庭防灾应急包。

（二）公开方式

5月12日是防灾减灾日，在这一天通过微信公众号展示防灾减灾的系列措施，并在学校内分享防灾减灾知识手册。同时制作防灾减灾主题的海报，张贴在小区宣传栏中，并进行宣讲，以便增强居民的灾害风险意识，提高其防灾减灾能力。

七、项目评价

（一）过程评价

（1）观察学生在项目中的参与度和积极性，是否认真对待每一个设计环节，是否能够主动提出问题和寻求解决方案。

（2）评估学生在团队中的表现，是否能够与同伴有效沟通，是否能够共同协作完成任务，以及是否愿意分享自己的设计思路和成果。

（3）考查学生在设计过程中是否能够独立思考，提出新颖的设计方案，以及是否能够将所学知识和技能应用到实际设计中。

（4）通过学生的作品和表现，评价他们是否掌握了相关的设计技能。

（二）结果评价

成果展示、项目介绍评价：评价学生的防灾减灾设计措施是否美观、实用，是否能够体现出学生的技能水平；家庭防灾应急包是否实用；是否注重团队合作与创新精神的展现。

八、项目资源及工具

（一）项目资源

涉及消防设备、材料、安装工具等。

（二）制作工具

尺子、纸盒、胶水、彩纸等。

（三）计划时间表（见表 2-23）

表 2-23　计划时间表

时间	课时	内　　容
第一周	1	介绍项目主题，观看各地灾害视频，开展入项活动
第二周	2	班内讨论如何制作简易有效的家用防灾应急包，并在家制作
第三周	1	利用空间几何知识规划家庭安全疏散路线
第四周	2	收集整理有效的防灾措施，并制订成册公开展示

九、项目实施设计

（一）入项活动

1. 播放视频

播放火灾逃生视频、防灾减灾宣传视频，引发学生兴趣和关注。

提问学生："你们认为什么是灾害？它会给我们的生活带来哪些影响？"

2. 案例讲解

讲述河南南阳方城县学校宿舍火灾案例，分析灾害发生的原因、后果以及应对措施。

3. 引出驱动性问题

提问学生："如果你们面临灾害，需要快速离开家或学校，你们会带什么走？"引导学生思考应急准备的重要性。

（二）项目实施

1. 制作简易有效的家用防灾应急包

子问题一：如何设计一个简易有效的家用防灾应急包？

（1）自主了解应急包：学生自主调查市场在售的应急包由哪些构成，展示不同种类的防灾应急包样品或图片，让学生观察并讨论它们的异同点。

（2）分组讨论应急包的功能：让学生分组讨论自己家中需要哪些防灾应急物品，它们有什么作用，并列出清单。

（3）分享交流：每组选派一名代表上台分享本组的清单，说明选择这些物品的原因，并进行自我评价和小组评价（见表 2-24）。

表 2 - 24 "设计家庭防灾应急包"评价表

我选择_____作为防灾应急装备的理由是:		
自我评价	我能清晰、有条理地分享本组的清单和选择原因 ☆☆☆☆☆	我设计的防灾应急包内的物品配置合理,多功能且实用 ☆☆☆☆☆
小组评价	能清晰、有条理地分享本组的清单和选择原因 ☆☆☆☆☆	设计的防灾应急包内的物品配置合理,多功能且实用 ☆☆☆☆☆

2. 分析家庭安全疏散路线的合理性

子问题二:如何利用空间几何知识规划家庭安全疏散路线?

(1)播放视频:通过播放一段紧急疏散的视频,引发学生的兴趣,并强调规划安全疏散路线的重要性。

(2)分组活动:将学生分成若干小组,每组选择一个具体小区的疏散区域进行研究。

(3)现场测量:学生利用测量工具对疏散区域进行实地测量,收集必要的数据。

(4)绘制疏散路线图:学生根据测量结果和空间几何知识,绘制出合理的疏散路线图,并标注出关键参数。

(5)汇报与讨论:每组学生在班内展示自己的疏散路线图,并解释设计思路和所依据的几何原理。其他学生和教师进行互动交流并评价(见表 2 - 25)。

表 2 - 25 "规划安全疏散路线"评价表

序号	评价项目	评价标准	得分(1—10 分)
1	出口位置识别	能否准确指出所有可用出口,并考虑其通达性	
2	障碍物分布分析	是否全面考虑障碍物对疏散路线的影响	
3	疏散集合点选择	是否合理选择集合点,并考虑其安全性和可达性	
4	最短距离测量与计算	是否准确计算各点到出口的最短距离	
5	最佳角度确定	是否根据障碍物和出口位置,合理确定疏散的最佳角度	
6	关键参数应用	是否将测量和计算的关键参数有效应用于疏散路线规划中	
7	不同疏散路线优缺点分析	是否全面、客观地分析不同路线的优缺点	

3. 收集整理有效的防灾措施并制订成册

子问题三:如何根据模拟灾害场景,有效开展防灾减灾措施?

(1)模拟地震逃生:教师在模拟的废墟场景中设置障碍和陷阱,如倒塌的墙壁、断裂的桥梁等。每组学生需要在规定时间内找到安全出口并成功逃生。在逃生过程中,学生需要运用所学的地震逃生知识,如躲避掉落物、保持低姿势等。

（2）火灾自救挑战:教师在模拟的火灾逃生通道中设置烟雾和火光,模拟真实的火灾场景。每组学生需要佩戴防护装备,在限定时间内找到安全出口并灭火。在挑战过程中,学生需要运用所学的火灾自救知识,如用湿毛巾捂住口鼻、沿着安全指示牌逃生等。

（3）每组学生在挑战结束后进行经验分享和反思,总结成功和失败的原因。教师引导学生讨论如何在实际生活中应用所学的防灾减灾知识,提高自我保护能力。

（4）教师对活动进行总结,强调防灾减灾的重要性,并鼓励学生将所学知识带回家与家人分享。

（5）对防灾减灾措施进行评价(见表2-26),并对表现优秀的小组和个人进行表彰和奖励,激励他们继续发挥小小防灾英雄的作用。

表2-26　"制作有效防灾减灾措施"评价表

序号	评价项目	评价标准	得分(1—10分)
1	创新性	措施是否具有新颖性、独特性,能否带来新的防灾减灾思路	
2	实用性	措施是否贴近实际,易于实施,能否在实际防灾减灾工作中发挥作用	
3	科学性	措施是否符合防灾减灾的科学原理,有无明显的逻辑或事实错误	
4	完整性	措施是否全面、完整,是否考虑到不同灾害类型和不同人群的防灾需求	
5	可操作性	措施是否易于理解,操作步骤是否清晰,能否被广大师生所接受和执行	
6	文字表达	措施描述是否清晰、准确,有无错别字或语法错误	
7	图表表达	是否使用了合适的图表来辅助说明措施,图表是否清晰易懂	
8	逻辑表达	措施的阐述是否有逻辑,条理是否清晰	

十、反思和展望

经过四周"我是小小防灾专家"项目化学习活动的实施,我深感这一教学模式对学生防灾减灾意识的提升以及综合能力的培养具有显著的积极作用。然而,在教学过程中,我也发现了一些值得反思和改进的地方。

在项目的设计与实施过程中,我意识到多学科融合的重要性。数学、美术和科学知识的交叉运用,不仅丰富了学生的知识体系,也提升了他们解决问题的综合能力。但在实际操作中,如何更好地融合这些学科,使它们之间的衔接更加自然流畅,仍需进一步的思考和探索。

学生的参与度和兴趣是项目化学习成功的关键。在项目实施过程中,我尽力通过各种实践活动激发学生的学习兴趣,但仍有部分学生表现出积极性不高的现象。这提示我需要在今后的教学中更加注重学生的个体差异,采用更加多样化的教学手段和方法,以满足不同学生的学习需求。

团队合作能力的培养是项目化学习的重要目标之一。在项目实施过程中,我鼓励学生进行小组合作,共同完成任务。但在实际操作中,我发现部分学生在团队中缺乏明确的角色定位,导致合作效率不高。这要求我在今后的教学中更加注重团队建设的指导,帮助学生明确各自的角色和职责,提高合作效率。

📖 案例分享

智慧循环　废纸新旅

项目类型	年级	课时数	设计者
活动类	一年级	8课时	李慧敏　曾改华

一、项目概述

随着社会的快速发展,纸张的消耗量日益增大,大量的废纸被随意丢弃,不仅造成了资源的浪费,也给环境带来了不小的压力。同时,学生在学习和生活中,也产生了大量的废纸,如草稿纸、试卷、笔记本等。因此,我们有必要开展一项关于"纸张再利用"的项目,旨在提高学生的环保意识,减少纸张浪费,实现资源的循环利用。组织一场"纸张变废为宝"的手工制作比赛,让学生们发挥想象力,用废弃的纸张制作出各种有趣的作品。

二、项目目标

(一)知识与能力目标

(1)道德与法治:通过实践与操作,了解废纸回收的环保意义,养成合理利用纸张的好习惯,树立节约意识和保护环境的意识。

(2)劳动:能简单表达自己的方案构想,感受手工制作的奇妙,初步养成认真劳动、合理利用材料的良好劳动习惯。

（3）美术：在实施过程中，通过手工制作活动，让学生了解美术和生活的联系，提高审美能力和绘画水平，制作出具有个人特色的手工作品。

（二）学习素养目标

（1）乐于探究，在学习与生活中遇到问题能及时想办法解决，提高动手动脑能力。

（2）培养学生的实践动手与动脑能力、创新思维能力和解决问题的能力。

（3）能找到各种可循环利用的废纸，利用不同材料的特点，设计并制作工艺品。

（三）核心价值目标

通过实践，懂得节约用纸，珍惜纸张，树立环保节约意识。

三、挑战性问题

（一）本质问题

学生在学习和生活中浪费纸张的现象严重，通过本项目的实施，让学生了解到纸的可重复利用性和多变性，培养学生节约用纸和保护环境的意识。

（二）驱动性问题

生活中的废纸有很多种类型，哪些是可以重复利用的？这些可重复利用的纸可以做成什么样的手工作品？而我们又如何将废纸变成各种各样的手工作品？

四、认知策略

信息收集（ √ ）　比较分析（　　）　调研（ √ ）　决策（　　）

问题解决（ √ ）　系统分析（　　）　创见（　　）　实验（ √ ）

五、学习实践

（1）创造性实践：小组合作讨论废纸可以制成哪些手工作品。

（2）探究性实践：收集可循环利用的废纸，并设计制作方案。

（3）社会性实践：在班级和学校举行废纸手工作品展，在"庆六一"联欢活动中参加巡演。

（4）审美性实践：对废纸做成的手工作品进行美化设计，用画笔涂色或者张贴自己喜欢的贴纸。

（5）技术性实践：使用各种可循环利用的废纸和材料，进行创作。

六、预期成果

(一) 产品形式

各种废纸手工作品。

(二) 公开方式

(1) 举行废纸手工作品展及经验分享会(在班级、校园举行作品展)。

(2) 在六一儿童节联欢活动中,组织模特队穿上自己制作的"战甲"在每个班进行巡演。

(3) 学校网站与社交媒体:将项目的相关信息、照片、视频等上传至学校微信公众号等。

七、项目评价

(一) 过程评价

(1) 在收集废纸阶段,能否准确地找到生活中可利用的废纸。

(2) 能否与同学进行合作,讨论废纸可以变成什么。

(3) 在实践操作阶段,能否积极动手操作,变废为宝。

(4) 项目的每个阶段结束后,能否对自己的表现进行反思和总结,评价自己的优点和不足。

(二) 结果评价

(1) 技能掌握情况:多数学生能够掌握基本的纸艺制作技能,但在一些细节处理上仍需加强。

(2) 创意表现:学生在纸艺作品创作中展现了一定的创意和想象力,作品形式多样、内容丰富,开展"纸张变废为宝"的手工制作比赛。

(3) 环保意识提升:通过活动,大部分学生对纸张再次利用的重要性有了更深刻的认识,表示将在日常生活中更加注重纸张的节约和再利用。

八、项目资源及工具

(一) 项目资源

生活中有各种各样可循环利用的废纸,比如:废报纸、快递箱,牛奶、面包等各种食品的包装盒等。

(二) 制作工具

剪刀、可再利用的废纸、画笔、贴纸、胶水、橡胶手套、塑料板、纱网、木棒等。

（三）计划时间表（见表 2-27）

表 2-27　计划时间表

时间	课时	内　　容
第一周	2	发布项目主题,确定探究内容,开展入项活动
第二周	2	收集可二次利用的废纸,小组讨论可以制作出哪些手工作品
第三周	2	传授知识技能,指导使用技术工具,动手实践制作手工作品
第四周	2	提出修订建议,形成最终成果,进行成果展示

九、项目实施设计

（一）入项活动

1. 抛出驱动性问题

纸在生活中随处可见,图书、海报、报纸、纸巾、纸盒、手工纸……各种纸及纸制品不仅是学生熟悉的事物,更是他们游戏、创作时的好伙伴。学生的脑海中还会萌发对纸的各种好奇:生活中哪些纸可以再利用? 可以用废纸做什么? 于是,一年级学生关于纸的探秘之旅就此展开了。

2. 分组进行讨论

学生自主结合,以 4 人或 6 人为一组,讨论生活中常见的废纸有哪些,并且将可以再次利用的废纸记录下来。

（二）项目实施

1. 收集可利用废纸的类型

（1）活动导入:教师展示用废纸折成的花束作品,激发学生参与活动的兴趣。接下来,就让我们一起去发现生活中有哪些可以再利用的废纸吧!

（2）废纸样品展示:教师展示各类废纸样品,引导学生观察、讨论它们的来源、特点和再利用的可能性。

（3）组内讨论生活中哪些废纸可以循环利用,进行二次创作。并将讨论的结果记录下来,课后完成废纸收集的小任务。

（4）在教室内设置废纸收集箱,鼓励学生将在家中收集的废纸带到学校进行展示,并进行分类。

（5）组织学生开展废纸再利用的讨论会,讨论收集到的废纸的来源,以及它们分别有什么特点,并填写废纸材料特点表(见表 2-28)。

表 2-28　废纸材料特点表

序号	废纸类型	特点描述	优点	缺点	预想成品
1	快递盒				
2	鞋盒				
3	纸杯				

（6）阶段性成果。

学生收集到的废纸种类很多，可利用性也很强，为下一步的手工制作提供了丰富的素材和灵感。通过合理处理和利用这些废纸，我们可以制作出多种美观实用的手工艺品，为生活增添色彩和趣味。学生通过讨论与展示，了解了更多的生活常识，知道生活中哪些纸可以再次利用，我们也趁机鼓励学生养成珍惜纸张的好习惯。

2. 分组讨论制作废纸手工产品

（1）样品展示，创意激发。

教师展示一系列精美的废纸手工作品，包括纸制笔筒、折纸动物、花束等，为学生提供灵感和参考。同时，介绍纸张的来源、种类以及环保再利用的重要性，让大家了解纸张的多样性和价值。

（2）分组讨论，收集想法。

综合考虑收集到的废纸的材料特点，学生在组内讨论这些废纸可以怎样二次利用，并且如何将手中的废纸变成有趣的手工作品。

（3）动手操作，设计草图。

学生利用马克笔、白纸等绘制自己感兴趣的手工作品的草图（在绘制过程中，教师可以提供指导和帮助，确保学生能够顺利完成草图绘制）。

（4）阶段性成果。

学生通过组内合作，讨论出想要制作的手工作品，并完成草图设计，为下一步的实践操作提供了有效支持。

3. 动手操作创意实践

（1）纸张处理。

① 清洁纸张：确保纸张干净整洁、无油渍或污点。

② 剪裁纸张：根据设计的草图，剪裁出所需的形状和大小（在学生裁剪过程中，教师要进行指导与帮助，在确保安全的前提下进行操作）。

（2）制作模型。

学生根据自己的想法，可以先用硬纸板制作一个原型，确保设计的比例和结构正确，然后在原型的基础上细化设计，调整细节。

（3）粘贴组合。

将裁剪好的纸片使用胶水或双面胶粘贴到一起，形成所需的形状（教师在旁边提供必要的帮助和引导，确保学生可以顺利完成作品）。

（4）细节修饰。

学生使用剪刀对边缘凸出的纸片进行修剪,使形状更加精细。也可以用彩色笔、马克笔等给作品添加颜色和绘制自己喜欢的图案。根据设计,也可以添加丝带、珠子或其他装饰物。

4. 作品展示与分享

（1）展示作品。

在班内组织学生进行废纸再利用作品的展示活动,也可以在家中进行展示。

（2）分享创作。

学生通过讲解自己作品的制作过程和所用到的材料,分享废纸再利用的经验和收获。

（3）评选优秀作品。

我们对作品的创新性、实用性、美观性等方面进行了综合评价,评选出优秀作品并进行表彰,评出"最佳创意奖""手工小达人",鼓励学生继续努力创新。

（4）学生对本次活动中自己的表现进行评价与总结,并完成项目实施评价表（见表 2 - 29）。

表 2 - 29　项目实施评价表

（　）学年　　　　（　）学期　　　班级:　　　姓名:　　　　　任课教师:

评价内容	评价细则	评价参考	自评	互评	师评
知识与技能	是否了解一些纸质材料的性能和常见的应用工具				
	动手能力				
	思维能力				
	创意能力				
	想象力				
情感态度与价值观	对手工制作的喜欢程度				
	制作的效果				
	能否按要求带材料				
	制作时能否保持所处环境卫生				
	制作完成后能否收拾整理制作材料				
	与同学间合作是否融洽				
作品完成情况	设计并制作一个作品				
评价参考为:优、良、中、差四个等级					

（三）出项活动

在手工制作完成后,我们组织学生在校园内开展"纸张变废为宝"的废纸手工作品展,学生将自己的作品带到展示区,邀请其他班级或学校的师生参观,学生向参观者介绍自己的作品和制作过程,分享废纸再利用的经验和收获。大家对学生的作品给予了高度评价,认为这些作品不仅富有创意,而且具有实用性和观赏性。通过这项活动,学生不仅可以欣赏到许多类型的手工作品,还能感受到创造和分享的快乐。同时,这也是一个促进学生之间交流、增进友谊的好机会。

在六一儿童节联欢活动中,学生穿上自己的"战甲"在每个班进行巡演,一起欣赏他们亲手制作的手工作品。巡演过程中,其他学生的掌声与欢呼声是对他们创造力的肯定,也是对他们努力付出的最好回馈。

在整个活动中,我们都在引导学生养成环保意识,并渗透到生活中,引导学生做一个节约用纸、爱护环境的"和融好少年"。活动结束后,教师对整个活动进行总结评价,肯定学生的努力和成果,同时提出改进意见。通过此次活动,学生不仅学会了如何收集再利用废纸,还培养了环保意识和创新能力。

十、反思与展望

1. 学生表现与互动

在整个活动过程中,学生表现出浓厚的兴趣和高涨的热情。积极参与手工制作,互相学习、互相帮助,展现出良好的合作精神。同时,教师与学生之间的互动也十分频繁,教师耐心指导、答疑解惑,营造了良好的学习氛围。本次活动我们鼓励学生积极参与,但不强求每个人都必须完成作品,重要的是培养他们的环保意识和创新思维。对于废纸再利用的作品,要强调实用性和美观性的结合,避免过于追求形式而忽略了实际价值。

2. 存在问题与改进

虽然本次活动取得了圆满成功,但在实施过程中也暴露出一些问题和不足。首先,部分学生在制作过程中缺乏耐心和细心,导致作品质量不高。针对这一问题,我们可以加强对学生制作过程中的指导和监督,鼓励他们注重细节和精益求精;其次,活动时间和场地安排存在一定局限性,影响了活动的规模和效果。未来,我们可以考虑扩大活动场地、增加活动时间,以容纳更多学生参与其中。

3. 反思与收获

纸是生活中的活教材,本次"智慧循环 废纸新旅"项目化活动的开展,让我们在一个个丰富有趣的活动中,了解到纸的由来、种类、用途,更认识到纸在我们生活中的重要性和来之不易,学生也懂得了要更加节约、爱惜纸张。学生在活动中能遵循自己的兴趣,勇敢尝试、收获成功和快乐,真实体验每一场活动的精彩瞬间,品味其中的美好。

通过组织这次"智慧循环 废纸新旅"项目化活动,我们深刻体会到实践创新在教育教学中的重要性。活动不仅锻炼了学生的动手能力和创意思维,还培养了他们的环保意识和团队合作精神。同时,我们也认识到教育教学方法的多样性和灵活性对于激发学生兴趣和潜能具有重要意义。

此次项目化活动为学生提供了一个全面而丰富的学习平台，通过积极参与、跨学科知识整合、实践能力增强、合作与团队精神培养以及成果展示等环节，学生不仅能够在知识和技能上得到提升，还能够在综合素质和人格发展上得到全面提高。

"智慧循环　废纸新旅"项目化活动是一次有益的教育实践探索。通过反思与展望，我们将不断优化教育方法、提升教育质量，为学生的全面发展提供更加丰富的教育资源。未来，我们将继续探索更多具有创新性和实践性的项目化活动，推动学校教育教学改革向更高层次发展。

第三章

自主参与　发挥主体意识

自主参与是项目化学习的重要特征之一,它强调学生在项目过程中的主体地位和主动性。本章旨在探讨如何促进学生在项目化学习中的自主参与,以充分发挥其主体意识。自主参与鼓励学生发挥主体意识,主动构建知识体系,形成个性化的学习路径。只有当学生真正投入项目,主动探索、实践和创新,才能确保项目的顺利进行和最终的成功。

一、自主学习能力的培养途径

(一)目标设定

指导学生学会设定自我学习目标是项目化学习顺利开展的一个必备条件。学习目标按照学习周期可以分为短期、中期和长期(见表3-1)。

表3-1　学习目标

目标类型	时间周期	核心特征	实施要点
短期目标	周/月/学期	目标要具体、可衡量、有挑战性,能激发兴趣	诊断学科优劣势,精准突破
中期目标	季度/半学年	知识体系的系统化构建,关键能力的综合提升	定期评估调整
长期目标	学年/学段	兴趣为导向、持续动力	分解为阶段目标,逐步实现

(二)时间管理

合理规划时间,根据任务的重要性和紧急程度排序,优先处理关键任务,为每项任务设定时间期限,避免拖延,提高效率。学生需根据实际情况不断调整时间管理方法,找到最适合自己的方式。

(三)资源探索

培养学生独立查找资料,求助相关人员,利用场馆、社区、企业资源等解决问题的能力。教师可通过课堂讲解、示范或案例分析等方式传授资源搜索技巧,推荐优质资源来源,布置需要查找资料的作业或项目,让学生在实践中提高能力。同时,组织学生分享经验、参与学术活动、实地考察场馆等,拓宽资源获取渠道。以"我为通行添份力"为例,在这个项目化活动中可以寻求交警大队的帮助,从他们的现有经验中获取"道路在什么阶段最为拥堵,面对这种情况将如何解决"的相关信息。

(四)自我监控

记录学习进度是自我监控的重要组成部分。学生需详细记录项目化学习过程中的进展,制订学习进度表(见表3-2),标注任务完成时间和进度,准备学习日志本,定期回顾反思(见表3-3),调整学习策略。通过记录和反思,学生能更好地了解学习情况,提高学习效率。

表3-2　项目化学习进度管理表

项目名称:_____

起止时间:____年____月____日——____年____月____日

任务编号	任务名称	负责人	计划时间	实际完成时间	进度(%)	关键成果	备注

表3-3　反思优化表(每周填写)

本周亮点	遇到的困难	改进策略	下周重点

二、激发自主参与动机的策略

(一)成功体验

设计较简单、易成功的小任务,增强自我效能感——自信心。

在项目化学习中,为了激发学生的自主参与动机,设置易成功的小任务是一种非常有效的策略。这种策略通过完成一系列小任务不断积累成功体验,从而增强他们的自信心和学习动力。

在设置小任务时,要注意避免过度竞争导致的学生压力增大和焦虑情绪。可以通过团队合作、互助学习等方式来培养学生的合作精神和团队意识。每个学生的能力和兴趣都有所不同,因此在设置小任务时要充分考虑个体差异。对于能力较强的学生,可以适当增加任务的难度和复杂性;对于能力较弱的学生,可以提供更多的支持和帮助,确保他们也能在完成任务的过程中获得成功体验。以"为学校舞蹈室装修做预算"为例,学生被分成若干个小组,每个小组负责一个任务。在团队协作中,学生共同制订项目计划、分工合作、收集资料、设计作品。通过这个过程,学生不仅掌握了装修预算知识,还学会了如何与他人合作、如何解决问题等关键能力。更重要的是,他们在团队协作中感受到了学习的乐趣和成就感,从而更加自主地参与项目化学习。

(二) 兴趣引导

结合学生兴趣点设计学习活动或任务。

兴趣引导设计是一种非常有效的策略。这种策略通过深入了解学生的兴趣点和需求,将项目内容与他们的兴趣相结合,从而引导学生积极参与项目,提升学习效果。以下是对兴趣引导设计在项目化论文中激发自主参与动机策略中的具体描述。

(1)了解学生的兴趣点和需求。首先,教师需要深入了解学生的兴趣点和需求。这可以通过与学生交流、观察他们的日常行为、分析他们的学习表现等方式来实现。了解学生的兴趣点和需求有助于教师更好地把握项目设计的方向,确保项目内容能够引起学生的共鸣和兴趣。

(2)将项目内容与兴趣相结合。在了解学生的兴趣点和需求后,教师需要将项目内容与他们的兴趣相结合,这可以通过以下几种方式实现。①选择与学生兴趣相关的主题:在项目选题时,优先选择与学生兴趣紧密相关的主题,确保项目内容对学生具有吸引力,激发他们的好奇心和探索欲。②融入学生喜欢的元素:在项目设计过程中,可以融入学生喜欢的元素,如游戏、动画、音乐等,增加项目的趣味性和互动性,使学生在轻松愉快的氛围中完成项目任务。③提供多样化的学习资源:为了满足不同学生的兴趣需求,教师可以提供多样化的学习资源,如图书、视频、网络资源等,帮助学生更深入地了解项目内容,拓宽他们的视野和思路。如"秋——纸艺作品展"项目化活动,在让学生了解纸张种类的基础上,鼓励学生发挥创意,设计出与秋天相关的纸艺作品。这种兴趣点的设计,使得活动内容与学生的兴趣紧密相连,极大地提升了他们的参与热情和创造力。通过深入了解学生的兴趣点和需求、将项目内容与兴趣相结合、设计具有吸引力的项目活动以及营造积极向上的学习氛围等方式,可以有效地激发学生的学习兴趣和参与度。

(三) 体会幸福

强调克服困难,体会学习本身的乐趣与成就感。

项目化学习通过真实问题情境激活学生深层参与,其幸福感生成机制体现为三重维度:挑战突破的成长体验、知识迁移的价值感知、创造产出的成就激励。学生在解决实际问题时遭遇认知冲突,通过团队协作、迭代改进突破"最近发展区",此过程培育的抗挫力与问题解决能力构成成长性幸福;将学科知识应用于现实场景(如"我为学校舞蹈室装修做预算"项目)中,切身感受知识的力量,形成认知升级的满足感;最终成果(产品、报告、展演等)的具象化呈现,触发自我效能感与创造愉悦。这种"困境突破—认知迭代—成果创造"的闭环体验,使学习过程本身成为幸福源泉,驱动学生从被动参与者转变为积极建构者。教育者需精心设计梯度任务建立进阶成就感,搭建展示平台强化成果可见性,运用反思日志促进元认知觉醒。

以"'巧'整理 '慧'收纳"项目活动为例,在此项目化学习中,学生初期遇到了如何分类、如何高效整理等困难。但他们没有退缩,而是通过观察、思考和不断尝试,逐步找到了解决问题的方法。在实践中,学生不断摸索和调整收纳方案。他们根据自己的需求和喜好,设计出既实用又美观的收纳体系,这一过程让他们深刻体会到了"实践出真知"的道理。当看到原本杂乱无章的书包和桌面变得井然有序时,学生感到无比自豪和满足。这种成就感不仅来自整理收纳的成果,更来自他们克服困难、实现自我成长的过程。

(四) 搭建平台

展示优秀自主学习案例,激发模仿欲望。

在项目化活动中,激发自主参与动机的策略多种多样,其中搭建平台展示优秀案例以激发模仿欲望是一种尤为有效的方法。

首先,需要搭建一个专门的展示平台,用于呈现优秀的项目化论文案例。这个平台可以是线上的,如学校官网的特定栏目、学术论坛或社交媒体群组等;也可以是线下的,如学校的展览室、图书馆或学术报告厅等。平台的搭建要确保信息的易获取性和互动性,方便学生随时查看和交流。

在平台上展示的案例应经过精心挑选,确保它们具有代表性、创新性和实用性。这些案例可以来自不同学科领域,涵盖不同的研究方法和视角,以展示项目化的多样性和深度。同时,案例的选取要注重其对学生自主学习和创新的启发作用。

三、自主参与与团队协作的平衡

(一) 自主参与与团队协作的关系

自主参与是团队协作的基础:一个能够自主参与的成员,通常具备较强的自我管理能力和独立思考能力。在团队协作中,这些能力有助于成员更好地完成任务、解决问题,并为团队贡献更多的价值。

团队协作促进自主参与:在一个积极向上、协作良好的团队中,成员之间会相互交流、分享经验和知识。这种交流和分享能够拓宽个人的视野,激发个人的学习动力和创新意识。团队成员之间的合作和支持,也能够增强个人的自信心和归属感,从而更加积极地参与项目。

自主参与与团队协作相辅相成:通过自主参与,个人能够不断充实自己的知识储备,提高专业素养。而在团队协作中,个人所学到的知识和技能能够得到实际应用和深化理解。两者相互促进,共同推动团队成员的成长和项目的成功。

综上所述,激发自主参与动机的策略和自主参与团队协作的紧密关系对于项目化的顺利完成至关重要。只有注重培养团队成员的自主参与能力和团队合作精神,才能确保项目的顺利进行和最终的成功。

（二）在团队协作中保持个人自主性的方法

确保团队成员对项目目标有清晰的认识，明确各自的任务对实现整体目标的重要性，从而在保持个人自主性的基础上，共同为项目目标而努力。

根据团队成员的技能特长，合理分配工作任务。这样既能发挥个人优势，又能避免工作重复。

鼓励团队成员表达自己的想法和创意，尊重他人的观点。在团队中营造一种开放、包容的氛围，使每个成员都能感受到自己的价值。通过有效的沟通和协作，建立团队成员之间的信任关系。这有助于增强团队凝聚力，提高团队协作效率。

综上所述，通过明确目标与任务分工、建立有效沟通机制、保持个人责任与独立性、定期审查与反馈以及培养团队文化与信任等方法，可以在项目的团队协作中保持自主性。

（三）通过团队协作促进自主参与的提升

在项目化学习中，团队协作与自主参与是相辅相成的两个关键因素。团队协作为学生提供了一个共同学习、共同探索的平台。在这个平台上，每个学生都有机会发挥自己的长处，同时也能从他人的优点中学习。通过团队讨论、分工合作，学生可以更加深入地理解项目内容，明确自己的学习任务，从而增强自主参与的意识和动力。

团队协作不仅是一个共同完成任务的过程，更是一个相互学习、共同提升的过程。在团队协作中，学生可以学会如何与他人沟通、如何协调不同意见、如何解决问题等关键能力。这些能力的提升有助于学生在项目化学习中更加自主地参与，更加有效地完成任务。

例如："花式叠衣服"项目活动中，学生的叠衣方式往往融入了成员的创意和想象力，如将衣物叠成动物形状、建筑模型等。在叠衣服过程中充分发挥创意，主动承担责任并不断学习成长，体现了高度的自主参与意识。在叠衣服过程中，学生可能会主动承担某个复杂或关键步骤的任务，展现出对活动的积极态度和责任感，体现了成员在活动中的自主参与和创新能力。

通过团队协作，可以促进学生在项目化学习中的自主参与。为了进一步提升学生自主参与的效果，可以通过设置合理的团队任务、提供必要的支持和指导、鼓励学生之间的交流和互动等方式来激发学生自主参与的热情。

总之，自主参与是项目化学习中学生主体性的重要体现。在项目化学习中，学生的自主参与是发挥主体意识的前提。通过自主选择学习内容，制订学习计划，监控学习过程，学生能够更加积极地投入学习，从而充分发挥自己的主体意识。当学生的主体意识被激发时，他们会更加主动地探索知识，对所学内容产生更深的理解和思考。这种深度学习不仅有助于知识的掌握，还能培养学生的批判性思维和创新能力。

通过自主参与，学生能够更加积极地投入学习中，充分发挥自己的主体意识，从而促进深度学习。在团队协作中，学生同样需要发挥主体意识，共同推动项目的进展。这样的学习方式不仅能够提升学生的综合素质,还能培养他们的团队协作能力和创新思维。

综上所述,"自主参与"不仅是学生全面发展的催化剂,更是项目成功的关键所在。让我们一同踏上这段充满挑战与机遇的旅程,共同探索自主参与在项目化学习中的无限可能。

📖 案例分享

我为通行添份力

项目类型	年级	课时数	设计者
活动类	四年级	5课时	贾文霞　许贝贝

一、项目概述

随着城市化的进程加剧,淮阳旅游业蓬勃发展,人流量大幅增长,加上交通工具的普及、交通工具种类的多样化和学生往来通行的增多,淮阳交通堵塞情况屡见不鲜。这不仅使游客的体验不佳,还造成了学生上下学路上各种各样的问题,比如更多的时间花费在路上可能会迟到,车流量的增加使学生的安全存在隐患等。

因此,为了使游客体验良好、环境更加美观、学生上下学路上更安全、人们通行更加方便,我们以数学项目学习理论为指导,设计了"我为通行添份力"项目化活动。通过自主调查、自主探究、自主交流、自主评估的方式进行学习。在进行"我为通行添份力"项目式学习中,充分挖掘数学核心概念与真实生活之间的关系,旨在培养学生综合运用所学知识和方法解决实际问题的能力,设计较为复杂的问题引导学生综合运用数学知识和跨学科的知识与方法解决通行问题。

二、项目目标

(一) 知识与能力目标

(1)综合实践:在项目执行过程中,学生需与团队成员紧密合作,共同完成任务,培养团队精神和沟通协调能力。面对通行中的实际问题,学生能够运用所学知识,创造性地提出解决方案,并付诸实践,提升问题解决能力。通过项目实践,增强学生对社会问题的关注度和责任感,激发他们为社会进步贡献力量的热情。

(2)语文:撰写交通安全宣传语、倡议书或海报文案,提高公众交通安全意识,注重语言的精练性和感染力。在项目展示环节,学生能够清晰、有条理地向团队成员、教师及公众介绍项目背景、实施过程及成果,提升口语表达能力和公众演讲技巧。

(3)数学:通过项目研究,培养学生的应用意识,能够用学过的知识和方法解决简单的实际问题,养成理论联系实际的习惯,发展实践能力。培养学生的模型观念,知道建立模型是数学与现实联系的基本途径。

(4)科学:在项目规划中考虑环境因素,如节能减排、噪音控制等,提出绿色通行解决方案,培养学生的环保意识。通过实地观察或模拟实验,验证交通设施改进前后的效果,培养学生的科学观察能力和实验设计能力。

(二)学习素养目标

(1)提高学生动手实践能力,培养学生观察、分析和解决问题的能力。

(2)借助三角形的稳定性制作人行桥模型,让学生在由图形到实物的过程中,进一步发展空间观念、创新意识和模型意识。

(3)科学探究:提高学生对科学和数学的兴趣,激发学生对科学的探索和创新热情,培养学生综合运用知识解决实际问题的意识和能力。

(4)信息搜集与整理:学生需要主动搜集交通流量、安全规范、环境影响等方面的信息,并对其进行整理和分析,以支持项目的实施,这要求他们具备良好的信息检索和筛选能力。

(5)团队合作能力:在项目化学习中,学生需要与团队成员密切合作,共同完成任务。这要求他们具备良好的沟通能力和团队协作精神,倾听他人的意见,表达自己的观点,并共同解决问题。

(6)社会责任感:通过项目实施,学生不仅能够提升自己的能力素养,还能够为社会交通改善作出贡献。他们可以将所学知识和技能应用于实践中,为社会带来积极的改变。

(三)核心价值目标

(1)强化文明守序、文明出行的意识。

(2)树立遵守交通规则、人人有责的价值观念。

三、挑战性问题

(一)本质问题

如何合理有效地解决学校门口和"大同街—淮州路"(润德—羲悦城)五岔路口的交通堵塞问题?

(二)驱动性问题

每天上下学时,学校门口的交通情况是怎样的?星期天和妈妈去超市路过的"大同街—淮州路"五岔路口的交通情况是怎么样的?学校已经采取了哪些措施?为了有效解决交通堵塞问题,"我"可以做些什么?

四、认知策略

信息收集(√) 比较分析(√) 调研(√) 决策( )
问题解决(√) 系统分析( ) 创新(√) 实验(√)

五、学习实践

(1)创造性实践:借助头脑风暴、发散思维等手段,着力培养学生的创造性思维,引导学生利用知识的迁移去打造期望的产品。

(2)操作性实践:运用三角形稳定性的原理,对人行桥模型的画、剪、拼,提高学生的动手操作能力。

(3)探究性实践:通过小组合作,让学生自主提出问题,并解决问题。

(4)社会性实践:在实施过程中要求学生通过观察生活中的桥,有效解决驱动性问题。

(5)审美性实践:海报、人行桥模型的美观性作为结果性评价的一部分,通过制作人行桥的整个过程,学生见到各种各样的桥,有助于提升学生的审美。

六、预期成果

(一)产品形式

(1)交通标识牌。
(2)绿色出行宣传标语。
(3)人行桥模型。

(二)公开方式

推选学生代表向参会的师生介绍项目经历,展示相关产品。

七、项目评价

(一)过程评价

(1)在开展校门口的交通状况调查时,与同学合作,设计并开展问卷调查。
(2)合理规划出行时间。
(3)能运用艺术表现能力制作交通知识手抄报。
(4)能用文字表达文明出行倡议书。

（二）结果评价

项目介绍、产品展示评价。

八、项目资源及工具

（一）项目资源

计算机、平板电脑、网络、绘图工具、美术材料等。

（二）制作工具

筷子、牙签、热熔胶等。

（三）计划时间表（见表3-4）

表3-4　计划时间表

时间	课时	内　　容
第一周	1	发布项目主题,调查数据分享,确定探究内容,开展入项活动
第二周	1	观察交通状况,学习交通规则,绘画交通标语
第三周 第四周	2	提供知识技能,使用技术工具,设计倡议书内容,手工制作人行桥
第五周	1	提出修订建议,形成最终成果,演示文稿报告,公开成果展示

九、项目实施设计

（一）入项活动

出示教师提前拍摄的上下学时间校门口拥堵的照片,让学生有切身感受,激发学生的情感共鸣。由此发现问题:每天早上学校门口的一段路程很堵,甚至部分学生每天上下学必经的分岔路口常发生交通事故,比如润德和羲悦城之间的分岔路口,红绿灯多且乱,这给学生的上下学和居民的出行带来极大的不便,且存在安全隐患。

（1）成立项目小组:每八人为一组,推选一名组长,组长负责统筹规划以及合理分配小组成员的任务。

（2）小组讨论:学生就发现的问题展开讨论:自己是否也存在着这样的问题? 为了有效解决交通堵塞,自己可以做些什么?（以学生现有的知识经验结合生活实际去发散思维如何解决这个问题。）

（3）激发学生运用调查法,以小组为单位,利用课间时间或者星期天的时间去采访调查校门口以及"大同街—淮州路"五岔路口的交通情况,了解这两处已经采取的措施,尝试找到造成交通拥堵的原因。

（4）教师将学生提出的问题进行汇总并做成小组交通拥堵问题采访调查表（见表3-5）。

表3-5 小组交通问题调查表

地点：

个人观察：对于上下学时校门口（五岔路）的交通秩序你有什么发现？	
采访同学：关于校门口（五岔路）的交通秩序你有什么感受？	
采访家长：放学时的校门口（五岔路）您有什么印象？或者您有什么好的建议吗？	
采访老师：我们学校对于校门口的交通拥堵问题有采取什么措施吗？	
采访保安叔叔：您对校门口的交通拥堵问题有什么建议吗？	

（5）公布调查活动组员互评表（见表3-6），激发学生积极参与调查活动，从而为学生制订出行方案提供依据，让学生有序离校，解决校门口交通拥堵的问题。

表3-6 调查活动组员互评表

学生姓名：

评价内容	量分标准			
	组员1评价	组员2评价	组员3评价	平均值
调查时，积极参与				
调查时，认真倾听				
调查时，认真记录				
调查完后，与组员讨论，分析调查结果				
量化分析（"极好"为5分，"较好"为4分，"一般"为3分，"较差"为2分，"极差"为1分）				

（二）项目实施

1. 手抄报设计赛——交通知识知多少

以小组为单位设计与交通安全有关的手抄报，通过网络查询，咨询家长和教师，让学生更加了解交通知识，认识遵守交通规则的重要性。

2. 寻找路径——探索解决疏通拥堵的方案

（1）初定解决路径。

学生围绕问题展开讨论，头脑风暴，对驱动性问题进行分解，形成思考路径和问题链，明确学习活动的进程和时间节点以及提交材料的要求。让学生以小组为单位按照以下路径："设计宣传标语—设计交通标识牌—设计天桥模型—撰写倡议书"开展项目化设计，最终形成一份科学出行的规划方案。

（2）学生分组探索解决校门口拥堵的有效途径。

活动一：设计宣传标语

学生通过网络查询，设计出符合校门口拥堵和五岔路口拥堵的宣传标语（完成表

3-7),评选出两条最合适的宣传标语,并放置在合适的位置。

表3-7 设计宣传标语

宣传标语我设计	
校门口	
五岔路	

活动二:设计交通标识牌

发挥学生的奇思妙想,设计出美观、醒目的交通标识牌。

活动三:设计天桥模型

用竹筷、牙签、竹签作为主材料,用胶水或者热熔胶来黏合制作天桥模型。

① 查找。

查阅桥梁设计资料,找出三角形在桥梁中的作用是什么? 桥梁承重的关键因素是什么?

② 观察。

在生活中,找一找哪些地方运用了三角形结构? 分析其运用了三角形的哪种特性?

③ 结论。

用什么样的结构能让竹筷拥有巨大的承重能力? 在你的"竹筷桥"设计中,如何保证其稳定性和承重性?(完成表3-8)

表3-8 人行桥设计过程表

我为通行添份力			
班级小组:		姓名:	
作品名称:		所需材料:	
设计草图:			
承重测试:			
我的收获:			
自我评价:根据自己的表现给五星上颜色			
能设计合理的竹筷桥草图		☆☆☆☆☆	
能独立或与小组成员合作完成制作		☆☆☆☆☆	
能在设计中运用学过的知识		☆☆☆☆☆	

活动四:撰写倡议书

为了有效缓解交通拥堵现象,请同学们发起交通安全倡议书。为了写好倡议书,语文老师用一节课时间组织学生开展学习,学生要在教师的指导下学会书写倡议书。

（3）教师提供项目活动的小组学习评价量规表（见表3－9、表3－10）。

表3－9 "我为通行添份力"科学出行规划方案

小组成员参与评价表

评价内容	评价等级			评价形式		
				自评	互评	师评
	☆☆☆	☆☆	☆			
参与度	非常积极	较积极	不积极			
配合度	非常配合	较配合	不配合			

表3－10 "我为通行添份力"项目设计小组学习评价量规

要点	具体表现		
	A. 做得很好	B. 基本做到	C. 有待改进
内容	讨论有实质性的进展，或有价值的成果出现	讨论有一些进展，或有一点成果	讨论进展慢，讨论结果不明显
倾听	每个成员愿意听取别人的意见	成员只听取很少人的意见或有成员愿意听取别人的意见	成员不太愿意听取别人的意见
互动	每个成员积极参与小组活动	少部分成员参加小组活动	每个成员较少参与小组活动
合作	小组关系融洽，任务总是按时完成	小组关系尚可，任务大部分时候能按时完成	小组关系冷淡，任务不能按时完成
总体评价：			

（三）出项活动：展示活动＋结果评价（量表）

通过教师发出"我为通行添份力"挑战赛，大赛规则如下：

（1）利用竹筷，设计承重能力和稳定性最强的竹筷桥，并充分利用三角形以及拱形稳定性的原理，让竹筷桥最稳定结实。

（2）设计竹筷桥草图，充分利用三角形的稳定性来设计竹筷桥，使竹筷桥最坚固，承重能力最强。

（3）借助课件或记录表，有条理地展示自己设计竹筷桥的原理和步骤。

（4）设计醒目的交通标识牌以及宣传绿色出行的海报。

（5）倡议书设计展示。

（6）展示成果，采取百分制，各组组长作为评委通过对各组的三件产品进行打分（本组组长不打本组的分）（见表3－11）。

（7）完成"我为通行添份力"小组成员及分工表（见表3－12）。

表3-11 "我为通行添份力"项目学习评价表

产品(共100分)	标识牌(20分)		倡议书(20分)		人行桥模型(60分)		
评价标准	有效性(10分)	美观(10分)	有效性(10分)	美观(10分)	稳定性(20分)	承重性(20分)	美观性(20分)
第一组							
第二组							
第三组							
第四组							
第五组							
第六组							
第七组							

表3-12 "我为通行添份力"小组成员及分工表

姓名	
生1	
生2	
生3	
生4	
生5	
生6	
生7	
生8	
小组成员	商讨、讨论,组长统筹安排

十、反思与展望

在本次项目化学习中,我们发现了一些问题,在日常教学中,虽然注重了知识的传授和能力的培养,但在引导学生关注社会以及交通通行方面做得还不够。作为教师,我们不仅要教书,更要育人,要培养学生的社会责任感和公民意识。在参与学校和社会组织的通行活动中,我虽然积极参与,但在组织和策划方面还有待提高。我认识到,一个成功的活动不仅需要参与者的热情,更需要组织者的精心策划和有效管理。在与同事、学生和家长的沟通中,我还需要更加注重倾听和理解。我深知,有效的沟通是解决问题的关键,也是推动工作顺利开展的重要保障。

在本次项目式学习活动中,学生感受到知识的魅力,体会到操作的乐趣,体验到成功的满足感。通过反思,我们更明白了只要勇于尝试,只要直面问题,你就离成功近了一步;要懂得坚持,脚踏实地持续不断去努力,心慌难择路,欲速则不达;还要不断优化方案,追求严谨求实的科学精神。

📖 案例分享

为学校舞蹈室装修做预算

项目类型	年级	课时数	设计者
学科类	三年级	6课时	范晓倩　田婷婷

一、项目概述

随着教育资源的日益丰富与教学环境的逐步优化,学校做出了对二楼舞蹈室进行全面翻新的决策。这一决策在学生中引起了热烈的关注和无限的好奇。而恰恰在此刻,我们正学习"面积"这一数学单元,但根据以往的教学反馈,我发现学生在将面积知识应用于实际生活中时存在困难,这主要源于他们缺乏相关的生活经验和空间认知。这次装修工程为学生提供了一个绝佳的实践机会。我以此为契机,将装修预算设计问题融入项目化学习中,引导学生运用所学知识解决舞蹈室的装修问题。通过这种方式,不仅能够帮助学生更深入地理解面积的概念和计算方法,更能培养他们的空间观念和解决实际问题的能力。

二、项目目标

(一) 知识与能力目标

(1)数学:通过实地测量舞蹈教室的长、宽、高等关键数据,学生将不仅熟练掌握测量技巧,显著提升空间感知能力和量感敏感度,还将在后续的预算制订中进一步巩固和深化对长方形、正方形面积计算公式的理解,并同步提升数学计算能力。

(2)语文:通过项目研究,学会用文字描述舞蹈室的设计想法与过程、撰写项目报告等;学会组织语言汇报项目开展经历。

(3)美术:能利用不同的工具、材料制作舞蹈室模型作品,初步形成设计意识。

(二) 学习素养目标

(1)通过项目研究,学会根据实际绘制装修流程思维导图,测量所需数据并做出预算表。

(2)培养学生具备跨学科整合能力、创新思维、实践能力、团队协作能力。

(3)在市场调研的过程中培养沟通能力、语言表达能力和终身学习的态度等综合素养。

（三）核心价值目标

激发学生对学习活动的热爱与探索精神，培养他们对学校的深厚情感与责任心，并树立尊重与合作的核心价值观。

三、挑战性问题

（一）本质问题

如何培养学生的空间观念与问题解决能力？

（二）驱动性问题

今年暑假，学校计划对二楼舞蹈室进行装修，如果你是项目负责人，能否设计出一份合理的装修方案，并选择既经济又实用的材料来做出预算，从而为同学们创造出一个既美观又实用的学习环境？

四、认知策略

信息收集（ √ ）　比较分析（ √ ）　调研（ √ ）　决策（　　）

问题解决（ √ ）　系统分析（　）　创见（　）　实验（　　）

五、学习实践

（1）创造性实践：小组合作绘制装修预算表。

（2）社会性实践：小组合作进行市场调研，了解地板、油漆等材料的价格、规格、特点。

（3）审美性实践：绘制舞蹈室装修流程思维导图，设计自己心目中的舞蹈室草图。

（4）技术性实践：运用各种工具和材料，测量舞蹈室长宽高等数据，制作舞蹈室模型。

六、预期成果

（一）产品形式

（1）舞蹈室装修预算表和自制的舞蹈室模型。

（2）绘制的舞蹈室装修流程思维导图。

（3）舞蹈室数据统计表及市场调研表。

（二）公开方式

学生以小组为单位,带着自己制作的舞蹈室模型及相关图表等布置项目展示会,向参会的师生介绍项目经历、项目收获,展示制作预算表的过程性材料及舞蹈室模型。

七、项目评价

（一）过程评价

（1）能否用语言描述自己心目中舞蹈室的样子,并与同桌交流。

（2）能否运用绘画技能绘制装修流程思维导图,并设计出舞蹈室草图。

（3）是否能熟练应用各种工具测量所需数据并制作预算表,以及是否掌握了相应的测量和计算方法。

（4）能否用合适的材料做出舞蹈室模型,掌握制作舞蹈室模型的技能。

（二）结果评价

成果展示、项目介绍评价:提交的装修预算方案是否完整、合理,是否能在口头或书面展示中体现对装修预算知识的理解和应用,是否注重团队合作与创新精神的展现。

八、项目资源及工具

（一）项目资源

计算器、平板电脑、网络、装修设计相关书籍、测量工具、美术材料等。

（二）制作工具

尺子、黏土、纸盒、胶水、彩纸等。

（三）计划时间表（见表3-13）

表3-13 计划时间表

时间	课时	内　　　容
第一周	1	介绍项目主题,参观舞蹈室现状,学习成功案例,开展入项活动
第二周	1	分享心目中的舞蹈室,讨论装修流程,绘制装修流程图
第三周	2	选择合适的工具测量舞蹈室装修所需的数据,填写数据表
第四周	2	做出最终预算表,形成报告,公开成果展示

补充:第三周的周末,学生可以选择利用网络查询建材市场信息,或者由家长陪同去建材市场进行实地调查,并填写市场调查表。

九、项目实施设计

(一) 入项活动

为了让同学们拥有一个良好的舞蹈学习环境,学校计划对舞蹈室进行重新装修。如果你是项目负责人,能否设计出一份合理的装修方案并选择既经济又实用的材料来做出预算,从而为同学们创造出一个既美观又实用的学习环境?

(1) 教师展示舞蹈室现状的图片,介绍学校舞蹈室现状。

(2) 全班学生以小组为单位,利用课间去学校舞蹈室实地观察。

(3) 以小组为单位,讨论舞蹈教室需要重装的区域或项目。

① 哪些区域需要装修?

② 应该先做什么,再做什么?

(4) 分享自己心目中的舞蹈室样式。

(二) 项目实施

1. 小组合作,绘制装修流程图

(1) 组织学生查阅资料,然后小组内讨论明确舞蹈室装修的步骤。

(2) 根据讨论结果共同绘制舞蹈室装修流程思维导图。

(3) 小组代表展示本组绘制的思维导图。

教师提供"舞蹈室装修流程图绘制评价表"(见表 3-14),学生进行互评。

表 3-14　舞蹈室装修流程图绘制活动评价量表

评价项目	评价标准	得分(满分 50)
资料查阅	充分查阅装修步骤和要点	
小组讨论	积极讨论,确定装修关键步骤	
流程完整性	涵盖所有关键步骤,清晰易懂,步骤准确	
思维导图结构内容	结构合理,逻辑清晰,内容全面	
成果展示	展示成果,做到表达流畅、大方自信	
量化打分("极好"为 10 分,"较好"为 8 分,"一般"为 6 分)		

2. 全班讨论确定最终装修项目

(1) 教师出示统计表模版,每组绘制一张统计表(见表 3-15)。

(2) 把最终需要装修的项目填写在数据统计表项目一栏。

表 3-15　数据统计表

项目	长	宽	面积	总面积

续　表

项目	长	宽	面积	总面积

3. 小组合作测量所需数据并计算出面积大小

（1）教师出示直尺、卷尺、绳子、激光测距仪等测量工具供学生选择。

（2）小组合作自选工具测量数据并记录在数据统计表（见表3-15）。

（3）全班汇报对比测量的数据，学生对测量不准确的数据进行修改。

（4）小组分工合作计算出各个区域的面积，并再次完善数据统计表。

4. 小组合作市场调研

（1）教师出示市场调查表模版，学生参照模版制作市场调查表（见表3-16和表3-17）。

表3-16　地砖市场调查表

	品牌	大小	面积	价格	颜色	备注
第一种						
第二种						
第三种						
第四种						

表3-17　油漆市场调查表

	品牌	容量/桶	施工面积/桶	价格	颜色	备注
第一种						
第二种						
第三种						
第四种						

（2）利用周末时间，家长陪同学生去建材市场进行调研，并完成调查表。

（3）小组汇报，展示介绍调查结果。

① 瓷砖或木地板的品牌、特点、价格等。

② 油漆的品牌、特点、价格等。

5. 设计舞蹈室装修方案并做出预算

（1）根据小组的设计方案确定材料。

（2）结合表3-15、表3-16和表3-17，做出表3-18。

① 地面需要铺地砖的面积是（　　　）；墙壁需要刷油漆的面积是（　　　）。

② 小组选择的购买方案是（　　　）。

地砖选择第（　　）种，需要购买（　　）块，共需（　　）元。

油漆选择第（　　）种，需要购买（　　）桶，共需（　　）元。

（3）教师对小组的预算表进行评分（见表3-19）。

表3-18　预算表

经过我们小组的测量、计算和调查：
① 地面需要铺地砖的面积是（　　）；墙壁需要刷油漆的面积是（　　）。
计算方法：地面面积＝长×宽　　　　　　墙壁面积＝墙壁高度×墙壁宽度
窗户面积＝窗户高度×窗户宽度　　粉刷面积＝墙壁面积－窗户面积
② 小组选择的购买方案是（　　）。
地砖选择第（　　）种，需要购买（　　）块（包含损耗），共需（　　）元。
计算方法：（地面长÷地砖长）×（地面宽÷地砖宽）＝地砖数量
地砖的单价×地砖数量＝总价
油漆选择第（　　）种，需要购买（　　）桶，共需（　　）元。
计算方法：粉刷面积÷每桶油漆可粉刷的面积＝油漆的桶数（向上取整）
一桶油漆的价格×油漆的桶数＝总价
结论：我们的方案最（　　）（美观、省钱、环保、实用等）。

6. 学生收集项目过程性材料，形成最终成果

（三）出项活动

经过入项和实施后，项目活动进入出项公开展示阶段——展示设计方案、舞蹈室模型和预算表。

（1）开展项目化成果展示会，展示最终作品。

（2）小组推选代表介绍项目过程及收获。

（3）参会教师对小组成果做出评价，完成评价表（见表3-19）。

（4）教师收集两份量表（表3-14和表3-19），算出学生最终得分，对表现优秀的学生进行表彰。

表3-19　"为学校舞蹈室装修做预算"出项活动环节评价表

评价种类	评 价 指 标	得分（满分50分）
空间测量与计算能力（10分）	能够准确测量教室的各个空间尺寸（5分）	
	能够正确计算铺地砖和刷油漆所需的面积（5分）	
材料选择与成本预算能力（20分）	能够根据教室需求和预算选择合适的地砖和油漆材料（5分）	
	能够准确计算材料成本，并做出合理的预算（5分）	
	设计方案符合教室的实际需求和使用功能（5分）	
	整体设计美观大方，色彩搭配和谐（5分）	
团队协作与沟通能力（10分）	能够积极参与团队讨论与合作，共同完成任务（5分）	
	能够清晰地表达自己的观点和想法，有效沟通（5分）	

评价种类	评价指标	得分(满分50分)
项目总结与反思能力(10分)	能够对项目过程进行总结和反思,提出改进意见(5分)	
	能够从项目中获得学习和成长的体验(5分)	

十、反思和展望

通过本次为学校舞蹈室装修做预算的项目化学习,学生在实践中深化了对理论知识的理解,学会了如何运用所学知识解决实际问题。这种学习方式不仅锻炼了学生的团队合作和问题解决能力,还增强了他们的自主学习和沟通能力。学生在项目中独立思考,积极探索,使得学习不再局限于课堂,而是真正地融入实际生活中,使学习变得更加生动和有意义,实现了学习与实践的深度融合。

在项目实施过程中,我们设计并运用了多种可视化学习工具,如数据统计表、市场调查表和预算表等。这些工具能帮助他们将复杂的问题简单化、抽象的概念具体化。通过运用这些工具,学生的思维得到了锻炼和提升,能够更好地理解和分析问题。

本次项目化学习的实施,为学校的教育变革带来了新的机遇和挑战。它要求我们打破传统的教学模式,以更加开放、灵活和多元的方式培养学生的综合素质。虽然这一过程中会遇到许多困难和挑战,但正是这些挑战促使我们不断探索和创新,寻求更为有效的教学方式,以适应新时代的教育需求,从而推动教育事业的持续发展。

📄 案例分享

"秋"——纸艺作品展

项目类型	年级	课时数	设计者
活动类	四年级	10课时	朱志勤 彭梨园

一、项目概述

"秋"——纸艺作品展,其核心在于利用"纸"这一平凡而富有创造力的材料,引领学生深入探索与"秋"相关的纸艺创作,激发学生有关"秋"的创新思维。

本项目以"秋"为主题,通过纸艺创作的实践活动,让学生在项目的推进过程中深入了解秋天,不仅让学生在实践中体验创作的乐趣,更在于引导他们深入了解秋季的文化内涵,培养其对美的感知力与创造力。

二、项目目标

(一)知识与能力目标

(1)劳动:能够掌握纸艺制作的基本技巧和方法,如剪、刻、折、粘等,提升学生的动手实践能力,让他们在实践中体验创作的乐趣和成就感。

(2)语文:通过观察秋的特点,体会并表达自己的想法和情感,学会向他人传达自己的创意。

(3)美术:通过观察秋,对秋的特点进行归纳,培养他们对美的敏感性。

(4)道德与法治:鼓励学生以小组合作的形式进行纸艺创作,共同完成任务,培养他们的团队协作能力、沟通能力和责任感。

(二)学习素养目标

(1)通过将纸张转化为不同的形状和结构,培养学生的创新思维和解决问题能力。

(2)在设计和创作纸艺作品的过程中,发展学生的审美观念,让他们学习欣赏和创造美的事物。

(三)核心价值目标

(1)通过引导学生对纸张进行创意改造,培养他们的想象力、创造力和问题解决能力。

(2)通过充满趣味性的项目化学习任务,努力打破学科边界,实现学科互涉、学科互融,激发学生的各种天性。

三、挑战性问题

(一)本质问题
如何通过纸展现秋天?

(二)驱动性问题
我们还可以用哪些纸张艺术形式来表现秋天的特色?

四、认知策略

信息收集(　√　)　　比较分析(　√　)　　调研(　√　)　　决策(　　　)

问题解决(√) 系统分析( ) 创见(√) 实验( )

五、学习实践

（1）创造性实践：收集废旧纸进行再创作等。
（2）调控性实践：绘制设计草图，并准备详细的制作计划。
（3）探究性实践：探索纸的多面性及艺术应用。
（4）社会性实践：小组调查、信息收集、比较分析、填写调查问卷；开展环保宣传。
（5）审美性实践：设计独特的纸艺作品。
（6）技术性实践：使用剪、刻、折、粘等来制作纸艺作品。

六、预期成果

（一）产品形式

（1）"秋"的作品创意设计图。
（2）制作"秋"的纸艺作品。
（3）结果报告。

（二）公开方式

（1）开展一次纸艺作品展示活动。精心布置展览区域，展示一系列经过巧妙变形处理的纸艺作品，现场还特别设置了互动环节，邀请观众亲自参与通过纸来展示秋的过程，体验从纸张到纸艺作品的神奇转变。

（2）视频分享：可以将纸艺作品制作过程做成视频，详细展示制作过程和成品效果，吸引更多人观看和学习。这种方式可以突破地域限制，让更多人在线欣赏和参与讨论。

七、项目评价

（一）过程评价

（1）是否有遇到难题时的应对策略，以及解决问题的有效性和及时性。
（2）能否记录纸的变形过程中的创新思维，尝试不同方法的积极性。
（3）能否有效利用提供的材料和工具进行纸的变形。
（4）能否熟练掌握制作纸艺的劳动技能。

（二）结果评价

1. 合作技能、知识技能、实践技能的评价量规用表
（1）合作评价：小组成员在项目实施过程中的协作情况。

（2）知识评价：评估对纸张性质、变形原理以及相关科学原理的掌握情况。

（3）实践评价：纸艺作品的创意性、实用性和美观度。

2. 成果展示、项目介绍、营销效果评价

八、项目资源及工具

（一）项目资源

计算机、平板电脑、网络、与纸艺相关的书籍或其他形式的资料信息、绘图工具、美术材料、各种类型的纸等。

（二）制作工具

多种类型的纸张，如卡纸、彩色纸、瓦楞纸等，以及纸艺制作所需的工具，如剪刀、胶水、刻刀等。

（三）计划时间表（见表3-20）

表3-20　计划时间表

时间	课时	内　　　容
第一周	2	发布项目主题，调查数据分享，确定探究内容，开展入项活动
第二周	2	了解纸艺作品概念，激发学生创造思维，绘画设计样式
第三周 第四周	4	提供知识技能，使用技术工具，绘制纸艺设计图，开展手工制作
第五周	2	提出优化建议，形成最终成果，发表文字报告，展示公开成果

九、项目实施设计

（一）入项活动

在数字化时代，尽管电子屏幕和云端储存逐渐占据我们生活的中心，但纸张作为传统媒介，仍然承载着独特的文化价值。通过"秋"——纸艺作品项目化活动，我们旨在引导学生，挖掘纸张的多样性与潜力，激发创新思维，同时增强环保意识，倡导绿色生活。

（1）全班学生以小组为单位，利用大课间时间，随机对全班师生进行口头问卷调查：你所了解的纸有哪些种类？

（2）以小组为单位，统计出纸可以做出哪些关于秋的作品。

（3）公布统计结果，激发学生的驱动力。

（二）项目实施

活动一：寻找秋天

小组讨论:你眼中的秋天是什么样子的? 填写表格(见表3-21)。

表3-21 我眼中的秋天

多种感官	特点
视觉	
听觉	
触觉	
味觉	
嗅觉	

注:以小组为单位一起去寻找秋天的特点,以图文的形式完成,注意画面的整洁干净。

教师提供"调查活动组员互评表"(见表3-22),学生根据调查过程中组员是否认真进行评价。

表3-22 调查活动组员互评表

学生姓名:

评价内容	量分标准			
	组员1评价	组员2评价	组员3评价	平均值
调查时,积极参与				
调查时,认真倾听				
调查时,认真记录				
调查完后,与组员讨论,分析调查结果				
量化分析("极好"为5分,"较好"为4分,"一般"为3分,"较差"为2分,"极差"为1分)				

活动二:制作设计图

(1) 结合对秋的理解,小组讨论:用纸可以做哪些关于"秋"的作品?

(2) 用纸来展现对秋的理解,进一步了解本项目化活动的本质问题并解决。

① 观看网络搜索到的设计图案,启发学生进行样式设计。

② 结合实际生活,设计关于"秋"的纸艺作品。

③ "秋"——纸艺作品设计图评价(见表3-23)。

表3-23 "秋"——纸艺作品设计图评价

评价项目	自我评价	小组评价	教师评价
能根据纸张材质及特性设计方案			
能准确地表达设计意图			
主动参与设计方案并大胆交流			

活动三:制作"秋"的纸艺作品

(1) 掌握基本的剪裁、折叠技巧是制作纸艺作品的基础。这包括学习如何使用剪刀,掌握基本的折叠方式。此外,还需要了解如何根据材料的特性选择合适的处理方式,以确保粘贴的牢固性和美观性。因此设计了纸艺制作任务单(见表3-24),让学生发挥自己的创造力和操作能力,制作出美观又实用的纸艺作品。

表3-24　任务计划清单

准备材料和工具 (在完成的后面打"√")	纸张	剪刀
	尺子	铅笔
	胶水或双面胶	
基本技巧学习	剪纸	粘贴
	卷纸(练习如何卷曲纸张制作立体效果)	剪纸(练习如何准确剪出直线和曲线)
设计和规划	确定你想要制作的作品的类型和设计	
	绘制作品的设计图,包括尺寸和形状	
	列出所需要的材料和工具	

(2) 教师从以下几个方面驱动学生思考:美观性实用、成果多样化、创意度高。学生完成"纸艺作品现场制作评价表"(见表3-25),量化评分进行自我评价。

表3-25　现场制作评价表

评价等级:"★"完全符合;"▲"比较符合;"●"不符合。 评价方式:以符号进行记录为主,文字简述为辅。		姓名:　　　　　性别: 年龄:　　　团队活动(　　) 　　　　　个人活动(　　) 项目活动:	
一级指标	二级指标	评价	描述
团队协作能力	1. 遵守团队的约定		
	2. 是发起者或主导者角色		
	3. 倾听并尊重队友的中肯建议,对不合理的观点温和友善地表示不同意		
	4. 融入团队工作,并能帮助解决团队问题		
	5. 能完成团队内分配的工作		
思辨能力	1. 能说出为什么要做这个项目		
	2. 能在项目活动中提出问题		
	3. 能大胆清楚地陈述自己的想法、观点等		
	4. 能从同伴、老师的交流中获得信息进行思考,改进工作		
	5. 能安静、独立地思考、分析并做出判断、选择		

续　表

一级指标	二级指标	评价	描述
创新创造能力	1. 经常会想到并提出一些新创意		
	2. 能说明自己的创意,有理有据		
	3. 创意被同伴采纳,辅助应用		
	5. 能给予同伴一些创意上的帮助和完善		
实践操作能力	1. 能根据自己的想法画设计图或示意图		
	2. 主动参与操作,能独立完成		
	3. 能和同伴一起完成操作		
	4. 主动收集与活动相关信息、资料		
	5. 能运用测量、计算、剪、黏合等技能进行操作		

（3）学生需要记录制作心得,并交流分享经验(见表3－26)。

表3－26　学生制作纸艺作品记录表

我的任务:
我发现了:
我猜这可能是因为:
我解决该问题的方法是:
小组探讨解决该问题的方法是:

(三) 出项活动

经过入项和实施后,项目活动进入出项公开展示阶段——自制纸艺品展示活动。

1. 开展纸张变形创意大赛展示

利用提供的不同纸张(如报纸、作业本、卷纸、贴纸、卡纸等),通过折叠、剪裁、粘贴等方式,创作出具有创意和实用价值的纸制品,如纸飞机、纸花、装饰品、纸雕塑等。

2. 介绍设计理念及制作过程

各小组展示自己的作品,并介绍创作理念、制作过程、遇到的挑战及解决方案。通过视频、图片或PPT等形式,展示项目从启动到实施的整个过程,包括如何分组、选题、研究、制作等。

3. 互动问答及技巧分享

开放提问时间,鼓励其他学生就作品提出疑问或建议,展示者进行解答。邀请几位在纸制品制作方面表现出色的学生,分享他们的特殊技巧、创意灵感或改进方法。让学生了解不同作品的创作思路和技巧,激发更多创意。

4. 颁发证书及礼品

总结活动成果,表彰优秀个人和团队。从作品的创意、实用性、美观性等方面进行评价,评选出优秀作品和团队,并进行表彰。可以设立奖项如"最佳创意奖""最佳实用奖""最佳团队奖"等,激发学生的竞争意识和积极性。

十、反思与展望

(一) 反思

(1) 学生的创新能力有所增强,充分发挥了创造力和想象力,提高了动手能力和创新思维。在小组讨论与制作的过程中,学生学会了如何有效分工、沟通和合作,增强了团队协作意识,并将学科知识融会贯通,拓展了知识面和思维广度。

(2) 活动中的挑战与不足

制作需要较长的时间,一些环节安排较为紧凑,学生在有限的时间内完成任务可能有压力,部分活动环节无法深入展开。动手能力强的学生可能更积极,而部分动手能力较弱的学生则可能需要更多帮助,导致活动中的参与度有所差异。

(二) 展望

1. 优化活动设计

未来活动中可以增加实验和制作环节的时间弹性,或者分阶段进行任务,给学生更多的时间去探索和思考,确保每个学生都能有充分的参与和学习机会。在接下来的项目中,可以为不同能力的学生设计难度不同的任务,确保每个学生在自己的能力范围内都能有所收获,并提供更多指导和帮助给那些需要额外支持的学生。

2. 深化跨学科融合

加强与其他学科的联动,可以进一步结合美术、劳动等课程内容,通过跨学科合作将知识应用到实际情境中。比如,设计更多与科学实验和美术创作结合的任务,激发学生的多维思考。

通过"秋"——纸艺作品展项目化活动,学生不仅收获了动手实践的乐趣,还在创新思维、团队合作等方面得到了全面的提升。尽管活动中存在时间、材料和能力差异等挑战,但这些问题通过未来的优化设计和不断完善可以逐步克服。未来,可以进一步拓展纸的变形活动的内涵,融入更多跨学科元素,使活动更加丰富多元。强化实践与创新能力培养,继续加强实践环节,提供更多的材料和工具,鼓励学生大胆尝试、勇于创新。通过团队建设活动、沟通技巧培训等方式,进一步提高学生的团队协作能力和沟通能力。可以组织一些团队挑战赛,让学生在实践中锻炼团队协作能力和解决问题的能力。

综上所述,"秋"——纸艺作品展项目化活动,在激发学生的创造力、培养团队协作精神和提高实践能力方面取得了显著成效。我们将继续深化活动内涵、强化实践与创新、加强团队协作与沟通以及拓展应用领域与影响力,为学生的全面发展和成长创造更加优越的条件和机会。

案例分享

"巧"整理　"慧"收纳

项目类型	年级	课时数	设计者
活动类	五年级	12课时	靳真真　高珍珍

一、项目概述

五年级的学生正处于习惯养成和独立自主能力发展的关键时期,良好的习惯是促进一个人健康成长的重要条件,是健全人格形成的基础,会为人的终身发展打下坚实的基础。

通过对学生在校行为的观察,发现很多学生离开了父母的呵护,不能有序地整理和爱惜自己的物品。书包随地乱丢,用过的东西随意乱放,找东西时把书包、桌斗翻得一团糟……针对以上情况进行思考,我们五年级学生开展了"'巧'整理　'慧'收纳"的项目化学习。

"'巧'整理　'慧'收纳"项目化学习主要为解决学生在日常生活中整理收纳能力欠缺的问题,以及通过实践活动培养学生的综合素养。"'巧'整理　'慧'收纳"活动旨在引导学生通过观看视频和教师教学、学生分享等一系列活动,掌握基本的整理与收纳技巧,养成良好的生活习惯,培养独立自主的生活能力,做一个懂得热爱生活的人。

二、项目目标

(一)知识与能力目标

(1)劳动:通过项目实践,提升学生的合作技能和实践技能,掌握整理书包、物品归类的劳动技能和一般步骤,并能运用到生活中。

(2)语文:通过项目研究,学会用文字描述整理物品的技巧、记录项目研究过程等;学会组织语言介绍如何整理和收纳,汇报项目开展经历。

(3)美术:通过实地整理与收纳,用图画的形式表现自己的书柜、鞋柜、衣柜等。

(二)学习素养目标

(1)通过项目研究,学会根据调研数据分析问题,制作问题清单,整合知识结构,设计制作思维导图。

(2)通过此项目的研究,在实践中发现问题,学会通过项目化学习解决问题。

(三)核心价值目标

(1)在项目实施过程中,提高学生的动手能力,培养劳动情怀,养成热爱劳动、崇尚劳动的好习惯。

（2）通过项目研究，学生能知道整理与收纳的作用，提高整理意识，培养学生良好的生活习惯和自主能力。

三、挑战性问题

（一）本质问题

如何通过巧妙的整理与智慧的收纳方法，解决物品杂乱、空间不足的问题，并培养学生的随手整理意识？

（二）驱动性问题

很多学生的书包和桌斗很乱，如何有效地整理和收纳自己的物品？

四、认知策略

信息收集（ √ ）　比较分析（ √ ）　调研（ √ ）　决策（　　）

问题解决（ √ ）　系统分析（　　）　创见（　　）　实验（ √ ）

五、学习实践

（1）创造性实践：小组合作通过亲手整理书包、专注整理过程，体验到从凌乱到整洁的成就感。

（2）技能性实践：通过实践操作，引导学生掌握收纳的技巧，同学之间分享收纳心得，从而更深入地了解收纳带给生活的好处。

（3）审美性实践：画一画我的衣柜、收纳技巧手抄报。

（4）技术性实践：学生通过上网查阅资料、观看视频等方式，掌握整理收纳的技巧。

六、预期成果

（一）产品形式

（1）整理收纳前后的对比照片或视频。

（2）制作整理书包、衣柜的攻略和整理收纳技巧的手抄报。

（3）开展整理打卡活动。

（二）公开方式

学生以小组为单位，带着自己所画的"我的衣柜""我的鞋柜"等手抄报，向组员介绍自己所整理的区域,呈现收纳和整理后的效果,并分享收纳整理技巧。

七、项目评价

(一) 过程评价

（1）通过小组讨论,调查了解学生对收纳技能以及收纳好处的掌握,考查学生是否积极参与、认真思考。

（2）通过小组自评和互评,分析学生是否能独立完成基本的书包和桌斗整理收纳任务。

（3）通过视频记录学生的整理收纳过程,观察学生能否发挥创新思维,解决操作过程中的问题。

(二) 结果评价

（1）对学生是否掌握了整理物品的基本方法进行评价。

（2）评价学生是否通过该项目学会自主整理个人物品,并养成自理习惯。

（3）通过小组自评、学生互评、教师评价,选出"小小收纳师"。

（4）"小小收纳师"分享收纳技巧并进行评价。

八、项目资源及工具

(一) 项目资源

计算机、平板电脑、网络、与整理收纳相关的书籍或其他形式的资料信息、美术材料等。

(二) 制作工具

画笔、拍摄学生日常整理收纳照片、学生书桌照片等。

(三) 计划时间表(见表 3 - 27)

表 3 - 27 计划时间表

时间	课时	内　容
第一周	2	发布项目主题,调查数据分享,确定探究内容,开展入项活动
第二周	3	课上组织学生研讨,培养学生动手意识和主动整理个人物品的习惯
第三周 第四周	4	提供知识技能,掌握技术工具,设计思维导图,绘制手抄报
第五周	3	提出修订建议,形成最终成果,演示文稿报告,公开成果展示

九、项目实施设计

（一）入项活动

每次评讲试卷或者练习册，有的学生拿出一堆乱七八糟的卷子，翻找困难，影响学习，而有的学生就能迅速精准地拿出所需要的东西。

教师引导学生思考，为什么会有这种区别呢？

原来有的学生每天都把自己的书包整理得很整齐，所以一下子就能够找到自己想要的东西。

引导学生思考"整理和收纳"给我们的学习和生活提供了哪些便利。

（二）项目实施

任务一：整理自己的书包

（1）班级开展"书包收纳我来学"主题班会，用PPT播放多张凌乱的书包图片，让学生讨论：不整理收纳给我们的学习带来了哪些麻烦？引导学生明白整理书包的重要性，从而激发学生学习整理书包的动力，并让学生自主整理书包。

① 学生自主整理书包。

② 指名两位同学上台展示整理情况，并引导学生思考"我们应该怎样把书包整理得美观又整齐呢"。

（2）让收纳较好的同学谈一谈自己的收纳技巧，并上台演示和讲解自己收纳书包的方法。（注意：根据所学的方法，在班级开展"最美书包"大赛，再次整理书包。）

（3）开展分享会，提升认知与表达能力。

① 学具分类摆放：书本、作业、文具盒等分类摆放。

② 根据常用、不常用的物品进行合理规划空间。

③ 物品大在下，小在上，硬在下，软在上。

④ 爱惜个人物品，养成用完东西放回原位的习惯。

为了帮助学生完成以上任务，我们为其提供了三种类型的知识技能：一是解决该问题所需的劳动知识技能，二是项目化学习过程中所需的技术工具（收集信息、小红书APP等网络搜索工具），三是合作技能。

（4）活动总结、拓展延伸。

① 评出最佳整理书包小能手。

② 运用所学的整理方法，在家整理自己的书桌。

（5）产出成果。

根据整理书包的成果，引导学生对自己和同学整理书包的过程进行评价（见表3-28）。

表3-28　"整理书包"评价表

评价指标	自评	他评
学习用品按照大小分类	☆☆☆☆☆	☆☆☆☆☆
书本、文具整理整齐	☆☆☆☆☆	☆☆☆☆☆
拿取学习用品很方便	☆☆☆☆☆	☆☆☆☆☆

任务二：整理自己的衣柜

学会整理收纳书包后，围绕"怎样整理好衣柜"开展"最美衣柜"大赛，开始第二次项目化活动。

（1）出示多张凌乱的衣柜图片进行导入，请同学们说一说看到后有什么感受，并在小组内交流衣物该怎么摆放、东西该如何收纳，在组内分享自己在整理衣柜过程中出现的问题。

（2）小组合作分享。

① 小组内共同交流如何整理衣柜。

② 引导学生制作整理收纳衣柜的手抄报，说一说自己会如何整理。

（3）分享妙招。

预设：将衣服都拿出来分类，整理整个衣柜，把床上堆放的衣物分类，先分成两大类，需要悬挂的和需要叠起来的。然后把需要悬挂的按照长衣、短衣、裤子分类，分别挂起来，需要叠起来的分成上衣、下衣、内衣、袜子，然后分别叠起来放在自制的收纳盒里。

（4）在学生完成整理衣柜的打卡任务后，引导学生完成整理衣柜的过程性评价表（见表3-29）。

表3-29　"整理小能手之整理小衣柜"评价表

日期：　　　　　　　班级：　　　　　　　姓名：

评价指标	自评	他评	家人评
合理利用空间，有自己的整理方法	☆☆☆☆☆	☆☆☆☆☆	☆☆☆☆☆
能自己叠放不同的衣服	☆☆☆☆☆	☆☆☆☆☆	☆☆☆☆☆
能合理利用工具放置衣服	☆☆☆☆☆	☆☆☆☆☆	☆☆☆☆☆
衣柜看起来整齐、不杂乱	☆☆☆☆☆	☆☆☆☆☆	☆☆☆☆☆

（5）总结整理方法。

收纳五步法如下。

①（解决拖延症）：规划好需要整理的空间。

② 清空：清空不需要的物品，把同类物品集中。

③ 分类：物品按照分类原则整理收纳。

④ 筛选：断舍离，筛选出不需要的物品。

⑤ 收纳:先分类好物品,再用收纳工具收纳整齐。

(6) 活动延伸。

传授正确整理衣柜的方法和技巧,包括分类整理、折叠技巧以及如何合理利用衣柜空间等,旨在提高参与者的整理能力。培养学生良好的生活习惯,通过日常的整理和收纳,使参与者能够养成有序、整洁的生活习惯。

通过整理衣柜的活动,促进家庭成员之间的合作和团结意识,在整理过程中增进沟通和交流,营造温馨和谐的家庭氛围。

整理衣柜有助于提高生活品质,减少找衣物的困扰,降低生活压力,为参与者创造一个舒适、整洁的居住环境。

通过设置打卡活动,鼓励参与者坚持整理衣柜,形成自律的习惯,培养持之以恒的品质。

通过趣味性的挑战和打卡活动,激发参与者对整理收纳的兴趣和热情,让他们更加愿意投入时间和精力去学习和实践整理收纳技巧。

任务三:整理厨房

学会了基本的整理收纳技巧后,教师引导学生自主整理厨房。

(1) 准备工作。

教师教授妙招。

① 分类存储:将食材、餐具、调料等按照种类和使用频率进行分类,并放置在合适的储物柜或架子上。这样可以方便查找和使用,减少混乱。

② 使用收纳盒和抽屉分隔器:利用收纳盒和抽屉分隔器将小物品有序地放置在一起,避免杂乱无章。例如,可以将调料瓶、刀具、餐具等分别放在不同的收纳盒中。

③ 定期清理过期食材:检查冰箱和储物柜中的食材,及时清理过期或不再使用的物品,这不仅可以节省空间,还能确保食品安全。

④ 墙面利用:利用厨房墙面安装挂钩、置物架等,可以方便悬挂锅铲、刀具等厨房用具,释放台面和抽屉空间。

⑤ 保持台面整洁:尽量避免在台面上堆放过多的物品,将常用的厨房电器和调料放置在易于取用的位置。每次使用后,及时清理台面,保持整洁。

⑥ 标签化管理:对于容易混淆的调料瓶或储物罐,可以使用标签进行标注,方便快速识别。

⑦ 保持清洁习惯:定期清洁厨房设备、灶台、水槽等,保持厨房的整洁和卫生。

⑧ 合理规划厨房布局:根据厨房的实际大小和使用需求,合理规划厨房的布局和储物空间。例如,将炉灶、水槽和储物区按照"工作三角"原理进行布置,提高厨房的使用效率。

⑨ 培养收纳习惯:在日常生活中,养成随手收纳的好习惯。将用完的餐具、调料等及时放回原位,避免堆积和混乱。

（2）分享整理心得。

① 小组讨论如何进行整理方面的改进，并分享改进措施和方法。

② 学生根据讨论出的整理方法再次进行整理。

（3）评价方式：通过展示厨房整理前后对比图，评选出"最美厨房"。

在学生完成整理教室的任务后，引导学生对每一组的整理及讲述进行评价。

（4）活动延伸。

引导学生说出书本需要整理、图书馆里的图书需要分类摆放、服装店的衣服需要整理、垃圾需要分类整理……旨在培养学生的责任意识和社会意识，使学生真正养成随手整理的好习惯。

（三）出项活动：展示活动+ 结果评价

（1）利用整理前后的对比图，评选出"小小收纳师"，进行榜样引领。

（2）召开经验分享会，派代表交流分享整理经验，让大家都能够参与整理活动。

（3）在年级组开展"整理书包"的巡回展示活动，让学生都能够学会如何整理书包。

十、反思与展望

（一）项目反思

整理是一种能让我们的生活更美好的活动。整理就是按照一定的规则，把相对无序的事物变得和谐有序，并符合需要或价值判断标准。意识影响行为，因此学生只有具备整理意识，并不断强化这种意识，才能产生整理的行为。在生活中，只要小朋友持之以恒、有意识地进行整理活动，慢慢就会形成整理的好习惯。

（二）项目展望

培养整理习惯是一个长期的过程，需要家长和教师的持续关注和引导。当然，还可以给每个小组设置一名整理小组长，每天负责督促组员按时整理抽屉，并给予指导。相信通过不断的练习和强化，学生一定能养成定期整理的好习惯，而这个好习惯，将会对学生的学习与生活产生积极的影响。

📋 **案例分享**

花式叠衣服

项目类型	年级	课时数	设计者
活动类	住校一年级	7 课时	刘聪聪　王佳

一、项目概述

刚入学的一年级学生,绝大多数生活在相对优越的成长环境中,享受着长辈的宠爱,自理能力不强,无法做到有条理地整理自己的衣服。但对于住校的学生来说,这是必备的技能。因此,我们开展了以"花式叠衣服"为主题的项目化学习。使学生能够认识到归纳整理衣物的重要性,增强学生的独立意识,同时减轻家长的整理负担。

二、项目目标

(一) 知识与能力目标

(1) 劳动:注重引导学生从生活实际出发,亲自操作,亲身体验。通过实践,学生能够将所学的技能运用于生活中,提高学生个人的生活质量。

(2) 语文:在项目化学习过程中,能够清晰、有逻辑地表述叠衣服的步骤和技巧。

(3) 数学:在项目化的学习过程中,能够将衣服叠成特定形状,理解衣服在不同折叠方式下的大小变化。

(二) 学习素养目标

(1) 在学习过程中通过小组讨论,分享各自在衣物归纳整理中的经验和技巧,培养学生的团队协作能力。

(2) 鼓励学生将衣服进行花式折叠,培养学生的创新思维和逻辑思维。

(三) 核心价值目标

培养学生的创新能力和动手能力,引导学生在叠衣服的过程中学会发现问题和解决问题。

三、挑战性问题

(一) 本质问题

如何培养学生的创新思维和系统思维,让他们学会进行花式叠衣服,增加空间利用率?

(二) 驱动性问题

我们住校生该怎样折叠自己的衣物,提高空间利用率?

四、认知策略

信息收集(√)　　比较分析(√)　　调研(√)　　决策(　　)

问题解决（ ✓ ） 系统分析（ ✓ ） 创见（ ） 实验（ ✓ ）

五、学习实践

（1）创造性实践：鼓励学生将同一件衣服运用不同方式折叠，增加空间利用率。

（2）探究性实践：引导学生观察自己和他人叠衣服的方式，利用表格让学生评价衣物折叠的方式、美观程度等特征。

（3）技能性实践：通过学习叠衣服，提高学生的自我服务能力。进行个人和小组反思，总结学习过程中的收获和不足。

（4）社会性实践：鼓励学生自己动手归纳整理衣物，提供必要的帮助和支持，并监督学生的实践操作和整理习惯的养成。

六、预期成果

（一）产品形式

（1）展示叠衣服的照片和视频。

（2）绘制不同衣物的折叠流程图。

（二）公开方式

学生以小组为单位，展示自己叠衣服的照片、视频、流程图，向班级师生介绍项目经历，呈现学习效果，展示自己的技能。

七、项目评价

（一）过程评价

（1）观察学生在项目启动与规划阶段的兴趣表现，如学生是否能够理解花式叠衣物、能否积极参与讨论、是否对该项目充满兴趣。

（2）观察和记录学生对衣物折叠技巧的掌握情况，评估学生在小组讨论中的参与度，以及团队成员之间是否能够有效沟通和协作。

（3）学生在设计衣物折叠方案时的创新程度、系统思维以及是否能够从不同角度思考问题。

（4）鼓励学生在项目学习过程中进行自我评价，反思自己的进步和不足，培养学生的自我反思能力和批判性思维能力。

（二）结果评价

（1）通过学生在整个项目化学习过程中的参与度和合作表现，评价他们是否积极参与各项活动，能否与同学和教师进行沟通协作。可以运用自我评价、小组互评、教师评价等方式进行整体评价。

（2）组织学生进行项目成果分享展示和叠衣服技能比赛，观察叠衣物的方式是否多样、是否增加空间利用率。评价学生在项目中的表现，鼓励学生互相评价，并总结自己的进步和不足，并针对不足提出解决方案。

八、项目资源及工具

（一）项目资源

视频短片、PPT、多媒体设备、实物投影仪、不同种类的衣服、行李箱、绘图工具、美术材料等。

（二）制作工具

各种不同类型的衣服、行李箱、A4 纸、水彩笔等。

（三）计划时间表（见表 3－30）

表 3－30　计划时间表

时间	课时	内　　容
第一周	1	发布项目主题，确定探究内容，小组分工，开展入项活动
第二周	2	开展知识传授和实践操作活动，包括理论讲解、示范演示和分组练习
第三周	2	准备材料，分享想法，提出修改意见，设计评价表
第四周	2	形成最终成果，举行挑战赛，展示版面设计制作，演示文稿报告，公开展示成果

九、项目实施设计

（一）入项活动

（1）感悟体验，激发兴趣。请小朋友对比几组图片，观察图片中出示的行李箱和衣柜，里面装的衣服是否整齐？数量多少？

（2）学生相互观察交流，发现问题。学生在观察、交流中发现：第一组图片，行李箱和衣柜中衣服数量较多且整齐；第二组图片，行李箱和衣柜中衣服数量少且凌乱。

（3）引导学生提出驱动性问题：我们住校生该怎样花式折叠自己的衣物，提高空间利用率？

（4）明确小组成员分工。结合学生的思维能力以及动手能力等因素，将学生分为 8 人一组,确保每个小组内的学生水平基本持平,能够相互团结、协作、学习。

(二) 项目实施

1. 探究各类衣物的折叠方法

(1) 播放各类衣物折叠视频。

(2) 依据小组分工,每组分配不同类型的衣物进行折叠练习。

(3) 小组交流在折叠衣服过程中遇到的问题,并讨论对应的解决办法。

(4) 小组根据问题解决方法进行二次折叠,并进行自我评价和小组互评,填写叠衣服评价表(见表 3-31)。

表 3-31　叠衣服评价表

评价标准	自我评价	小组互评	老师评价
衣服折叠非常整齐,边缘对齐,没有褶皱	☆☆☆☆☆	☆☆☆☆☆	☆☆☆☆☆
衣服折叠速度快,完成效率高	☆☆☆☆☆	☆☆☆☆☆	☆☆☆☆☆
衣服折叠后外观非常美观,给人以愉悦感	☆☆☆☆☆	☆☆☆☆☆	☆☆☆☆☆
综合评价与建议	1. 对于学生的表现,你有哪些建议或意见?(可多选) □希望学生在折叠过程中更加细心,注重细节 □希望学生多参与交流,提升技能 2. 学生在折叠过程中有哪些亮点和不足? 亮点:＿＿＿＿＿＿＿＿＿＿＿＿＿＿＿＿＿＿ 不足:＿＿＿＿＿＿＿＿＿＿＿＿＿＿＿＿＿＿		

2. 我们如何进行花式叠衣服,增加空间利用率

(1) 创意激发。

教师展示同一种衣服的不同折叠方法,启发学生探索衣服的折叠方式。

(2) 分组讨论,收集想法。

每组选择一种衣服,设计折叠方法,小组成员共同讨论,说出自己的创新点。

(3) 流程图绘制。

利用 A4 纸、水彩笔等工具绘制小组折叠衣服的创意流程图。

(4) 填写流程图评价表(见表 3-32)。

表 3-32　流程图评价表

评价标准	自我评价	小组互评	老师评价
流程图中所设计的折叠方法是否展示了叠衣服独特的创意和设计理念	☆☆☆☆☆	☆☆☆☆☆	☆☆☆☆☆
流程图中所设计的折叠方法是否实现了折叠速度快,完成效率高	☆☆☆☆☆	☆☆☆☆☆	☆☆☆☆☆
按照流程图中所设计的折叠方法折叠后,衣服外观非常美观,给人以愉悦感	☆☆☆☆☆	☆☆☆☆☆	☆☆☆☆☆

续 表

评价标准	自我评价	小组互评	老师评价
综合评价与建议	1. 对于学生的表现,你有哪些建议或意见?(可多选) □希望学生在绘制过程中更加细心,注重细节 □希望学生多参与交流,提升技能 2. 学生在绘制流程图的过程中有哪些亮点和不足? 亮点:＿＿＿＿＿＿＿＿＿＿＿＿＿＿＿＿＿＿ 不足:＿＿＿＿＿＿＿＿＿＿＿＿＿＿＿＿＿＿		

(三) 出项活动

1. 成果展示

学生分享自己的学习体验和感受,交流在实践过程中遇到的困难和解决方法。

2. 挑战赛活动

举办一次以"创意叠衣"为主题的叠衣服比赛,激励学生展示自己叠衣服的技巧。比赛结束后,公布成绩,对表现优异的学生进行表扬和奖励。

十、反思与展望

在本次"花式叠衣服"项目化活动中,学生通过自己的劳动实践,能够将自己的衣物有序叠放,并逐渐形成了自己的整理方法与习惯,减轻了家长替学生收拾东西的负担。学生还在分组讨论中学会了倾听与表达,在团队中分享自己的见解与观点,从而提升了沟通与协作的能力。在绘制图表的过程中,锻炼了学生动手操作的能力,培养了他们的逻辑思维能力。但是,在本次活动中,部分学生的想象力和动手能力不匹配,无法将自己的创意反映到实际中,从而减弱了参与度。

随着社会的不断发展和教育改革的深入,生活技能教育将越来越受重视。我们将不断更新项目化学习内容,引入更多符合时代发展的生活技能,如信息技术应用、环保意识培养等,以适应学生不断变化的学习需求。

第四章

合作探究　培养团队精神

合作探究是项目化学习中常用的教学策略之一，它强调学生在团队中共同解决问题、分享知识和经验。本章旨在探讨合作探究在项目化学习中的应用策略，以培养学生的团队精神。

一、合作探究的理论基础

（一）建构主义视角下的合作探究

建构主义认为，知识是通过个体与环境的互动建构的。合作探究为学生提供了共同探索、讨论和反思的机会，帮助他们在团队中通过互动建构知识。学生在合作中不仅能吸收他人的观点，还能通过表达和反思来深化自己的理解。

小组项目式探究：在"我为校园植物做铭牌"项目中，成员们各自分享以往对校园植物的观察经验，并根据自己擅长的领域组建小组。大家在组内集思广益，讨论如何设计挂牌内容，从植物的分类学知识、生长习性、观赏价值等不同角度提出见解，不同观点相互碰撞、融合。擅长生物学知识的学生提供植物的学名、科属等专业信息，而对艺术设计有兴趣的学生则从排版美观、色彩搭配等方面给出建议。这种互动交流，促进了知识建构，将碎片化的个体经验构成了知识建构的原始素材。

在"环保义卖献爱心"项目化活动中，教师提供"环保义卖活动——任务分工表"（见表4-1），学生通过交流，按自愿原则由3—5人组成一组，每一组负责搜集2—3种旧物。取好队名并借助任务分工表明确各自职责。活动中，学生通过搜集旧物来锻炼实践能力，学会对旧物进行筛选、辨别，并及时做好记录，提升了学生处理信息的能力。

表4-1　环保义卖献爱心活动任务分工表

小组名称	内容	成员	具体任务
	分工部分		
	合作部分		

问题解决式探究：在"环保义卖献爱心"项目中，学生通过合作探究"家里有哪些不再使用但还完好无损的旧物？""你打算如何将收集到的旧物改造成具有实用性和美观性的新品？"这两个问题，共同收集资料并得出解决方案。大家各自在家中仔细搜寻，从衣柜里的旧衣物到书房的旧书籍，再到杂物间的闲置玩具、旧电器，大家把找

到的物品记录下来,整理出详细清单。接着,如何将旧物改造成实用又美观的新产品成了讨论重点。成员们提出将旧衣物制成环保袋、旧书装订成笔记本、用玩具零件做摆件等设想。为验证这些想法,一部分成员上网找教程、收集案例,另一部分去手工店咨询并采购工具材料。

改造时困难重重,像不同质地布料拼接难、书籍装订工艺不熟练等。但成员们通过看教程、向师长请教,不断尝试改进,最终成功完成改造。这些凝聚着大家心血的产品在义卖摊位上吸引了众多爱心人士,既筹集了善款,也让学生深刻理解了环保与爱心结合的意义。

(二) 社会文化理论对合作探究的启示

社会文化理论强调学习发生于社会文化情境中的人际互动过程,语言交流与合作行为是文化工具的具体体现。在"创意树叶集"项目中,教师通过创设情境引导学生开展"走进树叶的奇妙世界"活动,播放四季树叶变化的视频,讲述与树叶相关的故事,激发学生的兴趣。教师给学生带来了一些树叶,学生纷纷观察起来,有的用小手摸一摸,有的用鼻子闻一闻,进而引出项目。

在布置任务时,为了对树叶进行全面的了解,知道树叶的种类、形状、颜色、大小以及纹理等,教师给出多个任务选项,让学生选择自己喜欢的树叶,填写树叶观察单。

(三) 合作学习理论在合作探究中的应用

合作学习理论强调小组目标明确、个体责任落实、成员积极互动、面对面互动及社交技能培养。在"校园书法展"这个项目中合作探究有着多方面的应用。

(1) 项目以举办"校园书法展"为核心任务,所有学生依据兴趣选择活动小组。小组组建完成后,师生共同梳理出驱动性问题——如何将书法作品与日常生活物品结合,创作出兼具艺术价值和纪念意义的作品。这一问题成为各小组合作探究的明确目标,引导小组开展后续活动。

(2) 小组民主选取小组长,以小组为单位合作探究、制订计划。在计划制订过程中,每个成员根据自身能力和特长承担相应任务,如有的负责资料收集,有的负责作品创作构思等,确保个体责任得以落实。

(3) 在资料收集阶段,分批组织各兴趣小组利用表格和调查问卷(见表4-2)收集更多书法艺术品。各小组将通过调查问卷搜集到的资料在组内交流,成员们辩证分析,提取精华,去其糟粕,确保整理好的资料有研究价值。此外,以小组为单位分享组内所收集的书法艺术品时,其他小组成员适时补充。在交流互动中,同学们能了解更多书法方面的知识,进一步拓宽创作思路,促进了成员之间的积极互动。

表4-2 "书法艺术品"调查问卷

你知道的书法风格有哪些?	
你了解的书法家有哪些?	

你知道的书法字体分类有哪些?	
你知道的书法作品有哪些?	
你参观过书法作品展览吗?	

二、合作探究的实施步骤

(一) 组建团队,明确角色分工

项目化学习启动时,合理的团队组建是成功的基石。教师需综合考量学生多方面的因素进行科学分组,团队规模以 3—5 人为宜。以"我为校园植物做铭牌"项目为例,学生依据自身特长自愿组成小组。在小组内部,为充分发挥每个学生的优势,设置了"植物观察员""资料搜集员""植物绘画员"等不同角色,让每位学生都能在项目中找到适合自己的定位,明确各自的职责。

完成分工后,学生利用课余时间在校园展开实地考察。在此过程中,学生认真观察并详细记录校园内植物的种类。教师为辅助学生调查,提供了"植物信息卡",学生按照要求在调查时认真填写。除了观察记录,学生还通过制作植物标本,进一步深入了解植物。通过这些实践活动,学生不仅能够准确知晓校园内植物的种类,还能深入掌握植物的特征以及生长习性,从而为后续开展的搜集植物信息、撰写植物记录册、绘制植物写真等工作提供精确且可靠的信息支持。

(二) 确立目标,设定各自任务

明确且具挑战性的目标是项目推进的核心动力,应紧密围绕项目主题与学生能力水平设定,兼具可行性与启发性。"我的课桌垃圾桶"项目目标设定为设计制作美观实用且环保的课桌垃圾桶,解决桌面垃圾收纳问题并提升教室整洁度,任务细化为市场调研、设计构思、材料采购、制作加工、测试改进等环节,各环节逻辑清晰、层层递进,使学生明确自身职责与努力方向(见表 4-3)。

表 4-3　"我的课桌垃圾桶"项目目标

项目启动与分组 (第 1 周)	教师展示课桌垃圾图片,引导学生讨论垃圾处理问题,激发制作垃圾桶的兴趣。学生依据兴趣特长分组,每组 7 人,明确组长职责	共同制订小组规则,涵盖讨论秩序、决策方式和协作要求。小组成员分工明确,确定调查、设计、制作、记录等任务负责人
需求调研与分析 (第 1—2 周)	设计调查问卷,内容包括年级、对垃圾桶的看法、使用方式、期望功能、合适尺寸、放置位置和管理建议等。小组成员利用课间等时间,向班级同学发放问卷并回收	运用统计方法整理问卷数据,分析访谈内容,提取关键信息。对比不同数据,找出需求的共性与差异,形成分析报告。小组讨论调研结果,确定垃圾桶的设计方向和创新点。整合各小组意见,完善设计方向,形成详细需求调查表

设计与制作 （第2—3周）	结合使用场景和需求，融入美学原理，构思垃圾桶形状、颜色、材质等元素，绘制初步草图。细化草图，标注尺寸、材料、工艺等信息，形成详细设计图。从可行性、成本等方面评估设计图，调整优化方案	根据设计选择材料，如废旧纸箱、塑料瓶等，列出清单并准备工具。按照设计和工艺要求制作垃圾桶。制作完成后，进行功能测试，检查容量、清洁便利性等。开展美观度评估，收集同学意见。依据测试评估结果，改进垃圾桶的设计和制作
评估与改进 （第3—4周）	收集现有垃圾桶资料，分析收纳效率问题，如容量不足、分隔不合理等。思考改进方法，提出设计构想，如增加分隔、改变开合方式	根据构想绘制改进方案图，标注关键设计点。模拟使用改进后的垃圾桶，记录使用情况，评估收纳效率提升效果。结合师生反馈，再次完善优化设计方案
成果展示与总结 （第4周）	布置展示区域，展示垃圾桶成品、设计图、制作过程记录等。制作者向师生讲解项目过程、制作步骤、设计思路和成果	学生填写评价量表，从功能、实用、美观、创新等方面评价作品。结合他人评价，反思学习过程，总结收获与不足，撰写心得体会

（三）开展活动，共同解决问题

这是合作探究的关键阶段，学生依据分工积极投入实践，充分发挥团队智慧与力量。在"校园书法展"项目中，合作探究通过明确问题、合理分工等共同解决问题。

（1）项目伊始，师生通过欣赏书法作品确定驱动性问题"如何将书法作品与日常生活中的物品结合，创作出既有艺术价值又有纪念意义的书法作品"，并围绕此问题，以小组为单位交流讨论，分解出多个子问题。

（2）学生依据兴趣选择活动小组，小组组建后民主选取小组长。各小组成员根据自身特长明确分工，分别承担资料收集、创意实践、作品展示等不同任务。在资料收集环节，分批组织各兴趣小组利用网络资源和图书馆收集书法艺术品资料，成员间相互协作，确保资料的真实性和时效性；创意实践时，根据书法水平、兴趣爱好及团队协作能力重新分组，共同探索书法创新，如尝试将传统书法技法与现代设计元素结合。

（四）分享成果，反思合作过程

项目完成后，成果分享与反思环节至关重要。团队需向相关受众展示成果并深入反思合作过程。"我为校园植物做铭牌"项目完成后，团队向全校师生展示植物挂牌，详细介绍设计理念、制作过程与植物知识。反思环节聚焦沟通、分工、时间管理等方面，如是否存在信息不畅导致任务重复延误、分工是否合理均衡、项目进度是否按计划推进及原因分析等，总结经验教训，提出改进措施，为后续项目积累宝贵经验，持续提升团队协作效率与质量（见图4-1）。

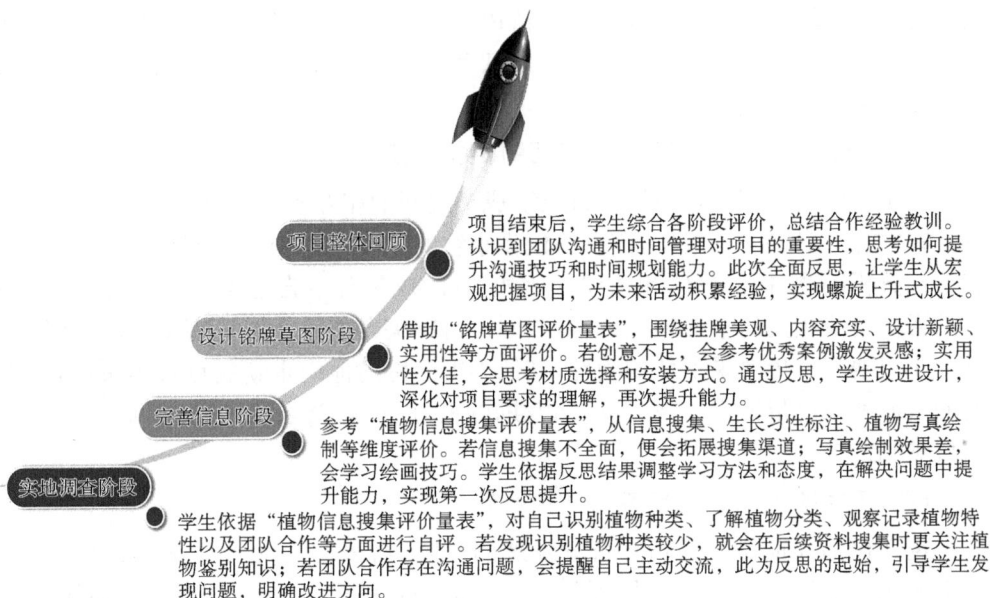

项目结束后，学生综合各阶段评价，总结合作经验教训。认识到团队沟通和时间管理对项目的重要性，思考如何提升沟通技巧和时间规划能力。此次全面反思，让学生从宏观把握项目，为未来活动积累经验，实现螺旋上升式成长。

项目整体回顾

借助"铭牌草图评价量表"，围绕挂牌美观、内容充实、设计新颖、实用性等方面评价。若创意不足，会参考优秀案例激发灵感；实用性欠佳，会思考材质选择和安装方式。通过反思，学生改进设计，深化对项目要求的理解，再次提升能力。

设计铭牌草图阶段

参考"植物信息搜集评价量表"，从信息搜集、生长习性标注、植物写真绘制等维度评价。若信息搜集不全面，便会拓展搜集渠道；写真绘制效果差，会学习绘画技巧。学生依据反思结果调整学习方法和态度，在解决问题中提升能力，实现第一次反思提升。

完善信息阶段

学生依据"植物信息搜集评价量表"，对自己识别植物种类、了解植物分类、观察记录植物特性以及团队合作等方面进行自评。若发现识别植物种类较少，就会在后续资料搜集时更关注植物鉴别知识；若团队合作存在沟通问题，会提醒自己主动交流，此为反思的起始，引导学生发现问题，明确改进方向。

实地调查阶段

图 4-1　成果分享与反思

三、培养团队精神的策略

(一) 建立团队文化,增强团队凝聚力

团队文化是凝聚团队力量的灵魂,项目伊始,共同制订团队口号、队徽与队规等文化元素能有效增强成员归属感与认同感。在"我为校园植物做铭牌"项目组,"绿韵先锋,植爱校园"的口号与绿色植物环绕的圆形队徽,彰显了团队对校园植物的热爱与保护使命,队规涵盖按时参与、尊重意见、积极承担任务、保护植物资源等内容,激励成员积极投身项目,团队凝聚力在文化氛围渲染下显著增强。

(二) 通过角色扮演和团队活动,提升团队协作能力

角色扮演与团队活动为提升团队协作能力提供了生动实践平台。在"我为校园植物做铭牌"项目中,不同角色通过不同的方式完成任务,推动项目进展。植物观察员:实地考察时,他们利用课余时间穿梭校园,仔细观察植物的形态、叶片、花朵等特征。对不确定的植物,拍照或采集样本,方便后续鉴定。同时,认真填写"植物信息卡",记录植物名称、科属、主要特征、大小形状等信息,为后续工作提供一手资料。资料搜集员:多渠道收集植物信息,通过上网搜索、到图书馆查阅专业书籍以及咨询花匠等方式,获取植物的生长习性、用途、养护管理及病虫害防治方法等知识。之后,对搜集的信息进行筛选、整理,为完善植物记录卡、撰写植物信息手册提供支撑,确保植物挂牌信息准确丰富。植物绘画员:依据植物观察员提供的特征和资料搜集员整理

的信息，手绘植物写真。绘画时，突出植物的特点，注重色彩搭配，让写真既美观又能展现植物形态。绘制的写真用于植物信息手册，也为铭牌设计提供创意灵感，使铭牌更具吸引力。

（三）鼓励团队成员相互支持和帮助，共同面对挑战

在项目实施过程中，困难不可避免，成员之间的相互支持和帮助是克服困难的关键。在"校园书法展"项目中，当书法创作小组的成员遇到创作瓶颈时，其他成员会一起帮忙分析问题，提供灵感和建议。比如，有的成员分享自己看到的优秀书法作品，有的帮忙查找相关的书法理论资料，共同探讨解决办法。在展览筹备阶段，如果宣传推广小组遇到宣传效果不佳的问题，其他小组会协助他们重新制订宣传策略，利用各自的资源和渠道帮忙宣传，营造团结互助的良好氛围，增强团队的抗风险能力，确保项目顺利推进。

（四）对团队精神进行定期评估和反馈

定期评估反馈是团队精神持续发展的保障，需采用多元方式全面评估。在"环保义卖献爱心"项目中，在定期评估旧物改造创新设计、团队协作沟通、环保理念践行等方面，根据评估结果调整教学指导策略，加强薄弱环节训练，如针对创意不足开展创意启发工作坊，针对沟通不畅组织沟通技巧培训等，推动团队整体发展（见表4-4）。

表4-4 "环保义卖献爱心"活动项目化设计评价表

物品样式	☆☆☆☆☆
制作效果	☆☆☆☆☆
实用性	☆☆☆☆☆
意见或建议	

综上所述，在项目化学习中，合作探究与团队精神培养紧密交织、协同共进。通过深入剖析建构主义、社会文化理论、合作学习理论等理论基础，系统实施组建团队、设定目标任务、开展活动、成果分享反思等步骤，有效运用团队文化建设、角色扮演、活动开展、成员互助支持、定期评估反馈等策略，并结合丰富多样的项目实践案例，为学生营造充满活力与挑战的学习环境。

在此环境中，学生在知识技能提升的同时，团队合作意识、沟通交流能力、责任担当精神等综合素质得以全面发展，为学业进步与未来社会适应奠定坚实基础。我们还应深刻认识到合作探究的重要价值，积极创新实践，将其深度融入教学，助力教育高质量发展，培育适应时代需求的创新型人才，让合作探究与团队精神成为学生成长道路上的指路明灯，照亮其未来发展道路。

📖 **案例分享**

我为校园植物做铭牌

项目类型	年级	课时数	设计者
活动类	六年级	8 课时	张凤

一、项目概述

　　淮阳外国语小学拥有丰富的植物资源,满目绿意,生机勃勃。然而,许多学生对这些植物的种类、习性以及它们在校园生态环境中的作用并不了解。为了增进学生对校园植物的认识,提高大家对校园环境的保护意识,我们决定开展"我为校园植物做铭牌"项目化学习活动。更希望通过本次活动制作出精美的铭牌,传递出校园文化的精神内涵。

　　本活动中,学生通过植物调研、铭牌设计及制作、交流展示等环节,最终为校园植物做铭牌。该项目不仅能提升学生查阅信息、艺术布局、小组合作、表达等多个维度的能力,同时能引导他们认识校园,加深学生对母校的热爱。

二、项目目标

(一) 知识与能力目标

　　(1)科学技术:通过调查了解学校不同类型的植物及相关知识,选择合适的材料,设计制作植物标识牌,解决实际问题。

　　(2)美术:美化植物标识牌的结构设计,让色彩搭配更有美感。

　　(3)信息技术:利用互联网等信息技术手段搜索、筛选和整理与植物相关的资料。培养信息检索、筛选和整合的能力,以及创新思维。

　　(4)语文:通过撰写植物介绍词、制作铭牌标语等任务,提升文字组织和表达能力。

(二) 学习素养目标

　　(1)通过项目活动,培养学生跨学科学习的能力和思维习惯,将不同学科知识融合应用于实际问题的解决。

　　(2)通过小组合作,培养学生的团队协作能力和沟通能力,让他们学会在团队中有效协作和分工。

　　(3)鼓励学生设计创意性铭牌,培养学生的创新思维和解决问题的能力,激发学生创造潜力。

（三）核心价值目标

（1）激发学生对自然环境的兴趣和热爱，培养保护环境的意识和责任感。

（2）提升学生的团队协作能力和社交能力，培养相互尊重、共同进步的团队文化。

（3）培养学生的审美能力和文化素养，提升综合素质。

三、挑战性问题

（一）本质问题

通过设计独特的植物铭牌活动，学生深入了解植物知识，培养团队合作能力，提升综合素养。亲身参与校园建设，增强归属感和荣誉感，同时激发对自然与生命的热爱，强化环保意识与责任感。

（二）驱动性问题

我们校园中美丽的植物真不少，但学生对它们却知之甚少，那学校里都有哪些植物？这些植物的生长习性是怎样的？如何设计一款实用美观的铭牌，让全校的同学更好地了解它们？

四、认知策略

信息收集（ √ ）　比较分析（ √ ）　调研（ √ ）　决策（　　）

问题解决（ √ ）　系统分析（　　）　创见（　　）　实验（ √ ）

五、学习实践

（1）创造性实践：发挥想象力和创新精神，设计独特且具有吸引力的铭牌。

（2）调控性实践：规划和管理项目进展，确定项目的时间表、小组划分和任务分配。

（3）探究性实践：查阅图书，上网搜集、整理信息，了解植物的名称、种类、生长习性、用途等信息。

（4）社会性实践：与同学、教师合作，共同完成植物铭牌的制作和安装。

（5）审美性实践：聚焦植物铭牌，追求美观与艺术的结合。

（6）技术性实践：使用不同的工具来制作铭牌。

六、预期成果

（一）产品形式

（1）为校园内的树木制作耐晒、防水、美观的植物铭牌。

（2）制作植物信息手册。

（3）绘制植物信息写真。

（4）绘制保护植物手抄报。

（二）公开方式

（1）在校园植物区设立专门的展览区,展示学生制作的植物铭牌,同时安排学生讲解员为参观者提供讲解服务。

（2）举行"为植物挂牌仪式",让学生亲身参与,完成铭牌。

七、项目评价

（一）过程评价

（1）能否辨识校园内的植物,用语言表达和文字描述的形式展示植物的生长习性和植物特征。

（2）能否合理地筛选信息,为校园植物撰写植物信息手册。

（3）能否运用绘画技能绘制植物写真。

（4）能否灵活地运用各种工具,设计并制作出美观实用的铭牌。

（二）结果评价

关注学生在团队中的参与度、分工合作情况、问题解决能力以及与他人沟通的方式和效果,在整个过程中学生的实践操作能力有没有提高、是否充分发挥自己的想象制作出个性化的植物铭牌。

八、项目资源及工具

（一）项目资源

实物资料、铭牌设计素材、绘图工具、美术材料等。

（二）制作工具

笔记本、笔、相机、测量工具等。

（三）计划时间表（见表4－5）

表4－5　计划时间表

时间	课时	内　　容
第一周	1	发布项目主题,明确项目目的、意义,开展入项活动
第二周	1	划分小组,明确各自的任务,收集校园内植物种类,做好记录

续 表

时间	课时	内　　容
第三周	2	搜集校园内植物的信息和生长习性,完善植物记录卡,绘制植物写真和撰写植物信息手册
第四周	2	设计草图,将植物的名称、特点等信息整合到铭牌上,同时对铭牌进行完善,如添加装饰、调整颜色等
第五周	2	对接商家,寻求专业意见,设计出富有创意和吸引力的植物铭牌。举行挂牌仪式,将设计并制作好的植物铭牌准确、牢固地安装在对应的植物上,让全校师生能够更方便地了解校园植物信息

九、项目实施设计

(一)入项活动

1. 走进校园发现问题

我们的校园真美丽,在不同季节里呈现出不同的美。同学们在校园游玩时发现校园中的植物繁多,但同时也发现了一些问题。

(1)有一些植物没有铭牌,虽然天天看见,同学们却不知其名。

(2)还有一些植物有铭牌,但因为风吹雨淋,铭牌已经破旧不堪,铭牌上的介绍也已经模糊不清了。

2. 发布任务书,分组与角色分配

(1)临近毕业,作为学校的一员,我们应该为学校做一些力所能及的事情来回馈母校。让我们结合校园文化的内涵,查阅相关资料,给校园植物制作出精美的铭牌,让更多的教师和学生了解它们。

(2)将校园分成六个区域,以班级为单位,按自愿的原则3—5人组成一组,每一组负责一个区域。教师提供"校园植物铭牌任务分工表"(见表4-6),学生经过交流,取好队名并借助任务分工表明确各自职责。

表4-6　校园植物铭牌任务分工表

小组名称	内容	成员	具体任务
	分工部分		
	合作部分		

(3)设置植物观察员、资料搜集员、植物绘画员等角色,让每个学生都能在项目中找到自己的定位。

(二) 项目实施

1. 实地调查，鉴定植物并记录信息

（1）学生利用课余时间对校园进行实地考察，观察、记录校园内有哪些植物。教师提供"植物信息卡"（见表4-7），学生在调查的过程中认真填写。通过实地调查、记录与制作植物标本，使学生深入了解校园内植物的种类、特征及其生长习性，进而为后续搜集植物信息、撰写植物记录册、绘制植物写真等工作提供准确信息。

表4-7　植物信息卡

植物名称	科属	主要特征(花　枝　叶等)	大小、形状

（2）仔细观察植物的形态、叶片、花朵等特征，对于不确定的植物，可以通过拍照、采集样本等方式进行后续鉴定。在调查过程中，鼓励学生积极提问、讨论，加深对植物特征的理解。

（3）教师提供"植物信息搜集评价量表"（见表4-8），学生根据自己在实践过程中的表现进行评价，并填写评价量表。

表4-8　植物信息搜集评价量表

评价领域	评价标准	评价自己和同学的表现		
		自评	组评	师评
植物种类认知	能够识别出5种以上不同植物的种类			
	对植物的分类(如乔木、灌木等)有基本的了解			
植物特性观察与记录	能清楚介绍出校园内有哪些植物及其特点、生长习性等			
	能够利用思维导图的形式分析校园内植物的信息，并做好汇总			
	能够正确填写植物信息卡，结合所学知识和用途进行简单的描述			
团队合作与沟通	团队分工明确，每位成员都积极参与			
	团队成员之间能有效沟通，共同解决问题			
问题解决	意见不同时，能够采取合适的方法完成任务			
	能够齐心协力解决团队遇到的问题			
	组内同学各司其职，能够较快地解决所遇到的问题			
综合评语	10分	非常满意	8分	比较满意	5分	不满意

2. 完善植物信息

(1) 分发植物信息卡,完善植物信息。

在对校园进行初步的考察后,我们获得了丰富的实地观察资料。为了更全面、更细致地了解这些植物,学生通过上网、到图书馆查阅以及咨询花匠等方式,进一步搜集和整理关于校园内植物的信息和生长习性,从而完善植物记录卡(见表4-9)。

表4-9　植物记录卡

植物写真(手绘)	小组名称		
	植物名称		
	主要特征	叶	
		花	
		果实	
	资料搜集		

(2) 合理筛选信息,具体了解植物生长习性、用途等。

绘制植物写真,完善植物信息手册,撰写植物自我介绍文案。注意所选择的文案不仅要关注植物的独特之处、生长习性、用途,还要简洁明了,让读者能够轻松理解。

(3) 总结与反馈。

活动结束后,教师根据"植物信息搜集评价量表"(见表4-10)进行总结,肯定学生的努力和创意,同时提出改进建议。鼓励学生将文案用于后续的挂牌活动中。

表4-10　植物信息搜集评价量表

项目	评 价 内 容			自评	互评	师评	总分
信息搜集	能够详细描述植物的形态特征,如叶、形、花色、果实等(5分)	收集的资料内容丰富、准确,能够支持信息卡的内容(5分)	提供与植物相关的书籍、网页或其他资料的引用(5分)				
生长习性	能准确地标出植物的生长习性,如喜光程度、耐热性、耐寒性等(5分)	能准确标出植物的生态价值(如净化空气、保持水土等)(5分)	能够写清植物的养护管理及常见病虫害的防治方法(5分)				
植物写真	写真清晰,能够突出植物的特征(5分)	写真具有美感和创意(5分)	色彩搭配合理,让人印象深刻(5分)				

3. 设计并制作植物铭牌草图

通过设计植物指示牌草图,将植物的名称、特点等信息整合到铭牌上,同时,对铭牌进行完善,如添加装饰、调整颜色,为接下来的成品的完成打下坚实的基础。

（1）设计挂牌草图，体现创意和吸引力。

① 确定铭牌的尺寸，常见的形状有矩形、椭圆形、心形等，但也可以尝试一些不规则的形状，如树叶形状或花朵形状，以增加创意和吸引力。

② 选择主题和颜色，如果植物是银杏树，那么可以选择黄色或绿色作为主色调，并融入银杏的图案或元素。颜色应该与植物的颜色相协调，同时考虑在校园环境中的视觉效果。

③ 添加图案和装饰，比如植物的叶子、花朵、果实等。这些图案可以用线条简单地勾勒出来，也可以用彩色填充。同时，还可以添加一些边框、花纹或图案来增加美感。

④ 突出重要信息，如学名、科属等。这些信息可以用大号字体或特殊字体来强调，以便人们能够一眼看到。

⑤ 创意元素，如二维码，可以链接到关于植物的详细介绍或相关网站。

（2）将植物的名称、特点等信息整合到铭牌上。

① 确定信息内容，包括植物的名称、学名、科属、生长习性、特点等。这些信息应该简洁明了，便于人们快速了解植物。

② 布局设计确保它们既不会过于拥挤也不会显得空旷。

③ 字体和颜色，字体应该清晰易读，颜色应该与挂牌的主题和颜色相协调。可以使用不同的颜色来区分不同的信息类别，如用绿色表示生长习性，用蓝色表示特点等。

（3）展示与评价。

每组展示自己的铭牌作品，其他组进行点评和提问。教师出示"铭牌草图评价量表"（见表 4 - 11），从创意、吸引力、信息准确性等方面进行评价，并提出改进建议。

表 4 - 11　挂牌草图评价量表

项　目	评　价　标　准
铭牌美观（10分）	1. 色彩搭配合理，具有视觉冲击力 2. 使用不同形状设计铭牌，卡纸颜色和图案符合植物的特性 3. 整体美观度较高
内容充实（10分）	1. 铭牌内容能抓住植物特点 2. 文案详细，让人一目了然
设计新颖（10分）	1. 造型有特色 2. 造型美观，符合植物特性 3. 将学校元素和植物特点融入挂牌设计中
实用性（30分）	1. 铭牌材质简单，实用又便于安装 2. 能够充分展现学生的个性思维和创新精神

4. 对接商家，设计实用铭牌并制作安装铭牌

带着制作好的设计图，找到广告公司，寻求专业意见的基础上，结合自己的设计、综合环境、成本等各种因素选择材质，制作铭牌。举行挂牌仪式，将设计并制作好的植物铭牌准确、牢固地安装在对应的植物上，让全校师生能够更方便地了解校园植物信息。

（三）出项活动

1. 开展为校园植物设计铭牌的项目化展示活动

（1）在班级走廊设置展板，将搜集到的植物信息记录卡、绘制的植物写真图、设计的植物名牌图和制作的铭牌成品等成果展现出来。

（2）由一名讲解员详细讲解项目化学习过程和成果，以及铭牌制作步骤。

（3）张贴植物信息二维码，方便更多的人了解校园里的植物信息。

2. 举行挂牌仪式

按照之前选定的区域，为"自家"的植物郑重地挂上设计好的铭牌。

3. 填写意见表

在铭牌展示及为植物挂牌过程中记录他人意见和观点（见表 4 - 12）。

表 4 - 12 "我为校园植物做铭牌"项目化设计评价表

名牌样式	☆☆☆☆☆
制作效果	☆☆☆☆☆
实用性	☆☆☆☆☆
意见或建议	

十、反思与展望

"我为校园植物做铭牌"项目圆满落幕，同学们热情高涨，责任心强，对科学充满热爱。然而，团队合作中的沟通不足和时间紧迫成为挑战，导致部分作品未能充分展现创意。未来，我们需加强团队建设，优化时间管理，鼓励创意发挥。

尽管我们对"有意义"的铭牌设计期待值不高，但每个小组对"意义"的诠释都独具匠心，展现出对科学的浓厚兴趣与严谨态度。项目化学习的精髓在于"用"之实践，"做"之行动，"思"之深邃。这次由小小植物铭牌引发的深入探究，不仅巧妙地融合了生命科学、美术、信息科技等多元学科知识，更在解决问题的过程中促进了学生对多学科知识的理解和吸收，实现了跨领域知识的融会贯通，极大地提升了他们的综合素养。

通过本项目的研究，学生学会在实践中发现和解决问题，更加深入地理解所学知识，帮助学生将理论知识应用到实践中，锻炼学生的团队合作和解决问题的能力。不仅如此，学生通过亲身参与校园建设，增强了归属感和荣誉感，激发了对自然与生命的热爱，强化了环保意识与责任感。

展望未来,我们将扩大影响力,吸引更多同学参与,提升活动质量。同时,将项目与学校课程结合,提高学习兴趣,促进知识应用。我们将持续总结经验,完善方案,为更多项目化活动奠定坚实基础。

📖 **案例分享**

环保义卖献爱心

项目类型	年级	课时数	设计者
活动类	五年级	8课时	刘玉慧　张凤

一、项目概述

"环保义卖献爱心"项目化学习旨在引领学生深入探索旧物重生的奥秘与创意转化的魅力。本着"你的多余,我的需要"理念,使学生掌握设计方法,综合运用知识,在循环利用、以物换物及钱物交换的过程中深入理解"循环经济",实现学习素养提升。让学生把家中闲置的文化用品、玩具、小饰品、图书拿到交易市场与同学物物交换或钱物交换,从而培养学生不浪费自己物品、节约资源、爱护环境的意识和良好的行为习惯。同时,通过捐赠活动,深化体验教育,培育少先队员关爱弱势群体、救助贫困人群的品德,提升思想道德素养,引导其学会关爱他人、回报社会,塑造无私爱心,增强互助意识与内在情怀,全面提升学习素养与能力,助力学生综合能力培养。

二、项目目标

(一) 知识与能力目标

(1)劳动:通过项目实践,提升学生的合作技能和实践技能。掌握翻新旧物的一般步骤,使物品更有欣赏价值。

(2)科学:通过参与旧物回收和分类活动,让学生能够深刻认识到环保的重要性,学会珍惜资源、减少浪费。

(3)美术:获得较为丰富的审美经验,让学生树立正确的审美观念。在创新设计实践中,学生需要发挥想象力和创造力,将旧物变成具有新面貌的作品,从而培养他们的创新能力和实践能力。

(4)综合实践:综合运用科学、劳动等方面的知识和技能,让学生在策划、组织、执行义卖活动的过程中,锻炼项目管理、团队协作、市场营销等多方面能力。

(5)道德法治:引导学生认识社会资源分配不均问题,通过义卖闲置物品,助力资源合理流通与再利用,培养学生对社会资源管理的责任意识。

(二)学习素养目标

(1)通过项目活动,培养学生跨学科学习的能力和思维习惯,将不同学科知识融合应用于实际问题的解决。

(2)通过小组合作,培养学生的团队协作和沟通能力,让学生学会在团队中有效协作和分工。

(3)鼓励学生通过改良、创新等方式,让旧物焕发出新活力,设计出创意性物品,培养学生的创新思维和解决问题的能力,激发学生的创造潜力。

(三)核心价值目标

(1)激发学生对旧物改造的兴趣和热爱,培养学生节俭的意识和责任感。

(2)提升学生的团队协作和社交能力,培养相互尊重、共同进步的团队文化。

(3)通过义卖活动筹集善款,用于支持环保组织的具体项目,促进环保事业的发展,提升综合素质。

三、挑战性问题

(一)本质问题

通过策划“环保义卖献爱心”创意活动,深入探索旧物再利用的奥秘,培养学生的团队合作能力及环保意识,全面提升学生的综合素养。让学生亲自参与旧物改造和义卖的实践,激发学生对环保与可持续生活的热爱,强化他们对环境保护的责任感和意识。

(二)驱动性问题

随着孩子快速成长,每个人家里都有很多闲置的物品,你家里有哪些不再使用但还完好无损的旧物?你打算如何将收集到的旧物改造成具有实用性和美观性的新产品?如何策划和组织一次成功的义卖活动?

四、认知策略

信息收集(　√　)　比较分析(　√　)　调研(　√　)　决策(　　　)

问题解决(　√　)　系统分析(　　　)　创见(　　　)　实验(　√　)

五、学习实践

(1)创造性实践:发挥想象,创新设计独特物品。

(2)探究性实践:搜集信息,撰写优化设计方案。

（3）社会性实践：团队合作，积极参与义卖活动。

（4）审美性实践：追求美观，提升艺术魅力。

（5）技术性实践：多样技术，创意改造旧物。

六、预期成果

（一）产品形式

（1）手工类：把废旧衣物制成环保袋，旧书籍做成装饰品，塑料瓶改造为花盆。

（2）艺术创作类：运用废旧金属创作雕塑，废旧纸张拼贴画作，形成环保主题艺术品。

（3）环保教育宣传资料：制作环保知识手册、海报与宣传视频，助力环保知识普及与公众意识提升。

（4）环保科技产物：激励学生借助科技升级废旧物品，打造有环保功能的科技产品。

（二）公开方式

（1）在校园设立专门的展览区，展示学生制作的产品，同时安排学生讲解员为参观者提供讲解服务。

（2）举行"义卖献爱心活动"，让学生亲自参与，完成旧物的二次利用。

七、项目评价

（一）过程评价

（1）创新设计评估：审视学生所提出的旧物重塑设计方案的独创性、功能性和可持续性。

（2）旧物焕新评估：检查学生是否巧妙地进行了创新、改造或装饰添加，使旧物重塑后更具使用价值。

（3）绿色意识考量：观察学生在项目实施全过程中是否秉持环保原则，比如材料的合理利用、废弃物的最小化等，以此评估学生对环保理念的领悟及实际践行情况。

（4）团队协作与沟通技巧考量：评估学生在团队讨论和信息交流中的表现，看他们是否能够明确传达个人见解，并积极倾听并接纳团队成员的意见。

（二）结果评价

1. 旧物新生作品的创意与工艺评估

审视旧物改造后所展现的创意水平，涵盖设计的创新性、别致度以及对旧物再利用的深度和广度。

2. 环保行动的实践成效评价

考察在项目实施过程中,是否采纳并执行了切实有效的环保举措,以及这些措施对缓解环境压力、促进可持续发展的实际成效。

3. 团队协作与沟通技巧的展现评估

评估学生在团队合作中展现出的协同能力与沟通技巧,包括团队成员间如何高效分工、紧密配合,以及在交流过程中如何清晰传达信息、积极倾听反馈并达成共识。关注学生在团队中的参与度、分工合作情况、问题解决能力以及与他人沟通的方式和效果,在整个过程中学生的实践操作能力有没有提高,是否充分发挥自己的想象力。

4. 义卖成果丰硕,社会反响热烈

通过精心策划和组织的义卖活动是否取得了丰硕成果,改造后的旧物是否受到了广泛欢迎,能否吸引大量顾客前来购买,是否筹集到了可观的善款用于支持环保事业。

八、项目资源及工具

(一)项目资源

旧物、装饰品等能二次利用的物品。

(二)制作工具

手工工具(如剪刀、针线盒、卷尺)、创意工具(如彩绘颜料、布料、装饰品)、宣传工具(如海报、宣传单)、销售工具(如收款二维码)等。

(三)计划时间表(见表4-13)

表4-13 计划时间表

时间	课时	内　　容
第一周	1	发布项目主题,明确项目目的、意义,开展入项活动
第二周	1	划分小组,明确各自的任务,收集可二次利用的旧物及其他物品,做好记录
第三周	2	搜集改造旧物的方式方法,试着根据所搜集的旧物设计草图
第四周	2	确定设计方案,着手进行改造
第五周	2	举办义卖活动

九、项目实施设计

(一)入项活动

1. 认真观察,发现问题

现在大部分孩子是幸福的,父母总是给孩子最好的,比如买很多衣服、玩具、工艺品等。但随着孩子成长,在每个同学的家里都有这样一种情况,有很多衣服都变小了、旧了,穿又穿不了,扔了又觉得可惜,着实浪费。这些旧物真的没办法处理了吗?当然不是! 只要动点脑筋,将这些旧物进行改良设计,就可以旧貌变新颜,减少浪费,也节约资源。

你家里有哪些不再使用但还完好无损的旧物? 你打算如何将收集到的旧物改造成兼具实用性和美观性的新产品? 如何策划和组织一次成功的义卖活动?

2. 发布任务书,分组与角色分配

(1) 开动脑筋,将这些旧物进行改良设计,就可以旧貌换新颜,既减少了浪费,也节约了资源。

(2) 以班级为单位,按自愿的原则由3—5人组成一组,每一组负责搜集2—3种旧物。教师提供"环保义卖献爱心活动任务分工表"(见表4-14),学生经过交流,取好队名并借助任务分工表明确各自职责。

表4-14　环保义卖献爱心活动任务分工表

小组名称	内容	成员	具体任务
	分工部分		
	合作部分		

(3) 设置"收集员""资料整理员""改造员"等角色,让每个学生都能在项目中找到自己的定位。

(二) 项目实施

1. 调查搜集并记录信息

(1) 学生利用课余时间收集整理家里的旧物。观察、记录家里有哪些可二次改造的旧物。教师提供"旧物回收登记卡"(见表4-15),学生在调查的过程中认真填写。通过实地调查、记录,使学生深入了解什么样的物品可以二次改造,进而为后续工作提供准确信息。

表4-15　旧物回收登记卡

衣物	手工艺品	生活用品	科技产品

（2）教师提供"物品收集评价量表"（见表4-16），学生根据自己在实践过程中的表现进行评价，并填写评价量表。

表4-16 物品收集评价量表

评价领域	评价标准	评价自己和同学的表现		
		自评	组评	师评
有哪些类型的物品	能够收集整理出3种以上不同类型的物品			
	对不同物品有基本的了解			
物品的样子观察与记录	能清楚介绍搜集到的物品的特点及可改造性			
	能够利用思维导图的形式分析物品可改造哪些东西，并做好汇总			
	团队分工明确，每位成员都积极参与			
团队合作与沟通	团队成员之间能开展有效沟通，共同解决问题			
	意见不同时，能够采取合适的方法完成任务			
问题解决	能够齐心协力解决团队遇到的问题			
	组内同学各司其职，能够较快地解决所遇到的问题			
综合评语	10分　非常满意	8分　比较满意	5分　　不满意	

2. 旧物改造：鼓励学生发挥创意，对旧物进行改造设计

在教师的指导下，学生分组进行旧物改造实践，确保改造过程的安全与环保。比一比，大家动手做一做。教师出示"旧物改造样式统计表"（见表4-17），让学生绘制出简单的衣服款式草图。

表4-17 旧物改造样式统计表

手绘	小组名称		
	用到物品		
	主要特征	外观	
		实用性	
		环保	
	所用工具		

3. 评一评，谁的物品最具美观和实用性

教师出示"设计实用性评价量表"（见表4-18）组内自评、互评。

表 4-18　设计实用性评价量表

项目	评 价 标 准
美观(10分)	1.色彩搭配合理,具有视觉冲击力 2.整体美观度较高
设计新颖(10分)	1.造型有特色 2.将学校元素和物品特点融入设计中
实用性(30分)	1.材质简单,实用 2.能够充分展现学生的个性思维和创新精神

4.义卖活动筹备

(1)调研分析:分组研习过往义卖成功案例,掌握场地选择、宣传推广与定价策略,形成报告并与班级交流,增进活动组织流程认知。

(2)创意构思:依据旧物改造的作品及受众,集体研讨义卖摊位布置,绘制草图,培养创新与团队协作力。

5.实践活动

(1)场地布置:依据人流量、费用与环境选择适宜场地,如学校操场等。学生利用废旧材料搭建摊位,分类陈列旧物作品,彰显环保创意,提升动手与规划力。

(2)宣传推广:撰写推文,制作短视频,借社交媒体发布活动信息,拓展影响力,锻炼新媒体与文案创作技能。设计制作环保海报传单,在人员密集处发放张贴,提升知名度,强化平面设计与沟通力。

(3)定价策略:统计旧物改造成本,涵盖原料、工具与人工,依此调研市场价格,结合公益性质定合理区间,增强成本意识与市场分析决策力。

(4)义卖执行:活动现场学生化身销售员,推介产品环保内涵与独特价值,运用沟通营销技巧促成交流,提升人际交往与销售能力。设互动体验区,邀顾客参与旧物改造活动,传播环保理念,锻炼教学示范与组织协调力。

6.财务管理

活动结束后,学生精准记录清点账款,整理电子表格,保障数据无误,提升数据处理与财务管理能力。制定善款管理公示方案,明确存储使用计划,定期公布收支明细,培育诚信与社会责任感。

(三)出项活动

1.开展环保义卖活动项目化展示活动

(1)在班级走廊设置展板,将搜集到的旧物信息记录卡、绘制的服装设计图、设计的新物品等成果展现出来。

(2)由一名讲解员详细讲解项目化学习过程和成果,以及旧物改造步骤。

(3)张贴旧物改造信息二维码,方便更多的人了解环保信息。

2. 填写意见表

在环保义卖活动项目化活动中记录他人意见和观点(见表4－19)。

表4－19 "环保义卖献爱心"活动项目化设计评价表

物品样式	☆☆☆☆☆
制作效果	☆☆☆☆☆
实用性	☆☆☆☆☆
意见或建议	

十、反思与展望

(一) 反思

在本次"环保义卖献爱心"活动中,学生展现了积极的参与热情,收获颇丰,同时也暴露出一些问题,为今后的活动提供了改进方向。

1. 组织执行方面

(1) 入项活动时,虽然引导学生发现了旧物处理问题,但信息传递方式可以更加多样化,如制作生动有趣的动画或故事,让学生更深刻理解活动意义,提高初始参与度。

(2) 活动时间安排上,旧物改造环节时间紧张,部分学生未能充分发挥创意。后续可在时间表中更精准分配时间,并设置时间节点检查进度,确保每个环节都能高质量完成。

(3) 资源收集方面,尽管鼓励学生自带旧物,但仍存在部分物品不足的情况。可提前与学校各班级、社区服务中心等建立联系,广泛收集旧物,同时丰富创意工具和装饰品的种类,满足学生多样化需求。

2. 教学与学习效果方面

(1) 学科融合上,虽涉及多学科知识,但融合深度和系统性有待加强。后续应设计详细的跨学科教学指南,明确各学科在每个活动环节中的具体任务和目标,使学科知识更好地服务于实践。

(2) 团队协作中,部分小组出现分工模糊、沟通效率低的问题。今后在分组时可根据学生性格、能力进行合理搭配,并开展团队协作技巧培训,如组织小组讨论、合作游戏等,提升团队协作效果。

(二) 展望

(1) 细化活动流程,在旧物改造阶段安排导师定期指导,及时解决学生遇到的问题;义卖活动前进行模拟演练,提高学生应对实际情况的能力。

(2) 设计系统的跨学科课程体系,以环保义卖为主题,整合科学、美术、劳动等学科知识,开展项目式学习,培养学生综合素养。

（3）开展环保主题的创新竞赛,鼓励学生运用所学知识和技能,设计更具创意和实用性的环保产品,激发创新思维。

（4）建立环保义卖活动品牌,制订长期发展规划,每年设定不同主题和目标,持续激发学生参与热情。

（5）加强与社区、企业合作,通过开展社区义卖活动,与企业联合举办环保创意大赛等,拓宽活动平台,提升活动影响力,让环保理念在更广泛的范围内传播。

案例分享

创意树叶集

项目类型	年级	课时数	设计者
学科类	二年级	6 课时	袁艳艳　谭露露

一、项目概述

树叶作为大自然中常见的元素之一,它们不仅有各种各样的形状和美丽的纹路,还蕴含着丰富的生命力和季节的变化。为了让学生能够更加细致地观察身边的美,感受大自然的奇妙,所以开展本次"创意树叶集"的语文项目化学习活动。

本项目以"树叶"为依托,旨在通过让学生运用恰当、生动的语言来描述观察到的树叶形态、颜色、纹理等特征,锻炼他们的观察力和语言表达能力;鼓励学生以树叶为主题进行创意写作,如编写有关树叶的童话故事、诗歌等,提高学生的想象力及书面表达能力。在此基础上,启发学生对写作方法进行迁移,把写树叶的方法运用到其他事物,举一反三,提高学生的语文综合素养。

二、项目目标

（一）知识与能力目标

（1）语文:①能够用准确、生动的语言描述树叶的外形、纹理等特征。②通过创作童话故事、诗歌等作品来提升学生的口语表达及写作能力。

（2）美术:能以绘画、手工等方式表现树叶的形态和美感。

（二）学习素养目标

通过运用丰富的词汇和恰当的修辞手法,生动形象地描绘树叶的特征和变化,能把写作方法应用到描写其他事物上,提高语文素养。

(三) 核心价值目标

激发学生热爱大自然的思想感情。

三、挑战性问题

(一) 本质问题

如何以树叶为依托,学习写作方法,把事物描述得更加生动形象呢?

(二) 驱动性问题

我们应该从哪些角度刻画树叶的特性,才能使文章更加生动迷人呢?

四、认知策略

信息收集(√)　比较分析(√)　调研(√)　决策(　　)
问题解决(√)　系统分析(√)　创见(√)　实验(　　)

五、学习实践

(一) 观察与感知

(1) 实地观察:学生走进自然,细致观察不同种类树叶的形状、颜色、纹理等特征。使用工具辅助观察,如放大镜,并用准确的文字记录观察结果。

(2) 感受触感:用手轻轻触摸树叶,感受它的质地、厚度和表面是否有凹凸不平的纹理。

(3) 倾听声音:在风吹过时,注意倾听树叶发出的声音,感受它与其他树叶互动时的韵律。

(二) 阅读与借鉴

(1) 阅读范文:查找一些优秀的作品,分析作者是如何运用语言来描绘树叶的。

(2) 借鉴技巧:学习范文中的比喻、拟人、排比等修辞手法,以及如何运用形容词和动词来增强描写的生动性。

(三) 创作与表达

(1) 文学创作:发挥想象力,创作与树叶有关的童话故事等。

(2) 艺术创作:进行创意艺术创作,如制作树叶画、书签、标本等。

（四）成果展示与反思

（1）展示学习成果，包括观察记录、艺术作品呈现和实践经验分享。

（2）进行项目反思，总结学习过程中的收获与不足。

六、预期成果

（一）产品形式

（1）写话集。

（2）童话故事。

（3）树叶集：通过收集、清洗、干燥等步骤，将树叶制成标本，用于展示和保存树叶的自然形态和特征。

（4）树叶贴画：利用树叶的形状、颜色等特性，结合创意进行拼贴，创作出具有艺术美感的贴画，并写出制作过程。

（5）写作方法思维导图：学生将学习到的写作方法绘制成思维导图。

（二）公开方式

1. 线上宣传

在微信公众号、微博、抖音等社交平台发布项目化学习的动态、成果展示视频、学生心得等。

2. 成果展

在走廊里设置展板，展出学生创作的童话故事等成果。

七、项目评价

（一）过程评价

1. 兴趣与动机评估

观察学生在项目启动阶段的兴趣表现，如是否积极参与讨论、提出与树叶相关的问题，以及是否表现出对项目的好奇心和热情。

2. 学习态度与参与度

积极性与主动性：考查学生在项目实施过程中的参与热情，自主学习并能独立解决问题的主动性。

3. 团队合作

评价学生在小组合作中的表现，包括沟通协作能力、分工合作情况以及团队凝聚力的形成。

4. 观察与感知能力

学生是否能够细致入微地观察树叶的形态、颜色、纹理等特征；学生是否能通过观察,感知到树叶所蕴含的生命力或自然之美。

5. 构思与表达能力

学生是否能够根据观察结果,构思出清晰、有条理的写作框架。学生是否能够运用丰富的词汇和恰当的修辞手法,生动形象地描绘树叶,是否能发挥想象力创作有关树叶的童话故事等。

6. 创新与想象力

学生是否能够在描写树叶的过程中,融入自己的想象和创意,使作品更具个性和魅力;学生是否能够通过树叶这一具体事物,联想到更广泛的主题或情感。

(二) 结果评价

1. 作品内容的丰富性与准确性

学生是否准确地描述了树叶的形态、颜色、纹理等特征。

2. 语言表达的流畅性与生动性

学生是否运用了丰富的词汇和恰当的修辞手法来描绘树叶。作品的语言是否流畅、自然,能够吸引读者的注意力。

3. 创意与想象力的展现

学生的作品是否有创新之处,是否具有丰富的想象力。

4. 反思与总结能力

鼓励学生在项目实施过程中进行反思,思考自己在学习和实践中遇到的问题、解决策略以及收获与不足。

综上所述,对于结果评价,我们应关注学生作品内容的丰富性与准确性、语言表达的流畅性与生动性、创意与想象力的展现、作品的整体结构与逻辑性等多个方面。通过全面细致的评价,我们可以更好地了解学生的学习成果和进步情况,为其后续的学习提供指导和帮助。

八、项目资源及工具

(一) 项目资源

(1) 自然资源:以校园、公园、小区等自然环境中的树叶作为主要的实物资源。这些树叶种类丰富,形态各异,为项目化学习提供了丰富的观察对象。

(2) 图书与网络资源:通过从图书馆借阅相关书籍,以及利用专业教育网站(如中国知网、科普中国等)获取树叶的科学知识和艺术创作灵感。

(二) 制作工具

(1) 艺术创作工具:颜料、画笔、剪刀、胶水等,用于树叶的艺术创作。

(2) 记录工具:笔记本、相机、录音笔等,用于记录学生在项目化学习过程中的观察、思考和创作过程,便于后续总结与反思。

通过整合这些项目资源和工具，为学生提供一个全面、深入探索树叶奥秘的平台，促进他们的观察力、思考力、动手能力和创新能力的综合发展。

（三）计划时间表（见表4－20）

表4－20　计划时间表

时间	课时	内　　容
第一周	1	发布项目主题，确定探究内容、小组分工，开展入项活动
第二周	1	调查周边区域内都有哪些种类的树叶，完成树叶观察单的填写
第三周	1	完成描写树叶角度的表格填写
第四周	1	制作树叶集
第五周	2	提出修订建议，形成最终成果；进行版面设计制作，展示成果

九、项目实施设计

（一）入项活动

1. 感悟体验，激发兴趣

教师给学生带来了一些树叶，学生纷纷观察起来。学生有的用小手摸一摸，有的用鼻子闻一闻……

2. 学生相互交流，发现问题

教师鼓励学生相互交流自己的发现：每片树叶都各具特色，形状各异，色彩斑斓。有的树叶边缘光滑，有的则呈锯齿状；有的树叶厚实，有的则轻薄透明。这引发了大家对树叶的好奇心。

3. 引导学生提出驱动性问题

我们应该从哪些方面来刻画树叶的特性，才能使文章更加生动呢？

4. 成员分工

结合学生的观察、写作水平等因素将学生分为7人一组，确保组间同质，组内异质，能够相互学习、协作。

（二）项目实施

1. 寻树叶之旅

子问题1：在我们周边区域，常见的树叶有多少种呢？

（1）采集树叶。

为了对树叶有全面的了解，知道树叶的种类、形状、颜色、大小以及纹理等，学生实地观察、搜集树叶。

（2）完成树叶观察单的填写。

选择自己喜欢的树叶，填写树叶观察单（见表4－21）。

表4-21 树叶观察单

观察人班级	观察人姓名	观察日期
把收集到的叶子贴在此处 1	把收集到的叶子贴在此处 2	把收集到的叶子贴在此处 3
树叶名称 1:	树叶名称 2:	树叶名称 3:
我观察到的树叶特点	我观察到的树叶特点	我观察到的树叶特点

（3）各小组展示汇报观察到的树叶信息。

2. 探索描写之法

子问题2：从哪些角度描写树叶呢？

（1）根据自己制作的树叶观察单，思考可以从哪些角度写树叶。

（2）小组内讨论。

（3）设计表格或者思维导图，怎样多角度描绘树叶（见表4-22）。

表4-22 描写树叶的角度

形状描述	
颜色描述	
触感描述	
声音描述	
气味描述	
比喻描述	
拟人描述	
对比描述	
动态描述	

（4）完善表4-22的内容。

（5）这些角度适合用于描绘其他事物吗？如果可以，请选择其他的事物试一试（如苹果、花……）。

（6）完成评价表（见表4－23）

表4－23　多角度描写树叶的评价表

评价内容	评价标准	自评 ☆☆☆	互评 ☆☆☆	师评 ☆☆☆
角度全面	包含了树叶的形状、颜色、声音等角度			
想象力	运用了比喻、拟人等修辞手法，使描写更加生动形象			
语言运用	语言表达清晰、流畅，具有感染力			

3. 写树叶之美

子问题3：可以创作哪些有关树叶的作品呢？

学生确定自己想要创作的作品。

① 学生通过讨论、上网搜集、实践等途径，提出方案。

② 作品形式预设：写话、童话故事、诗歌、树叶类手工艺术品。

③ 各小组合作出成果。

（三）出项活动

展示活动。

（1）班级组织一次以"树叶"为主题的分享会。

（2）在走廊里设置展板：把项目成果展示出来，选出讲解员，为其他参观的学生讲解。

（3）线上宣传：做一期项目开展情况的公众号文章。

对学生在本次项目化活动中的表现进行综合评价（见表4－24）。

表4－24　制作树叶集项目化学习总评表

评价内容	评价标准	A	B	C
写作水平的提升	学生能够通过活动了解树叶的基本形态、颜色等；能用准确的语言进行描述，写作能力得到了提升			
问题解决能力	在活动过程中遇到问题时（如树叶采集困难、作品制作不顺利等），学生能够主动寻求解决方案并付诸实践			
团队合作能力	在小组活动中积极参与，有效沟通，共同完成任务			
信息收集与处理	能够利用图书、网络等资源收集树叶相关知识			
创新思维	在活动中发挥自己的想象力和创造力，制作出具有个人特色的树叶作品；能够通过与同伴的交流合作，激发更多的灵感			

评价内容	评价标准	A	B	C
环保意识	通过项目学习,增强对自然环境及生态保护的认识			
反思与改进	对自己的学习过程和成果进行反思,提出改进建议			

十、反思与展望

在本次项目化学习的实践中,我始终坚持以学生为中心的教育理念,紧密围绕学生的内在发展需求来设计并推进学习活动。我细心体察学生的兴趣焦点与探索热情,致力于让每一个活动都能让学生自己解决,锻炼学生解决问题的能力。

(一) 收获

1. 学生的主动性与兴趣得到了激发

这次项目化学习充分激发了学生的主动性和兴趣。他们不再是被动地接受知识,而是主动地探索、发现和创造。他们积极地收集树叶、整理素材、讨论设计,每一个环节都充满了热情和活力。

2. 学生团队协作能力得到了提高

在制作树叶集的过程中,学生需要一起分工合作,共同完成任务。这让他们学会了如何更好地沟通和交流,如何协调彼此的工作,如何为了共同的目标而努力。这种团队协作能力的培养,对他们未来的学习和工作都有着非常重要的意义。

3. 学生的想象与创新能力得到了提升

学生充分发挥了自己的想象力和创新能力。他们不仅将树叶作为观察的对象,还将其作为创作的素材,通过拼贴、绘画、写作等多种形式来展现树叶的美。这种想象力和创新能力的培养,是现代教育的重要目标之一,也是学生未来成长的重要动力。

4. 学生自我反思能力得到了提高

在这次项目化学习中,学生也学会了自我反思。他们不仅反思了自己的观察和写作过程,还反思了自己的团队协作能力和创新能力。这种自我反思能力的培养,让他们更加清晰地认识了自己的优点和不足,为他们未来的成长和进步提供了宝贵的经验。

(二) 存在的不足

1. 教师还需要增强学生的创意启发能力

在引导学生构思创意时,方法较为单一,难以激发学生的深度思考。教师需要不断吸收新的创意灵感。同时,学习更多创意引导技巧,如思维导图、头脑风暴等,以更灵活多样的方式激发学生的创造力。

2. 加强技术工具应用

在制作过程中,可能主要依赖传统手工方式,较少使用现代技术工具。教师可以学习一些数字艺术软件或平台,帮助学生制作出更加精美和富有创意的作品。

3. 完善评价体系

对学生的评价可能侧重于作品的美观度和完成度,而较少关注创意和过程。教师可以设计一套更加全面和细致的评价体系,包括创意性、技术性、团队合作、问题解决能力等多个方面。同时,注重过程性评价,及时给予学生反馈和指导。

(三) 对未来的展望

展望未来,我希望能够继续深化这种项目化学习的方式,让学生在更加真实、有趣的情境中学习知识和技能。同时,我也希望能够加强对学生观察、写作、团队协作、想象和创新能力的培养,让他们在未来的学习和生活中更加自信、勇敢和富有创造力。

📖 案例分享

校园书法展

项目类型	年级	课时数	设计者
学科类	六年级	8课时	段佳文 李瑞杰

一、项目概述

中国人历来重视书写,有"字如其人"之说。书写不仅是文字的表达,更是个人修养与审美情趣的体现。然而,在当前的教育环境中,由于过分强调学科成绩,学生的书写技能往往被忽视,导致部分学生书写不规范、字迹潦草,严重影响了其综合素质的提升。因此,提升学生书写水平的项目化设计应运而生,旨在通过项目化学习的方式,激发学生对书写的兴趣,培养其良好的书写习惯,全面提升学生的书写能力。

新课标《中小学书法教育指导纲要》提出:"书法教学以提高学生的汉字书写能力为基本目标,以书写实践为基本途径,适度融入书法审美和书法文化教育。"小学高年级学生正处于小学与初中的过渡阶段,他们的认知能力、学习能力及自我管理能力均有显著提升。通过书法项目化学习,不仅能够巩固和提升学生的书写技能,还能培养他们的审美情趣、文化素养和耐心细致的良好习惯。此外,随着信息技术的快速发展,传统书写技能的重要性愈发凸显,书法项目化学习有助于激发学生对传统文化的兴趣和热爱。为此,我们设计了一套系统的项目化学习方案,旨在通过科学、系统的方法,全面提升学生的书写能力。

二、项目目标

（一）知识与能力目标

（1）语文：通过口语交际的学习，了解书法的相关知识。

（2）美术：通过参观书法作品展，尝试用多种书法形式书写汉字。

（3）历史：通过项目研究，了解书法的发展历史，感受书法的艺术魅力。

（二）学习素养目标

（1）学习和掌握硬笔、毛笔书写汉字的基本技法，提高书写能力。

（2）通过书法学习和实践，陶冶性情，提升文化品位。

（3）增强对传统文化知识的学习探究意识，优化学习方式，鼓励将书法生活化，激活创新思维。

（三）核心价值目标

（1）通过书法学习，了解中华优秀传统文化，增强文化自信。

（2）培养审美能力和艺术鉴赏力，提升综合素养。

（3）激发对书法艺术的热爱之情，增强少年儿童的文化自信和民族自豪感。

三、挑战性问题

（一）本质问题

通过书法项目化学习，提升学生审美创造能力，建立文化自信。

（二）驱动性问题

在项目化学习中，如何提高书写技能并创作具有特色的书法作品？

四、认知策略

信息收集（ √ ）　比较分析（ √ ）　调研（ √ ）　决策（ √ ）
问题解决（ √ ）　系统分析（　　）　创见（　　）　实验（　　）

五、学习实践

（1）社会性实践：通过组织学生走进社区、邀请知名书法家或学者来校举办讲座等方式，增强学生的社会责任感，拓宽学生的视野。

（2）探究性实践：鼓励学生结合文学、历史等学科知识，探究书法与文学、历史之间的关联。例如,通过分析古代文学作品中的书法题跋或印章,了解书法在文学传播中的作用;或通过研究历史人物的书法作品,了解书法风格与时代背景的关系。

(3)创造性实践:引导学生在掌握基本书法技能的基础上,探索并形成自己的个性化风格。鼓励学生根据自己的兴趣、特长及审美偏好进行创作尝试,不断反思与调整自己的创作思路与表现手法,以形成具有个人特色的书法作品。

六、预期成果

(一)产品形式

(1)手抄报(图文并茂)。

(2)制作漆扇作品(诗配画)。

(3)创意画框展。

(4)小书签大意义。

(5)巧手写对联。

(二)公开方式

(1)在学校举办的项目化展评活动中,设置专门的展区,展示项目成果,如手抄报、手工艺品、扫描二维码观看宣传视频等,并邀请师生现场参观和交流。

(2)走进班级,通过巡讲、展览、互动问答等方式,向其他同学介绍书法历史,增强学生对书法文化的了解。

(3)将项目成果整理成书籍或画册形式出版,作为学校或社区的文化资源,供师生和公众欣赏学习。

(4)组织师生和公众参与书法体验活动,如制作书法手工艺品、书法扇面、创意书签等,让他们亲身体验书法文化的独特魅力。

(5)将项目成果上传至学校或相关机构的官方网站,在专门的页面或栏目进行展示,便于广大师生和社会公众访问。

(6)利用微博、微信公众号、短视频等社交媒体平台,发布项目介绍、成果展示视频、图文报道等内容,吸引更多人关注和了解中国书法文化。

七、项目评价

(一)过程评价

1. 参与度与态度评价

评估学生在书法项目化学习中的参与度,包括出勤率、课堂表现、作业完成情况等。观察学生对书法学习的态度和兴趣,是否积极投入,乐于探索和实践。

2. 技能掌握情况评价

定期检查学生的书法技能掌握情况,如笔画、结构、章法等基本技巧的熟练程度。通过阶段性测试或作业展示,评估学生在技能提升方面的进展。

3. 合作学习与沟通能力评价

观察学生在团队合作中的表现,包括分工合作、相互评价、交流讨论等环节。评估学生在合作学习中是否能够有效沟通、协调解决问题,以及是否能够从他人身上学习并提升自己。

4. 探究与创新能力评价

鼓励学生围绕书法项目进行探究性学习,评估学生在发现问题、解决问题、创新创作等方面的表现。关注学生在书法创作中的创新点,如字体设计、风格融合等方面的尝试与探索。

(二) 结果评价

1. 知识技能、合作技能、实践技能的评价量规用表

(1) 知识评价:主要关注学生对书法基础理论知识、历史文化背景以及书法名家、作品等方面的了解和掌握程度。

(2) 技能评价:聚焦于学生书法技能的掌握程度,包括基本笔法、结构布局、章法处理以及不同书体的书写能力等。

(3) 实操评价:强调学生在书法项目化学习中的实践能力和创新能力,包括书法作品的创作过程、材料选择与运用、工具使用技巧以及跨学科整合能力等。

2. 产品展示、项目介绍、宣传效果评价

八、项目资源及工具

(一) 项目资源

网络、图书馆、绘图工具、美术材料、手工半成品等。

(二) 制作工具

书签、扇面、画笔、素描纸、颜料等。

(三) 计划时间表(见表4-25)

表4-25 计划时间表

时间	课时	内　　　容
第一周	1	发布项目主题,确定探究内容,开展入项活动
第二周	2	探索书法的产生和发展历程,通过欣赏名家作品,了解书法的独特魅力

时间	课时	内 容
第三周	3	动手操作,以多种形式呈现书法作品
第四周	2	提出修订建议,形成最终成果,演示文稿报告,公开成果展示

九、项目实施设计

(一)入项活动

1. 激趣导入,引出驱动性问题

书法作为我国的国粹,散发着艺术魅力,受到人们的喜爱和珍视。我们一起来欣赏一些书法作品吧。

2. 合作探究,确定驱动性问题

通过欣赏书法作品,激发学生的兴趣,启动学习过程,引发学生展开讨论。在学生讨论的基础上,师生进行梳理,确定驱动性问题:如何将书法作品与日常生活中的物品结合,创作出既有艺术价值又有纪念意义的书法作品?

3. 合作探究,分解子问题

(1)合作探究,分解子问题。

围绕"如何将书法作品与日常生活中的物品结合,创作出既有艺术价值又有纪念意义的书法作品"这一问题,你最想研究的子问题是什么,以小组为单位进行交流,每个人提出一个问题进行阐述,注意倾听,相互尊重,记录交流成果。

活动要求:① 每人在小组内先提出感兴趣的问题,再筛选一到两个问题。

② 请写出一到两个活动主题,派代表上台展示。

(2)分享点评,确定子问题。

小组围绕问题链(见图4-2)展示交流,教师引导。

图4-2 问题链

(3)划分小组。

① 依据自己的兴趣选择活动小组。

② 小组组建成功,各小组民主选取小组长。

4. 合作探究、制订计划

(1)小组合作探究,为制订计划献言献策。

(2)梳理资料,形成活动计划。

第一阶段：主题形成，制订计划。

第二阶段：分组实施，获取资料。

第三阶段：交流项目进展情况及对各小组进行指导。

第四阶段：进行成果展示前的指导，整理资料，形成成果。

第五阶段：整理总结，开展项目成果展示。

第六阶段：活动小结。

(二) 项目实施

1. 介绍书法艺术品

（1）获取资料。

① 分批组织各兴趣小组利用网络资源和图书等方式，通过表格和调查问卷（见表 4 - 26）收集更多书法艺术品。

表 4 - 26　"书法艺术品"调查问卷

你知道的书法风格有哪些？	
你了解的书法家有哪些？	
你知道的书法字体分类有哪些？	
你知道的书法作品有哪些？	
你参观过书法作品展览吗？	

② 关注学生资料收集的过程，确保资料的真实性和时效性。

（2）整理资料。

① 将收集到的资料，用思维导图做简单汇总。

② 组内交流，辩证分析，提取精华，去其糟粕，确保整理好的资料有探究价值。

（3）分享资料。

以小组为单位，分享组内所收集的书法作品，其他小组成员可适时补充，目的是让学生了解更多家乡的风俗。

（4）阶段性评价（见表 4 - 27）。

表 4 - 27　"参与态度与活动能力"评价表

评价维度	评价内容	自我评价 ☆☆☆	组内评价 ☆☆☆	教师评价 ☆☆☆
参与态度、活动能力	积极参与资料搜集、整理			
	搜集方法恰当且使用工具合适			
	合作学习能力			

2. 创意实践模块

（1）分组与选题。

分组：根据学生的书法水平、兴趣爱好及团队协作能力进行分组，确保每组都能形成优势互补的团队。

选题：引导学生围绕项目主题开展选题，鼓励他们从传统文化、社会生活、自然景观等多个角度寻找灵感，确定具有创新性和实践意义的选题。

（2）信息收集与整理。

指导学生利用图书馆、网络等渠道收集与选题相关的资料，如书法名家作品、现代设计案例、跨学科知识等。然后对这些信息进行筛选、整理和分析，为后续的创意实践打下基础。

（3）创意实践。

技法创新：鼓励学生尝试将传统书法技法与现代设计元素相结合，创造出具有新意的书法作品。例如，可以尝试使用新材料、新工具进行创作，或者将书法与其他艺术形式如绘画、雕塑等相融合。

跨界合作：组织学生与其他学科或领域的专家、艺术家进行合作，共同探索书法在跨界应用中的可能性。这种合作不仅可以拓宽学生的视野，还可以促进不同领域之间的交流与融合。

展览与交流：定期举办书法展览和交流活动，为学生提供展示自己作品的平台。通过展览和交流，学生可以相互学习、取长补短，同时也可以吸引更多人关注和了解书法艺术。

（4）总结与评价。

活动结束后，教师进行总结：项目化学习需要你们用眼睛去观察，用头脑去思考，用双手去实践，用智慧去创造。

（5）阶段性成果。

撰写出创意实践的文稿，向大家展示所写内容，让大家对宣讲情况、作品进行综合评价（见表4-28）。

表4-28 "信息筛选与语言组织能力"评价表

评价维度	评价内容	自我评价 ☆☆☆	组内评价 ☆☆☆	教师评价 ☆☆☆
信息筛选、语言组织能力	选择的书法作品具有代表性			
	语言表达清晰、流畅			
	撰写的文稿恰当			

3. 多种形式展示书法作品

（1）运用多种形式共同分享学习成果，介绍书法作品。

（2）作品展示及解读。

① 各小组展示自己富有特色的项目化学习成果（如手抄报、手工作品、视频讲解等），生生互评。

② 教师评价并提出改进建议。

③ 组内进一步修改完善项目成果。

（3）综合评价（见表 4 - 29）。

表 4 - 29 "小组合作创新"评价表

评价项目	评 价 内 容			自评 ☆☆☆	小组评 ☆☆☆	教师评 ☆☆☆
参与	积极参与活动	主动搜集并分享自己查找的资料，能有自己的想法	不怕困难,遇到问题主动寻找方法,并有解决问题的能力			
合作	有合作探究精神,讨论真实有效	认真倾听同学的观点和意见,积极和其他同学交流	有团队意识,能共同解决组内出现的问题			
信息要素	小组信息完整,书法作品新颖美观	文案撰写逻辑性强、条理清晰,介绍方式富有创新性	主题鲜明,通俗易懂			
展示	讲解时不流于表面,能深入探究	讲解时语言表述流畅,吐字清晰	讲解完整,讲解方式多样,能突出该作品的含义			

（三）出项活动

1. 成果展示

举办书法项目成果展,展示师生在项目实施期间创作的优秀作品。邀请校领导、书法专家、师生代表及家长参观展览,并给予评价和建议（见表 4 - 30）。

表 4 - 30 作品展示评价表

评价项目	评 价 内 容			自评 ☆☆☆	小组评 ☆☆☆	教师评 ☆☆☆
作品创意	书法作品新颖美观	书法形式富有创新性	主题鲜明,有深刻内涵			
语言表达	讲解时不流于表面,能深入探究	讲解时语言表述流畅,吐字清晰	讲解完整,讲解方式多样			

2. 总结评估

组织项目团队成员召开总结会议,对项目实施过程进行全面回顾和总结。分析项目实施中遇到的问题和困难,提出改进措施和建议。

3. 表彰奖励

对在项目实施中表现突出的师生进行表彰和奖励。设立"优秀书法作品奖""最佳进步奖"等奖项,鼓励师生继续努力。

4. 宣传推广

通过校园网站、社交媒体等渠道,广泛宣传书法项目的成果和经验。将项目成果和经验整理成册,供其他学校借鉴和推广。

十、反思与展望

本次"校园书法展"活动,为学生提供了一个展示书法艺术的平台,涌现了许多"小小书法家"。既丰富了学生的校园生活,培养了学生的书法兴趣和爱好,增强学生写规范字、用规范字的意识,促进学生良好书写习惯的养成,让更多的孩子乐于练书法,更好地传承中华文化。活动中,我们看到有些学生书写时不够专注,导致写错字、卷面不整洁,而且对字间距、行间距的把控不足,让作品看起来有些杂乱。在书写速度上也有待提高,部分学生没能在规定时间内完成。这让我们明白,平时练习还得更扎实,不能马虎。接下来,我们要加强日常训练,每天坚持练习,注重基本笔画训练,增加一些限时书写练习,提高书写速度和专注力。我们要更注重引导学生观察字的布局,培养审美。同时,我们要鼓励学生创作更多形式的书法作品,争取下次活动能有更好的表现,写出更漂亮的字。此次活动,为学生提供了展现才艺、相互学习、共同成长的良好平台,让他们不仅深切体会到中华文化的独特魅力,更是营造了诗意的书写环境,使书香与墨香飘满校园!

📖 案例分享

我的课桌垃圾桶

项目类型	年级	课时数	设计者
活动类	四、五、六年级	5课时	常小萍

一、项目概述

教室是学生日常学习和交流的重要场所。在学习生活进行中,学生往往会产生一些垃圾,如废纸团、头发丝、食物残渣等。如果没有合适的垃圾桶,这些垃圾可能会被随意丢弃在课桌上或地上,不仅影响学习环境的整洁度,还可能引发卫生问题。基于此,我们提出了"我的课桌垃圾桶"项目化学习,旨在通过设计适用于课桌的垃圾桶,方便学生丢弃垃圾,维护课桌和周围环境的整洁。这不仅满足学校卫生与环保的要求,也为学习创造了一个更舒适的环境。通过参与垃圾桶项目化学习,让学生将更加关注垃圾处理和环境保护问题,形成良好的环保意识和习惯,培养他们的创新思维和解决问题的能力,提升他们的手工制作和操作技能,增强实践能力。

二、项目目标

(一)知识与能力目标

(1)劳动:亲自动手制作课桌垃圾桶,提升动手能力和实践能力。在制作中融入环保理念,增强环保意识。

(2)数学:运用空间与几何知识,合理规划课桌垃圾桶的尺寸和空间布局,实现实用与空间的双重优化。通过数据分析,科学评估不同垃圾桶设计方案,提升数据分析与应用能力。

(3)语文:准确地描述课桌垃圾桶的设计理念和功能。运用恰当的语言技巧进行文案撰写,如产品说明书、宣传资料等。

(4)美术:对课桌垃圾桶的外观进行美化设计,使其既具有实用性又具有审美价值。掌握色彩搭配和造型设计的技巧,提升课桌垃圾桶的整体视觉效果。

(二)学习素养目标

(1)掌握查阅和收集资料的方法,能够独立完成设计方案的调研和分析工作。

(2)提高团队协作能力,能与团队成员共同解决问题,实现设计目标。

(三)核心价值目标

通过项目学习,使学生学会主动担当,积极投入班级环境的改善工作,培养环保意识和责任感。让每个人都成为环境的守护者,为周围环境的可持续发展贡献自己的力量。

三、挑战性问题

(一)本质问题

如何通过垃圾桶的设计与制作,有效地培养学生动手能力,提升学生环保素养?

(二)驱动性问题

如何巧妙地设计一个既实用又美观的课桌垃圾桶,提升我们的桌面整洁度,优化班级环境?

四、认知策略(尤其高阶)

信息收集(√)　　比较分析(√)　　调研(√)　　决策(　　　)

问题解决(√)　系统分析(　　)　创见(　　)　实验(√)

五、学习实践

(1)探究性实践:通过调查访谈、数据分析等方式,学生对周围产生的垃圾和垃圾桶发展趋势展开深入探究。

(2)操作性实践:学生通过实际操作来验证设计的可行性,不断调整和优化设计方案。

(3)社会性实践:学生需要关注社会问题和环保理念,将这些因素融入设计中。例如,可以选择环保材料来制作垃圾桶,以减少对环境的影响。

(4)审美性实践:关注课桌垃圾桶的美观性。学生需要运用审美能力和创造力,设计出具有美感的外观和造型,以提升用户的使用体验。

六、预期成果

(一) 产品形式

制作的课桌垃圾桶实物、制作垃圾桶的过程介绍图、周围垃圾调查表和调查问卷、制作手册、保护环境倡议书等。

(二) 公开方式

举行课桌垃圾桶推介会,介绍课桌垃圾桶的设计原理、制作过程及环保意义等。

七、项目评价

(一) 过程评价

1. 调查与分析

考查学生对课桌垃圾桶需求调查的深入程度:是否能够全面收集同学们的意见和建议;考查学生在分析调查结果时的逻辑性和准确性:是否能够提炼出关键需求点。

2. 设计与制作

学生设计的科学性和实用性,是否能够将需求转化为具体的设计方案。学生在构思过程中是否充分考虑了材料、成本、制作方法等因素。

3. 测试与改进

学生对课桌垃圾桶测试方法和测试结果的记录与分析能力,学生在测试后是否能够根据反馈进行有效改进,提高垃圾收纳效率。

（二）结果评价

1. 功能性评价

课桌垃圾桶是否满足预期的功能需求，例如是否方便丢弃垃圾、是否易于清洁、是否有足够的容量等。检查产品是否存在设计缺陷或制作问题，如漏底、易倾倒等。

2. 实用性评价

考虑产品在日常使用中的便利性，如是否适合放置在课桌上、是否易于开合等。分析产品是否适应不同环境和使用场景，如教室、图书馆等。

3. 美观性评价

产品的外观设计是否美观、吸引人，是否与课桌环境相协调，检查产品的制作工艺是否精细。

八、项目资源及工具

（一）项目资源

（1）多媒体以及课桌垃圾桶的教程和指南，包括文字说明、图解、创意设计等多样化信息。

（2）准备适合制作课桌垃圾桶的材料，如废旧纸箱、塑料瓶、木板、卡纸等。

（二）制作工具

（1）基础工具：包括剪刀、胶水、胶带、双面胶等，用于基本的剪裁、粘贴和固定工作。

（2）测量工具：如尺子、卷尺等，用于测量材料的尺寸，确保垃圾桶的大小和形状符合课桌的使用需求。

（3）装饰工具：如彩色笔、贴纸等，用于对垃圾桶进行装饰和美化，使其更具个性和创意。

（三）计划时间表（见表4-31）

表4-31　计划时间表

时间	课时	内　　　容
第一周	1	项目启动，学生按兴趣或特长分组，明确各自在项目中的职责和任务
第二周	1	根据收集的资料，结合学生的想法，设计独特的课桌垃圾桶样式
第三周	2	学生按照设计制作课桌垃圾桶，教师指导，解决学生遇到的问题
第四周	1	组织学生进行课桌垃圾桶展示，介绍自己的设计理念和制作过程对作品进行评价，肯定优点，指出不足，并提出改进建议

九、项目实施设计

（一）入项活动

教师出示提前拍摄的课桌和地面图片,让学生初步感受课桌周围的垃圾,让他们通过观察、调查,产生做垃圾桶的强烈愿望。

1. 小组讨论

当我们在书桌上看书、写作业或者做手工时,如果产生了一些纸屑之类的小垃圾,可又不想站起来去扔,该怎么办呢?

鼓励学生分享自己遇到的垃圾问题,以及这些问题给学习和生活带来的不便。通过小组讨论,引导学生思考如何解决问题。让学生想象并描述一款理想的课桌垃圾桶应具备的功能和特性,激发学生的创造力和解决问题的欲望。

2. 分工合作

根据学生的兴趣和特长进行分组,根据班级具体情况分为七人一组,确保每个小组都具备不同的视角和技能。

制订小组规则,明确小组讨论的秩序、决策方式以及成员间的协作规则,确保小组活动的高效进行。为每个成员分配具体任务,如调查、设计、制作等,确保每个成员都能发挥自己的优势,共同完成任务。

（二）项目实施

1. 垃圾调查与分析:调查周围产生哪些垃圾

在日常学习生活中,课桌垃圾桶对于保持教室卫生和个人学习环境有着重要作用。我们要深入了解周围同学对课桌垃圾桶的真实需求,为课桌垃圾桶的设计和制作提供有利依据,从而提升使用的体验。

（1）需求调研。

① 发放调查问卷(见表 4 - 32),收集学生对课桌垃圾桶的功能需求、设计建议等信息。

表 4 - 32　小学生课桌垃圾桶需求调查问卷

问题1:您目前是哪个年级的小学生? 一年级□　二年级□　三年级□　四年级□　五年级□　六年级□ 问题2:您认为课桌垃圾桶对保持教室卫生有帮助吗? 非常有帮助□　有一定帮助□　没有帮助□　不确定□ 问题3:如果您所在的班级有课桌垃圾桶,您如何使用它? 用来装废纸□　用来装零食包装袋□　用来装其他垃圾□　很少使用□ 问题4:您认为课桌垃圾桶多大比较合适? 0.5升□　1升□　1.5升□ 问题5:您希望课桌垃圾桶具备哪些功能或特点?(多选) 易于清洁□　美观大方□　容量大□　有盖子防止异味扩散□　可以折叠便于存放□

问题 6:您认为课桌垃圾桶应该放在课桌的哪个位置?

桌面一角□　抽屉内□　桌腿旁□　其他位置□(请描述:　　　　　　　　　)

问题 7:您认为学校应该如何管理课桌垃圾桶的使用?

定期检查清理□　设立奖惩制度□　提供使用指导□

其他建议□　(请描述:　　　　　　　　　　　)

问题 8:您对于课桌垃圾桶还有什么建议或意见?

(　　　　　　　　　　　　　　　　　　　　)

谢谢您的参与和配合,您的意见将对我们课桌垃圾桶的设计和管理起到重要作用。

② 进行访谈,深入了解学生对课桌垃圾桶的具体需求和期望。

(2) 数据整理与分析。

将收集到的调查数据进行整理,提取关键信息,分析学生对课桌垃圾桶的需求特点和趋势,找出共性和差异。

(3) 需求讨论与归纳。

小组讨论:各小组根据调查结果,讨论课桌垃圾桶的设计制作方向和创新点。

归纳总结:整理各小组的讨论成果,形成对课桌垃圾桶的详细需求调查表(见表 4 - 33)。

表 4 - 33　课桌垃圾桶需求调查表

步　骤	备　　注
需求分析	
垃圾桶的功能	
垃圾桶大小测量	
工具、材料准备	
确定材料、颜色等	

(4) 成果展示与反思。

成果展示:各小组轮流上台展示调查成果和建议,与学生分享心得和体会。

2. 设计与制作课桌垃圾桶:如何设计并制作一款美观又实用的课桌垃圾桶

(1) 需求设计与构思。

根据课桌使用场景和垃圾桶的基本需求,如容量、易清洁、稳定性等,思考如何结合设计美学,使垃圾桶既实用又美观,构思垃圾桶的形状、颜色、材质等设计元素,并绘制初步草图。

(2) 绘制详细设计图。

在草图的基础上,进一步完善设计细节,绘制详细的设计图。标注尺寸、材料、工艺等信息,为后续制作提供参考。根据设计图进行可行性评估,调整优化设计方案。

(3) 制作与测试。

根据设计图选择合适的材料进行制作,在制作过程中注意工艺要求和安全事项。

完成制作后进行功能测试和美观度评估,根据反馈进行调整。

（4）评价与反思。

分享设计思路和制作经验,互相评价作品,提出改进意见。总结活动成果,肯定学生的创意和努力,指出存在的问题和不足,提出改进建议。

3. 课桌垃圾桶的评估与改进:如何提高课桌垃圾桶的收纳效率

（1）活动一:改进与构思。

收集现有课桌垃圾桶的设计和使用情况,分析存在的收纳效率问题。思考如何通过设计来改进这些问题,提出初步的设计构想。

（2）活动二:设计与绘制。

根据调查结果和设计构想,绘制课桌垃圾桶的改进方案图。考虑垃圾桶的容量、分隔设计、开合方式等因素,优化收纳效率。

（3）活动三:效果评估。

对设计的课桌垃圾桶进行模拟使用,评估其收纳效率的提升程度,结合同学和教师的意见,对设计进行完善和优化。

（三）出项活动

1. 开展"课桌垃圾桶制作与展示"推介活动

（1）展示成品垃圾桶、垃圾桶制作步骤思维导图、垃圾桶制作手册等。

（2）制作者详细讲解项目化学习过程和垃圾桶的制作步骤,分享自己的设计思路和成果。

2. 填写课桌垃圾桶评价量表,提出自己的建议(见表4-34)

表4-34　课桌垃圾桶评价量表

作品名称	评价内容	评价标准	评价结果			
			优秀（　　）	良好（　　）	待改进（　　）	互评
	功能性	课桌垃圾桶是否满足预期的功能需求	课桌垃圾桶设计精良,完全符合预期的功能需求	课桌垃圾桶基本满足预期的功能需求,但在某些方面仍有改进空间	课桌垃圾桶在功能实现上存在明显不足	
	实用性	考虑产品在日常使用中的便利性	课桌垃圾桶在日常使用中表现出极高的便利性	课桌垃圾桶在日常使用中表现良好,但仍有改进空间	课桌垃圾桶在日常使用中的便利性有限,存在不足	
	美观性	分析产品在设计上是否注重外观的美观性	课桌垃圾桶在美观性方面表现出色,色彩搭配和谐	课桌垃圾桶在美观性方面有一定的提升	课桌垃圾桶外观设计较为普通	

续　表

作品名称	评价内容	评价标准	评 价 结 果			
			优秀（　　）	良好（　　）	待改进（　　）	互评
	创新性	分析产品在设计上是否有创新点	课桌垃圾桶在设计上展现出显著的创新性	课桌垃圾桶在设计上具有一定的创新性	课桌垃圾桶在设计上缺乏明显的创新性	

3. 结合其他同学的评价,谈谈自己的学习感受

十、反思与展望

1. 实践能力的提升

在课桌垃圾桶的项目化学习中,学生从设计到动手实践,全方位地锻炼了自己的实践能力。他们首先学习了垃圾桶制作的基本知识,理解了不同种类垃圾桶的设计方式,例如按压式的垃圾桶、感应式的垃圾桶等,进而设计出了既实用又美观的课桌垃圾桶。在动手制作过程中,学生不仅掌握了工具的使用技巧,还学会了如何根据设计图纸精确剪裁材料、组装部件,甚至对设计进行必要的调整和优化。这一系列实践活动极大地提升了学生的动手能力、创新思维和解决问题的能力。

2. 合作能力的提升

在制作课桌垃圾桶的过程中,团队合作成为不可或缺的要素。学生分为不同的小组,每个小组都需要共同讨论设计方案、分配任务、协调进度。在这个过程中,学生学会了如何倾听群众的意见、表达自己的观点、解决团队中的分歧和冲突。通过不断的磨合和调整,逐渐形成了默契的合作关系,共同完成了项目的目标。这种团队合作的经历不仅让学生收获了友谊和信任,还为他们将来融入集体打下了坚实的基础。

3. 情感层面的收获

制作课桌垃圾桶的项目不仅是一次技能的训练,更是一次情感的体验。学生在动手制作的过程中,体会到了创造的乐趣和成就感。看到自己的作品在实际生活中发挥作用,学生感受到自己的努力得到了认可,产生对学习的热情和兴趣。

4. 环保意识的提升

课桌垃圾桶的项目促进了学生环保意识的提高。通过参与项目学习,学生深刻认识到垃圾问题对环境的危害以及影响。同时,学生还通过创意设计和手工制作,将废旧物品变废为宝,进一步增强了环保意识和资源循环利用的观念。这种环保意识的提升将对学生的未来生活产生深远的影响,推动他们未来成为负责任的公民。

本次以垃圾桶制作为起点的项目化学习,犹如一粒种子,在学生的心中悄然生根发芽。这样的项目化学习,不仅能够使学生掌握制作垃圾桶的技能,更重要的是,他

们将学会如何以创新的视角审视世界,以负责任的态度面对环境挑战。未来我们将继续不断深化垃圾桶项目的设计内涵,融入更多前沿科技与教育理念。我们期待能够激发学生对环境保护的深切关注与责任感,让他们成为未来可持续发展的积极参与者和推动者。

第五章

多元评价　提升思维品质

在当今教育领域,项目化学习作为一种创新的教学模式,正逐渐受到人们的广泛关注,它以真实的问题或产品产出为核心导向,驱动学生在实践过程中整合知识、锻炼技能、树立品德。在实施项目化过程中,积极的评价对学生具有反馈与指导作用,同时能够激励他们明确方向,提高自我认知,促进成长。其中,多元评价扮演着重要角色,它强调评价主体多元化、评价方式多样性和评价内容全面性,对客观、全面评估学生学习成果及提升其思维品质具有重大意义。

一、多元评价的内涵与特点

(一) 多元评价的定义与目的

多元评价是指在教育评价过程中,采用多种评价手段和方法,从多个维度对学生的知识、技能、情感态度、学习过程和结果进行综合评估的评价方式。它强调评价的全面性和多样性,旨在促进学生的全面发展,是一种更加科学、全面的教育评价方式,能够更好地适应现代教育对个性化和全面发展的要求,旨在激发学生的学习动力,提供精准反馈,促进全面发展。

在项目化学习中,多元评价全面贯穿学习各阶段,从项目规划、实施到最终成果展示,均可有效评估学生表现。例如,在"我为校园植物做挂牌"的项目化学习中,多元评价不仅重视学生最终设计方案的合理性与创新性,还细致考查学生在项目进程中展现的能力:包括对植物知识的搜集与整理能力,与团队成员的协作与沟通能力,以及面对挑战时应变与解决问题的能力。

(二) 多元评价的方式与工具

1. 多元评价的方式

(1) 评价主体划分。

① 他人评价。

a. 教师评价:教师作为项目化学习的引导者,在评价过程中扮演着重要角色。其评价工作涵盖多个方面:观察并记录学生的日常表现,点评项目的阶段性成果,以及对最终成果进行综合评定。以"设计装载幸福、感恩母亲的礼品盒"项目化学习为例,教师会综合评价学生设计的礼品盒平面图及动手制作能力,还有学生能否把自己对母亲的爱在礼品盒上淋漓尽致地表现出来、能否用准确的语言向别人介绍礼盒的设计、制作过程及自己的设计理念,考查他们的创新性和团队协作能力,并及时给予反馈。

b. 同伴互评:学生间的互评有助于他们从多个角度审视自己和他人的学习成果,不仅能增强他们的沟通能力,培养团队协作能力,还能提高批判性思维能力。在"设计装载幸福、感恩母亲的礼品盒"项目化学习中,小组成员相互评价各自在绘制平面图、制作成品、介绍成品等方面的表现。通过互评,学生能够学习到他人的优点,并发现自己的不足之处,学会接纳差异,培养包容、开放的心态,从而提升心理适应能力和社会适应能力。

c. 家长评价:家长作为评价主体,能为多元评价体系提供独特的视角和维度,使评价结果更全面、客观、准确,有助于教育者发现教育过程中的问题和不足。家长参与评价既能让学生感受到家庭对自己学习和成长的关注与支持,增强学习动力和自信心,也有助于亲子关系的和谐,同时也是家校沟通的重要渠道,能促进家长与教师、学校之间的交流与合作,形成教育合力,共同为学生的成长创造良好的教育环境。

② 自我评价:学生的自我评价是现代教育评价的主要特征,对提升学生的元认知能力和批判性思维有很重要的作用。学生可通过撰写学习日志、反思报告等方式,对项目化学习中的学习过程、学习收获及所遇问题进行自我评估。具体而言,在完成礼品盒设计的项目化学习后,学生对于绘制平面图形和制作实际成品有了自己的理解和认识,并能对自己的构思、材料的选择以及融入的情感进行自我评价。

简而言之,在多元评价中,他人评价和自我评价相互补充、相互影响,共同构成一个完整的评价体系,共同为学生的全面发展提供全面、客观的反馈,帮助学生更好地成长和进步。

(2)评价方法划分。

① 量化评价。

量化评价是一种运用数学和统计学工具收集、处理评价对象资料的方法,通过数量化分析对评价对象作出价值判断。它通常包括标准化测验、常模测验等。在"为母校画像"项目化学习中,量化评价可从多维度展开:母校历史、建筑布局等信息调研准确性(占比 30%),历史事件时间、人物记错每处扣 2 分,建筑位置描述偏差扣 3 分;成员分工合理性、沟通频率、冲突解决效率(占比 20%),每周沟通少一次扣 2 分,任务推诿一次扣 3 分;画像呈现形式、视角新颖度(占比 25%),形式普通、视角常见得 6—10 分,独特视角、创新形式得 16—25 分;对照预设进度(占比 15%),延迟一天扣 3 分;展示汇报表达清晰度、感染力(占比 10%),卡顿、逻辑混乱等酌情扣 2—5 分。此外,还有满意度量表,以 1—5 分评价满意度,便于统计分析不同群体的意见倾向。

② 质性评价。

以评估对象参与的积极性和方向的正确性为目的,采用课堂行为记录、项目调查、书面报告分析及学习态度考查等手段。在"讲家乡风俗　做宣传使者"项目化学习中,主要评估学生对风俗内涵、起源及演变的理解。讲述春节习俗时,深入挖掘守岁传统背后的家庭团聚与传承祈愿,展现出深度探究的为优;仅描述流程者需提升。宣传家乡风俗时,饱含热情与自豪感、深情分享独特婚俗者值得肯定;表情冷漠、语气平淡者情感融入不足。另外,还考查语言组织能力、逻辑连贯性及肢体语言配合度,讲解庙会风俗时,言语通顺、条理清晰、手势生动者表达能力强,磕绊频发、逻辑混乱、肢体僵硬者需改进。同时,关注宣传形式与讲述切入点的创新,以动漫展现古老祭祀或以小众民俗为突破口者,角度新颖,照搬常见模式者缺乏新意。

从长远发展看,随着大数据、人工智能技术的不断进步,除了量化评价和质性评价以外,计算机评价在更多领域的应用也将不断拓展,它可以为学生建立全面的学习数据档案,通过对学习行为、成绩波动等多维度数据的分析,预测学生的学习趋势,为个性化教育提供数据支持;在艺术创作领域,通过对大量艺术作品数据的分析,挖掘艺术风格演变规律,为艺术家的创作提供灵感和参考;在体育训练中,借助传感器收集运动员的训练数据,通过计算机评价制订更科学的训练计划,提升运动员的竞技水平。

2. 多元评价的工具

(1)学习档案袋。

它是学生在项目化学习过程中的作品集合,包括学生的研究报告、设计图纸、实验记录、过程照片等。通过学习档案袋,教师和学生可以直观地看到学生在项目过程中的成长轨迹。如在"为学校高层实验室设计简易升降机"项目化学习中,学生的每一幅草图、修改稿和最终作品都可以放入档案袋,展示其创作思路和技巧的发展。

(2)评价量规。

量规是一种明确的评价标准,它可以针对项目化学习中的不同任务和目标制订。如在"创编童话故事"项目化学习中,可以制订关于故事主题、角色塑造、情节设计等方面的量规,让学生清楚地知道自己的作品在各个维度上的表现水平(见表5-1)。

表5-1 "创编童话故事"量表

评价指标	评价标准描述	等级
故事主题	主题清晰新颖,有深刻寓意,能引发思考 主题明确,有一定教育意义 主题较模糊,缺乏内涵	A B C
角色塑造	角色性格鲜明、形象饱满,令人印象深刻 角色有基本特点,能推动情节 角色单薄、刻板,缺乏个性	A B C
情节设计	情节跌宕起伏,富有想象力,逻辑严密 情节完整,有一定波折,较合理 情节简单、平淡,漏洞多	A B C
语言表达	词汇丰富、语句优美,修辞手法运用得当 语言通顺,表达较流畅,偶有语病 语言平淡、干涩,错误较多	A B C
创意创新	故事设定、讲述手法等多方面创新 有1—2处新意,如角色新物种 循规蹈矩,无创新点	A B C

在线评价平台：随着信息技术的发展，在线评价平台为多元评价提供了便捷手段。这些平台可以实现评价数据的快速收集、分析和反馈。

（三）多元评价的优势与挑战

1. 优势

（1）全面评估学生。

多元评价能够从多个维度审视学生表现，有效避免单一评价方式可能带来的片面性。在"为学校舞蹈室装修做预算"项目化学习中，多元评价既考量学生对装修材料知识的掌握，又考查其实际测量、规划布局、成本核算等数学能力，还能观察学生团队分工合作情况，全面展现学生素养。

（2）激发学生的学习动力。

多样化的评价方式和及时的反馈机制让学生感受到自己的努力和进步被认可，从而激发出学习热情。在"设计装载幸福、感恩母亲的礼品盒"的项目化学习中，通过同伴互评和教师评价，学生能够清晰地看到自己在创意构思和动手能力上的提升，进而更加积极地完成成品。

（3）促进学生的全面发展。

多元评价关注学生学习过程中的表现，有助于培养学生的自主学习能力、合作能力和创新能力等综合素质。在"为学校高层实验室设计简易升降机"项目中，自我评价和同伴互评相结合，能够推动学生不断反思和改进设计方案，进一步提升创新能力。

2. 挑战

（1）评价设计的复杂性。

设计科学合理的多元评价体系需综合考虑多个因素，如项目目标、学生特点及评价工具的选择，这对教师的专业素养提出了较高要求。以跨学科项目化学习为例，教师需要融合不同学科的知识与技能要求来设计评价方案。

（2）评价存在主观性。

多元评价虽采用多种方式，但仍难以完全消除主观性。例如，在评价艺术作品时，不同评价者可能对同一作品的审美价值持不同观点。

（3）时间和精力成本。

实施多元评价需教师投入大量时间和精力，用于收集、分析评价数据，并为学生提供反馈。特别是在大规模项目化学习中，教师需要逐一查看和分析众多学生的档案袋，这是一项极为耗时的工作。

二、多元评价的实施策略

（一）设计多元化的评价标准和指标

1. 明确项目目标和关键能力

在项目化学习开始之前，教师要与学生共同明确项目的目标和所需培养的关键能力。如在"学会规划时间，做时间的主人"项目化学习中，项目目标是合理规划和利用时间，关键能力包括理解和应用时间的能力、规划能力、动手能力和团队合作能力等。

2. 分层细化评价指标

针对每个关键能力，需精心设计分层细化的评价指标。现以"沟通协调能力"为例，运用 SOLO 思维评价理论，依据不同思维层次的特点，从低到高设置可衡量的标准，展现沟通协调能力的逐步提升，具体如下。

（1）前结构水平。

基本无法与他人正常交流，表达混乱、时常词不达意、无法理解他人话语，也难以回应；在团队讨论中，完全无法跟上节奏，频繁打断他人，且发言毫无逻辑，导致沟通中断。

（2）单点结构水平。

能进行简单沟通，表达自己单一的想法，如说明任务需求，但面对复杂问题，仅能提及一个方面，缺乏全面考量，在协调工作时，只关注自身任务，不考虑他人状况。

（3）多点结构水平。

可从多个角度沟通，完整且清晰地表达观点，并列举多种情况，例如在阐述项目问题时，能指出多方面的问题；在协调工作中，能顾及各方基本需求，但缺乏系统性整合，各项需求之间没有形成有效关联。

（4）关联结构水平。

处于此水平者沟通时条理清晰，能整合各方观点和需求，分析复杂问题，找到关键联系；在协调团队时，统筹规划，使各项工作紧密配合，共同推进项目。

（5）拓展抽象结构水平。

沟通中不仅能把握当前情况，还能抽象出通用沟通协调模式；在复杂项目中，预测潜在问题，提前制订应对策略，创新性地提出解决方案，推动团队协作模式升级。

（二）采用多样化的评价方法和工具

1. 根据项目阶段选择方法和工具

在项目的不同阶段，选择合适的评价方法和工具，在项目启动阶段，可以采用问卷调查了解学生的兴趣和前期知识储备；在项目实施阶段，运用观察法和学习档案袋记录学生的学习过程；在项目结束阶段，通过成果展示和评价量规对学生的最终成果进行评估。

2. 整合多种评价工具

整合多种评价工具，能带来多方面好处。一方面，能打破单一评价工具的局限，实现优势互补，比如量化测试与质性评价相结合，全面考查知识掌握和应用能力，让评价更立体。另一方面，可满足不同评价场景需求，提升评价的精准度与可信度，为决策提供更可靠的依据，无论是教育领域对学生的评估，还是职场中对员工的考核，都能发挥巨大价值。在项目化学习中，将学习档案袋、量规、人工和信息化技术相结合进行整合，能有效完善评价机制。如在"未来我的机器人助手"项目化学习中，学生将自己的设计思路、绘制草稿和最终图稿放入学习档案袋，教师通过量规对档案袋中的内容进行评价，同时利用信息化技术记录学生在构思和绘制过程中的在线讨论和数据查询情况。

（三）实施过程性评价和结果性评价相结合

1. 过程性评价

（1）定期反馈与调整。

在项目化学习过程中，定期向学生提供反馈。如"为母校画像"项目，每周会安排小组讨论，教师和学生共同评价本周的设计进展，并提出改进建议。学生则根据反馈及时调整设计方案。

（2）记录学习轨迹。

利用学习档案袋、在线学习平台等工具记录学生的学习轨迹。如在"讲家乡风俗，做宣传使者"学习项目中，平台会记录学生的信息分享情况和参与展示活动的记录，以便教师了解学生开展活动的过程，发现问题。

2. 结果性评价

结果性评价是指对项目结束时展示活动的评价，包括以下这些。

（1）针对项目最终产品质量的评价。

项目结束时，对学生的最终成果进行综合评估。例如，在科技发明项目中，教师从发明的创新性、实用性、技术可行性等方面进行评价。

（2）对项目化学习过程中表达的评价。

项目最终产品质量评价与学习过程中表达评价紧密相连。前者侧重成果，考量产品是否符合预期标准，反映项目完成度与知识技能运用效果；后者关注过程，聚焦学生在项目推进里沟通、展示等表达能力。表达能力影响项目协作，进而作用于最终产品质量，而产品质量又能反向验证表达是否有效。二者相互影响，共同推动项目化学习开展，因此，结果性评价需与过程性评价相互印证。如果一个学生在科技发明项目中的最终成果很出色，但过程性评价显示其很少参与团队讨论和实践操作，则需进一步分析其成果的真实性和合理性。

（四）鼓励学生参与评价过程，培养自我评价能力

1. 引导学生参与评价

在项目化学习中，引导学生参与评价过程。如在"创编童话故事"项目中，让学生参与制订创编评价量规，让他们明确创编的评价标准，同时在创编过程中，让学生相互评价故事主题、角色塑造、情节设计等方面的表现。

2. 培养自我评价能力

通过训练和引导，培养学生的自我评价能力。在"品传统文化，绘国风扇影"项目中，教师可以引导学生在绘制过程中，定期对自己的绘制进度、绘画水平、创意发挥

等方面进行自我评价,撰写自我评价报告,并根据自我评价结果调整自己的绘制计划。

三、多元评价与思维品质的提升

(一)多元评价对批判性思维的培养

1. 促进理性分析

在同伴互评过程中,学生需要对他人的作品或表现进行理性分析。如在"创编童话故事"项目中,学生在评价同伴的故事时,需要分析故事的主题是否新颖、角色性格是否鲜明、情节是否富有想象力等,这种批判性分析能锻炼学生的批判性思维。

2. 培养质疑精神

通过多元评价,学生能够接触到不同的观点和想法,从而培养质疑精神。在"讲家乡风俗,做宣传使者"项目中,学生在听取同伴的信息搜集结果时,会对其资料来源、筛选方法、风俗的价值等质疑,并通过进一步的讨论和研究来验证或反驳,这有助于培养学生的质疑精神和批判性思维。

(二)多元评价对创造性思维的激发

1. 引发反思与创新

当学生收到他人对自己作品或表现的评价反馈时,会进行反思。如在"我为母校画像"项目中,学生收到同伴反馈,指出自己设计作品缺乏创意后,会反思自己的设计思路,尝试从不同的角度去寻找灵感,如借鉴其他建筑艺术风格、结合不同的图形等,从而激发创造性思维。

2. 促进跨领域思考

多元评价能够促使学生从多个角度思考问题,促进跨领域思考。在"为学校高层实验室设计升降机"跨学科项目化学习中,学生会将数学、物理学、材料学、美学等进行融合,产生跨领域的创新想法。

(三)多元评价对问题解决能力的提升

1. 整合建议解决问题

在项目化学习中,学生通过听取他人的建议来解决问题。例如,在"为学校舞蹈室装修做预算"项目中,当学生遇到综合预算过高时,通过听取同伴和教师的建议,尝试用物美价廉的装修材料,从而降低预算,节省开支。

2. 拓展问题解决策略

多元评价提供了丰富的问题解决策略。在"为学校舞蹈室装修做预算"项目中,学生听取不同小组的预算分享和评价建议时,能够学习到多种预算策略和问题应对方法,如成本控制策略、装修材料市场调研策略、布局规划策略等,从而拓展自己的问题解决策略库。

　　总之,多元评价在项目化学习质量提升方面发挥着至关重要的作用。多元主体、多样方式和全面的评价内容能够客观、准确地反映学生的学习成果,同时有效促进学生思维品质的提升。然而,要充分发挥多元评价的优势,需要我们精心设计评价体系,合理选择评价方法和工具,并积极引导学生参与评价过程。只有这样,多元评价才能真正融入项目化学习的各个环节,为学生的全面发展提供坚实支持,培养出具备批判性思维、创造性思维及问题解决能力的高素质人才。在未来的教育实践中,我们应持续探索和完善多元评价在项目化学习中的应用,以更好地适应教育需求的变化和学生发展的要求。

📖 案例分享

和融逐梦 梦想成"筝"

项目类型	年级	课时数	设计者
活动类	四年级	8课时	张雪云

一、项目概述

　　毕业季即将来临,作为学校的一员,我们既想向六年级毕业生表达祝福与敬意,也希望自己毕业时能收到有纪念意义的礼物,于是决定为学校设计一款独特的文创产品,作为奖励优秀毕业生的礼物,因为风筝寓意着自由与梦想,与毕业生即将迈向新的人生阶段相契合。我们将结合学校文化,设计有创意的风筝外观与图案,既体现中华文化的魅力,又展现我们的创意与心意。希望通过这款风筝,传递我们对六年级毕业生的美好祝愿,愿他们在未来的道路上自由翱翔,追逐梦想。

　　本次项目化学习旨在帮助学生在探究中培养动手、动脑和审美等综合能力,落实劳动核心素养。在测一测、画一画、做一做、放一放的过程中,了解风筝的起源、种类,初步尝试制作风筝,体会放风筝的乐趣,感受风筝的文化内涵,培养学生对学校的热爱。

二、项目目标

(一) 知识与能力目标

　　(1) 劳动:通过实践提升学生的合作能力与实践技能。学会制作风筝,增强劳动实践能力。

（2）数学：学生在测、画过程中感受风筝的对称性，进而提升数学思维。

（3）语文：在风筝制作与展示时，学生能够清晰流畅地阐述设计理念与制作流程，提升口头表达能力。

（4）美术：学生通过风筝设计、绘制与装饰风筝，提升美术创作能力与审美水平。

（二）学习素养目标

（1）通过动手制作风筝、搜集相关资料和团队协作，了解风筝的历史文化，掌握制作风筝的技艺。

（2）在协作过程中，培养学生的团队合作精神和有效的沟通能力。

（3）培养学生的创新思维，提高他们的问题解决能力和实践操作能力。

（三）核心价值目标

（1）培养学生对传统手工艺的热情，形成珍视传统、乐于实践的良好习惯。

（2）感受中华文化的博大精深，增强民族自豪感和文化自信，激发学生的爱校情怀。

三、挑战性问题

（一）本质问题

如何通过引导学生为六年级毕业生设计一款文创产品来培养学生的创新能力、动手能力、团队合作能力及爱校情怀？

（二）驱动性问题

在毕业季即将来临之际，作为学校的一员，我们如何为学校设计一款独特的文创产品，来寄托对六年级毕业生的美好祝愿？

四、认知策略

信息收集（ √ ）　　比较分析（ √ ）　　调研（　　）　　决策（ √ ）

问题解决（ √ ）　　系统分析（　　）　　创见（　　）　　实验（　　）

五、学习实践

（1）创造性实践：小组合作设计并制作独特的风筝样式。

（2）调控性实践：反思并调整制作过程中的操作。

（3）探究性实践：深入研究风筝的飞行原理和设计要素，探索不同的制作材料和方法。

（4）社会性实践：组建项目团队进行调查、搜集资料、对比分析，分享项目进展，组织并参与风筝展示与交流活动。

(5) 审美性实践:通过风筝绘画练习,展现风筝的艺术美感。

(6) 技术性实践:运用各种工具和材料,如纸张、竹条、线绳等,亲手制作风筝。

六、预期成果

(一) 产品形式

(1) 风筝制作指南(纸质或电子版的详细制作步骤)。

(2) 风筝设计图(手绘或电子版设计图纸)。

(3) 风筝制作视频教程。

(二) 公开方式

(1) 风筝发布会。

(2) 风筝项目化成果展。

(3) 公众号推送风筝制作小视频。

七、项目评价

(一) 多元评价体系设计

1. 评价主体多元化

(1) 教师评价:从知识掌握(风筝结构、文化内涵)、技能应用(制作工艺、飞行性能)及创新性(设计理念)等方面进行综合评分。

(2) 同伴互评:增设小组互评环节,设计"风筝设计创意评分表",从美学角度、寓意表达、协作贡献等维度互相打分,强化批判性思维。

(3) 自我评价:学生填写"学习反思日志",记录制作过程中的收获、困难及改进策略,培养元认知能力。

(4) 家长评价:邀请家长参与"风筝成果展",填写"家庭观展反馈表",从情感表达、文化传承等角度提出建议,促进家校协同。

2. 评价方式多样化

(1) 量规评价:细化原有评价量表,融入 SOLO 分类理论。例如,在"创意设计"指标中,增设"关联结构水平"(如设计融合数学对称性与文化符号)和"拓展抽象水平"(如提出环保材料替代方案)。

(2) 学习档案袋:整合学生设计草图、材料实验记录、改进方案及反思日志,动态记录思维发展轨迹。

(3) 在线评价平台:通过班级公众号上传风筝制作视频,收集师生、家长及校外专家的线上评分与留言,形成多维度数据分析。

3. 评价内容全面化

（1）知识技能：考核学生对风筝结构认知（如对骨架承重原理的理解）、数学应用（如对称性测量的运用）、美术设计（如色彩搭配的技巧）等学科整合能力。

（2）思维品质：通过"问题解决记录表"评估学生面对材料选择、飞行调试等挑战时的逻辑分析能力、创新思维及策略调整能力。

（3）情感态度：借助"团队协作评分表"与"文化认同问卷"，评价学生对传统工艺的热爱程度、团队责任感以及爱校情怀。

（二）评价实施策略

1. 过程性评价强化反馈机制

每周开展"风筝优化研讨会"，教师、同伴针对半成品提出改进建议（如指出"蒙面材料过重影响飞行"），学生据此调整方案并记录改进过程。

利用"在线协作文档"实时共享小组任务进度，教师通过数据追踪（如讨论频次、修改次数）分析团队协作效率。

2. 结果性评价注重思维验证

（1）成果展示答辩：学生需从"文化寓意""科学原理""创新突破"三方面阐述设计理念，回答评委提问，验证逻辑性与创造性。

（2）跨学科整合评分：邀请科学、美术教师参与终评，从飞行稳定性、美学价值等维度交叉评价打分，体现评价的专业性与综合性。

3. 评价工具创新应用

设计"思维进阶量规"，将"问题解决能力"分为五级。

（1）单点结构：处于该结构水平者，仅提出一种解决方案（如更换轻质材料）。

（2）多点结构：能列举多种方案并简单对比。

（3）关联结构：能整合材料特性、成本与美观度的设计优化方案。

（4）抽象拓展：能提出可推广的环保风筝制作模式。

（三）评价改进成效

（1）批判性思维提升：同伴互评促使学生客观分析他人作品的优缺点，如某组发现"骨架竹条易受潮"后，提出碳纤维替代方案。

（2）创造性思维激发：自我评价中，60%的学生反思"原设计缺乏文化符号"，在终稿中融入校徽、古诗词等元素。

（3）问题解决能力增强：通过家长反馈，85%的学生能独立解决材料裁剪误差、放飞角度调整等实践难题。

通过融入多元评价主体、工具及策略，项目评价从单一技能考核转向思维品质培养，助力学生在"做中学"中实现知识整合、创新突破与情感升华，充分体现"以评促学、以评促思"的教育理念。

八、项目资源及工具

(一) 项目资源

提供多媒体以及风筝制作和飞行相关的书籍、视频教程等多样化资料信息。此外,还需准备绘图工具、彩色纸张、风筝线、竹条等制作材料。

(二) 制作工具

剪刀、尺子、胶水、细绳、风筝骨架模具、风筝布料等。

(三) 计划时间表(见表5-2)

表5-2　计划时间表

时间	课时	内　　　容
第一周	2	发布风筝制作主题,明确探究内容,启动项目活动
第二周	2	了解风筝的种类、结构、各部分名称,分析风筝各部分的功能;测量风筝各部分的长度,体会其对称性;设计风筝图纸
第三周	2	分析不同的材料对风筝的影响,选择合适的制作风筝的材料和工具,小组合作动手制作一款既美观又实用的风筝
第四周	2	绘制有象征意义的画或书写有象征意义的文字赋予风筝一定的寓意

课外准备。

① 搜集风筝的相关知识(历史文化、种类、结构等),准备风筝制作所需材料、工具;风筝制作视频。

② 准备风筝展所需材料(宣传海报、场地、解说词等)。

③ 制作宣传材料,选取解说员。

九、项目实施设计

(一) 入项活动

1. 创设情境,引出驱动性问题

通过创设情境,激发学生制作风筝的意愿:在毕业季即将来临之际,作为学校的一员,我们如何为学校设计一款独特的文创产品,来寄托对六年级毕业生的美好祝愿?

2. 合作探究,确定项目主题和驱动性问题

① 通过小组讨论、各小组展示汇报、教师引导等方式共同确定本次项目化学习的主题元素——风筝。

② 根据以上主题,小组之间展开讨论,共同确定本次项目化学习的驱动性问题:

在毕业季即将来临之际,作为学校的一员,我们如何为学校设计一款独特的文创产品,来寄托对六年级毕业生的美好祝愿?

3. 合作探究,分解驱动性问题

① 围绕"毕业季如何为学校设计独特文创产品以祝福六年级毕业生?"这一驱动性问题,分小组交流想法。深度探究本次项目化的最终成果是什么,说一说要想实现以上成果需要哪些具体的步骤。

② 教师引导学生借助上述问题,将驱动性问题分解成三个子问题(见图5-1)。

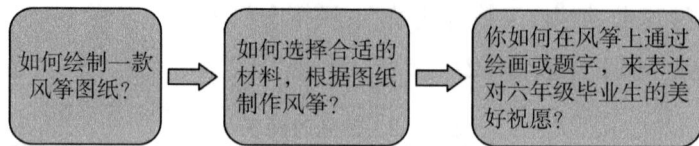

图 5-1

4. 分组

根据学生的性格特点,进行分组,7人为一组,目的是保证各小组实力相对均衡。并对小组进行分工,明确分配角色和任务,例如:项目组长、记录员……

5. 做好项目实施前的准备工作

了解有关风筝的知识:风筝的起源、制作风筝的材料、风筝的种类、风筝的结构、风筝各部分的名称及作用、风筝的寓意等。

(二)项目实施

1. 了解风筝

(1) 出示图片激发兴趣。

(2) 以小组为单位,将查阅到的资料进行汇总,完成调查表(见表5-3)。

表5-3 风筝知识调查表

风筝的起源(名称的由来)	
制作风筝的材料	
风筝的种类	
风筝的结构(画一画)	
关于风筝的寓意	

(3) 观察风筝,测量风筝各部分的长度,借助"风筝测量表"(见表5-4)说说自己的发现,引导学生体会风筝的对称性。

表 5-4　风筝测量表

	长度(厘米)
左翼	
右翼	
左翼离中点的距离	
右翼离中点的距离	
我的发现	

2. 绘制风筝图纸

(1) 教师展示风筝图纸,引导学生说一说风筝各部分的名称及功能,并填写"风筝结构调查表"(见表 5-5)。

表 5-5　风筝结构调查表

风筝结构	作用
骨架	
蒙面	
提线	
放飞线	

(2) 小组讨论在绘制风筝图纸时应注意什么。

(3) 组内交流你想绘制的风筝的款式、形状。

(4) 绘制好图纸后,在小组内说一说自己的思路。

3. 动手制作风筝

(1) 教师引导学生观看事先搜集到的风筝制作视频,说一说制作风筝的大致顺序。

(2) 了解风筝的制作过程,组内合作完成"风筝制作步骤图"(见表 5-6)。

表 5-6　风筝制作步骤图

步骤	具体做法
第一步	
第二步	
第三步	
第四步	
……	

(3) 小组分析不同的材料对风筝的影响。

① 飞行性能。

轻质材料:如尼龙布、碳纤维等,可以使风筝更加轻盈,有利于风筝的升空和飞行。这些轻质材料可有效减轻风筝整体重量,降低风阻,助力风筝在风力较弱时也能轻盈飞翔。

重质材料:如纸张、玻璃钢等,可能会使风筝下降速度加快,难以保持平衡。重质材料增加了风筝的惯性,使风筝在受到风力冲击时反应较慢,影响风筝的稳定性和操控性。

② 耐用性。

合成材料:如尼龙布、聚酯纤维等,具有较高的抗风性能和耐磨性,能在强风或恶劣环境下保持风筝的完整性。这些材料轻巧且耐用,适合长期使用的风筝。

天然材料:如纸张、竹子等,虽然轻便且易加工,但容易受潮、破损和变形,影响风筝的使用寿命。

③ 外观和装饰。

布料和纸张:具有良好的装饰性,可以通过绘画、染色等方式制作出各种图案和颜色,使风筝更加美观。

塑料薄膜:具有优良的防水和耐候性能,适合在户外长时间使用,但可能缺乏一定的装饰性。

④ 成本控制。

纸张和塑料薄膜:成本较低,适合制作低成本的风筝。

尼龙布和碳纤维:成本较高,但性能优越,适合制作高端风筝。

⑤ 骨架材料。

竹子:传统风筝制作中常用的骨架材料,具有优良的韧性和强度,能承受风力拉力。然而,竹子容易受潮和变形,需要经常保养。

碳纤维:现代风筝制作中的常用骨架材料,具有出色的韧性和抗风性能。碳纤维不仅轻巧、坚固,还易于加工,是制作高性能风筝的理想选择。

(4) 小组成员共同分析讨论,选择合适的制作材料。

(5) 小组成员合作制作风筝。

(6) 结合"风筝制作评价表"对制成的风筝进行评价(见表5-7)。

表5-7 风筝制作评价表

评价内容	评价指标	评价标准	自评	互评	师评
制作结果	能成功组装且试飞成功	优秀(A)			
	能组装成功但试飞失败	良好(B)			
	组装失败	待改进(C)			
制作工艺	制作精细,结构牢固	优秀(A)			
	制作一般,结构基本牢固	良好(B)			
	制作粗糙,结构松散	待改进(C)			

续　表

评价内容	评价指标	评价标准	自评	互评	师评
创意设计	设计独特,富有创意	优秀(A)			
	设计一般,有一定创意	良好(B)			
	设计普通,缺乏创意	待改进(C)			

4. 书、画风筝

(1) 引导学生阐释不同图案的寓意。

(2) 说说你想对六年级毕业生表达的祝福。

(3) 组内交流:你打算如何题字或绘画以表达对六年级毕业生的祝福?

示例如下:

① 翱翔的飞鸟:绘制展翅高飞的鸟,象征毕业生将展翅翱翔,迎接未来挑战。

② 一帆风顺:画一艘小船在大海乘风破浪,船头挂着一面写有"一帆风顺"的旗帜。寓意毕业生在未来的求学和生活中,无论遇到多少困难和挑战,都能像这艘小船一样,乘风破浪,勇往直前。

③ 知识之树:绘制一棵茂盛的大树,树上结满了各种果实,果实上写着不同的学科名称或知识点。这代表着毕业生在六年的学习生涯中,已经积累了丰富的知识,这些知识将成为他们未来成长的坚实基石。

④ 星空与梦想:在风筝上描绘璀璨星空,其中有一颗特别明亮的星星,代表着毕业生的梦想。这寓意着毕业生拥有无限的潜力和可能,只要他们勇敢追求,就能实现自己的梦想。

⑤ 友谊长存:画上几个小朋友手牵手,脸上洋溢着灿烂的笑容。这代表着毕业生之间深厚的友谊和美好的回忆。希望他们在未来的人生道路上,能够珍惜这份友谊,共同前行。

⑥ 励志名言:在风筝上写下一些励志的名言或祝福语,如"前程似锦""未来可期""勇敢追梦"等。这些话语能够激励毕业生在未来的人生道路上勇往直前,不断追求自己的梦想。

(4) 学生动手绘制,并根据"书、画风筝评价量表"(见表5-8)进行评价。

表5-8　书、画风筝评价量表

评价内容	评价指标	评价标准	自评	互评	师评
绘制结果	图案美观,寓意深刻	优秀(A)			
	图案完整,寓意一般	良好(B)			
	图案不完整,寓意不明确	待改进(C)			
题字效果	字迹工整,表达清晰	优秀(A)			

评价内容	评价指标	评价标准	自评	互评	师评
	字迹较工整,表达基本清晰	良好(B)			
	字迹潦草,表达不清晰	待改进(C)			

（5）每组评选出最优秀的作品,进行全班展示并说一说自己的设计理念。

（三）出项活动

1. 开展风筝项目化展示活动

（1）展示风筝图纸、成品风筝、风筝制作步骤图、风筝制作手册等。

（2）提供风筝制作步骤视频二维码。

（3）安排三名小讲解员详细讲解项目化学习的过程和成果。

（4）将风筝放飞的视频做成二维码,粘贴在相应的风筝上。

2. 填写观展意见表

在风筝展中记录他人意见和建议（见表5-9）。

表5-9　风筝项目化设计评价表

风筝项目化评星表	
风筝样式	☆☆☆☆☆
制作效果	☆☆☆☆☆
绘画、题字	☆☆☆☆☆
意见或建议	

十、反思与展望

（1）学生实践能力提升:通过风筝项目化学习,学生不仅掌握了制作风筝的基本技能,还在实践过程中锻炼了动手能力、观察力和解决问题的能力。他们亲身体验了从设计到制作再到绘画的全过程,对所学知识有了更深入的理解和应用。

（2）跨学科整合效果:风筝项目涉及劳动、数学、语文、美术等多个学科领域。学生在项目中不仅巩固了学科知识,还实现了跨学科知识的整合,培养了综合解决问题的能力。

（3）团队合作与沟通:风筝项目通常需要团队合作完成。学生在项目中学会了分工合作、相互沟通、协调配合,提升了团队协作能力和社交技巧。

（4）爱校情怀与审美能力:在项目化学习中学生的爱校情怀与集体荣誉感得到增强,审美能力也显著提升。

本次项目化学习始于风筝,却不止于风筝,风筝只是他们开启探索欲望的一把钥匙,钥匙背后的大门,将会带他们来到一片更加广阔的精神天地。未来我们将继续深化风筝项目的设计,增加更多具有挑战性和创新性的元素,以激发学生的学习兴趣和创造力。

📖 案例分享

讲家乡风俗　做宣传使者

项目类型	年级	课时数	设计者
学科类	六年级	10课时	郑会霞　王段　刘玉慧

一、项目概述

随着社会发展,人们对家乡文化愈加关注和热爱,期望将这些独特的风俗、习惯和传统传递给更多人。然而,现实情况是学生对家乡传统节日的了解往往停留在表面,缺乏深入探究与全面理解。这种片面化、碎片化的了解,既源于学生对家乡文化认识不足,也反映出其探究意识薄弱。基于这一现象,我们结合六年级语文下册第一单元"百里不同风,千里不同俗"的主题,设计了"讲家乡风俗,做宣传使者"这一项目化学习活动。该活动旨在引导学生深入探寻家乡民风民俗,通过实地调研、访谈长辈、查阅资料等方式,全面了解家乡传统节日的起源、发展、习俗和意义,从而加深对家乡文化的认识和理解。在项目化学习的过程中,学生不仅能够学习到丰富的知识,还能够培养独立思考、合作探究和实践创新的能力。他们通过讲述富有地域特色和民族风情的民俗故事,将家乡文化的魅力展现给更多人,进一步激发对家乡的热爱和对家乡历史文化的自豪感。同时,这一项目化学习还能够促进家校合作和社区参与,让更多的人了解和关注家乡文化,共同推动家乡文化的传承和发展。我们相信,通过这样的活动,学生将成为家乡文化的传承者和传播者,为家乡的文化事业注入新的活力和动力。

二、项目目标

(一) 知识与能力目标

(1) 语文:通过课文学习,了解详略得当的写作方法,培养和提升学生写作能力。

(2) 美术:通过实地观察了解,运用艺术表现形式绘制家乡风俗画卷。

(3) 信息技术:通过筛选,提取有效信息,将优良的家乡风俗以短视频的形式呈现,拓宽宣传渠道。

(4) 历史:通过项目研究,了解不同地区民俗风情、习俗寓意,感受丰富民俗文化。

(二) 学习素养目标

(1) 通过查阅资料、实地调查、采访等方式,了解家乡风俗,培养学生处理和整合信息的能力。

(2) 通过绘制思维导图、整理宣传手册、撰写宣讲词,促进口才、美术等学科融合,提升学生思维与表达能力。

(3) 运用演讲、录制视频等多种方式汇报展示方式,提高学生语言表达和合作学习能力。

(三) 核心价值目标

(1) 深入了解家乡风俗,激发学生对家乡的热爱之情。

(2) 宣讲家乡风俗,增强学生对传统文化的认同感。

三、挑战性问题

(一) 本质问题

如何提升学生的文化素养与文化自信,激发他们爱乡爱国的热情?

(二) 驱动性问题

家乡的传统文化和风俗面临逐渐淡化与消失的危机,作为宣传使者,为保护和传承这些宝贵的文化遗产,提高人们对家乡风俗的认识和了解,我们如何有效地将家乡富有特色的风俗介绍给更多人,通过哪些方式能让人们更深入了解家乡文化?

四、认知策略

信息收集(√) 比较分析(√) 调研(√) 决策(√)

问题解决(√) 系统分析( ) 创见( ) 实验( )

五、学习实践

(1) 社会性实践:通过实地调研、访谈长辈、查阅资料等方式,全面了解家乡传统节日的起源、发展、习俗和意义,从而加深对家乡风俗的认识和理解。

(2) 探究性实践:可以利用社交媒体、网络平台等现代化科技手段,通过发布图片、视频、文章等形式,生动形象地展示家乡风俗的各个方面。

(3) 创造性实践:在宣传过程中,积极邀请观众互动,如提问、讨论、分享等,让他们更深入地了解家乡的风俗,从而更好地传递家乡文化。

六、预期成果

(一) 产品形式
(1) 手抄报(图文并茂)。
(2) 小论文《家乡风俗之我见》。
(3) 宣传视频。
(4) 连环画。
(5) 手工作品。

(二) 公开方式
(1) 在学校举办的项目化展评活动中,设置专门展区,展示手抄报、小论文、手工艺品等项目成果,同时提供扫描二维码观看宣传视频等方式,邀请师生现场参观和交流。

(2) 走进社区,通过举办讲座、展览、互动问答等活动,向社区居民介绍家乡风俗,增强他们对家乡文化的认同感和自豪感。

(3) 与公益组织合作,将项目成果用于公益宣传,如制作公益广告、参与公益活动等,传递正能量,弘扬家乡文化。

(4) 将项目成果整理成书稿或以画册形式出版,作为学校或社区的文化资源,供师生和公众阅读学习。

(5) 组织师生和公众参与民俗体验活动,如制作传统手工艺品、品尝家乡美食、参与传统游戏等,让他们亲身体验家乡风俗的独特魅力。

(6) 将项目成果上传至学校或相关机构的官方网站,在专门页面或栏目展示,方便广大师生和社会公众访问。

(7) 利用微博、微信公众号、抖音、快手等社交媒体平台,发布项目介绍、成果展示视频、图文报道等内容,吸引更多人关注和了解家乡风俗。

七、项目评价

(一) 过程评价

1. 资料收集与整理
(1) 能否通过实地调研、访谈、网络资源等多种渠道收集有效资料。
(2) 资料整理是否清晰、详细、具体,是否具有探究价值。
(3) 是否能通过思维导图等方式对资料进行初步分析。

2. 语言表达与宣讲能力
(1) 宣讲时,语言表述是否流畅、清晰,内容是否积极向上。
(2) 能否准确传达家乡风俗的核心内容,表达是否富有感染力。

(3) 在小组讨论和分享时,是否能积极参与并提出建设性意见。

3. 团队协作能力

(1) 在小组活动中,能否积极参与讨论并提出建设性意见。

(2) 能否倾听他人意见,尊重团队成员的分工。

(3) 能否有效沟通,解决团队内部的分歧。

4. 创新与实践能力

(1) 在宣传家乡风俗的过程中,能否提出创新性的想法或展示方式。

(2) 能否积极参与实践活动,如制作手抄报、手工作品等。

(二) 结果评价

1. 知识与技能评价

(1) 知识评价:考查对家乡人文风俗的了解程度,能否准确阐述风俗的起源、发展和意义。

(2) 技能评价:评估资料收集与整理能力、语言表达能力、宣传策划能力、团队协作能力等。

(3) 实操评价:检查宣传产品(如手抄报、视频、手工作品等)的制作质量是否符合要求。

2. 产品展示与宣传效果

(1) 宣传产品(手抄报、视频、连环画等)是否做到图文并茂,内容是否丰富且有吸引力。

(2) 项目介绍是否清晰、完整,能否突出家乡风俗的特色。

(3) 宣传效果是否达到预期目标,是否成功激发观众对家乡风俗的兴趣。

(三) 评价方式

(1) 学生自评:学生通过学习日志或反思报告,对自身在项目中的表现进行评价。

(2) 同伴互评:小组成员相互评价,重点关注团队协作和创新表现。

(3) 教师评价:教师根据学生的日常表现和项目成果,进行综合评价。

(四) 评价工具

(1) 学习档案袋:用于记录学生在项目过程中的作品和反思。

(2) 观察记录表:供教师记录学生在小组活动中的表现。

八、项目资源及工具

(一) 项目资源

网络、电脑、图书馆、绘图工具、美术材料、手工半成品等。

（二）制作工具

表格、调查问卷、画笔、素描纸、颜料等。

（三）计划时间表（见表 5-10）

表 5-10　计划时间表

时间	课时	内　　容
第一周	2	发布项目主题，调查意向参与度，确定探究内容，开展入项活动
第二周	2	搜集并了解家乡优秀的风俗，确定要宣传的内容，探究其文化内涵
第三周 第四周	4	提供知识技能，以思维导图的形式构思所要宣传的风俗，以多种形式呈现
第五周	2	提出修订建议，形成最终成果，演示文稿报告，公开成果展示

九、项目实施设计

（一）入项活动

1. 激趣导入，引出驱动性问题

我们家乡有着诸多特色风俗，但是随着生活节奏加快和西方节日的影响，人们对家乡风俗了解渐少。基于此，学校准备招募一批优秀的家乡风俗宣传官，同学们有兴趣参与吗？

2. 合作探究，确定驱动性问题

通过情境创设，激发学生兴趣，开启学习过程，引导学生讨论。在学生讨论的基础上，师生进行梳理，确定驱动性问题：如何让家乡这些富有特色的风俗被更多人了解到呢？

3. 合作探究，分解子问题。

（1）合作探究，分解子问题。

围绕"如何把家乡这些富有特色的风俗让更多人了解到呢"这一问题，以小组为单位进行交流，每人提出一个问题进行阐述，注意倾听，相互尊重，记录交流成果。

活动要求：① 每人在小组内先提出感兴趣的问题，再筛选一到两个问题。

② 请写出一到两个活动主题，派代表上台展示。

（2）分享点评，确定子问题。

小组围绕问题链（见图 5-2）展示交流，教师引导。

（3）划分小组。

① 依据自己的兴趣选择活动小组。

② 小组组建成功后，各小组民主选取小组长。

图 5-2

4. 合作探究,制订计划

① 小组合作探究,为制订计划出谋划策。

② 梳理整合,形成活动计划。

第一阶段:形成主题,制订计划。

第二阶段:分组实施,获取资料。

第三阶段:交流项目进展情况及对各小组进行指导。

第四阶段:成果展示前指导,整理资料,形成成果。

第五阶段:整理总结,开展项目成果展示。

第六阶段:活动小结。

(二) 项目实施

1. 介绍家乡风俗

(1) 获取资料。

① 分批组织各兴趣小组进行考查,通过实地走访、询问长辈、借助网络资源和图书馆查阅等方式,利用表格、调查问卷(见表 5-11)收集更多家乡的风俗。

表 5-11 "我的家乡"调查问卷

我的家乡名称	
家乡美食特产有哪些?	
家乡特色的文化有哪些?	
家乡的传统节日有哪些?	
家乡特色风俗有哪些?	

② 关注学生收集的过程,确保资料的真实性和时效性。

(2) 整理资料。

① 将收集到的资料,用思维导图做简单汇总。

② 组内交流,辩证分析,提取精华,去其糟粕,确保整理好的资料有探究价值。

(3) 分享资料。

以小组为单位,分享组内所收集的家乡风俗,其他小组成员适时补充,增进学生对家乡风俗的了解。

(4) 阶段性评价(见表 5-12)。

表 5－12　"参与态度与活动能力"评价表

评价维度	评价内容	自我评价 ☆☆☆	组内评价 ☆☆☆	教师评价 ☆☆☆
参与态度、活动能力	积极参与资料搜集、整理			
	搜集方法恰当且使用工具合适			
	合作学习能力			

2. 撰写宣传家乡风俗的文稿

（1）分组与选题。

每组选择一个最感兴趣且具代表性的家乡风俗作为撰写对象，确保风俗涵盖不同类型，体现地域特色。

（2）信息筛选。

小组成员共同阅读并讨论第一阶段搜集的资料，筛选出最能体现淮阳特色的风俗习惯，注意要从历史文化、风土人情等方面进行。

（3）撰写与分享。

① 以生动有趣的方式将筛选出的关键信息表达出来，力求文字简洁明了。

② 文稿完成后，小组成员相互修改，提出改进意见。

③ 每组选派一名代表上台分享，其他组可进行点评和提问。

（4）总结与评价。

活动结束后，教师进行总结：项目化学习需要你们用眼睛去观察，用头脑去思考，用双手去实践，用智慧去创造。

（5）阶段性成果。

撰写宣传家乡风俗的文稿，向大家展示所写内容，让大家对宣讲情况、对作品进行综合评价（见表 5－13）。

表 5－13　"信息筛选与语言组织能力"评价表

评价维度	评价内容	自我评价 ☆☆☆	组内评价 ☆☆☆	教师评价 ☆☆☆
信息筛选、语言组织能力	选择的风俗具有代表性			
	语言表达清晰、流畅			
	撰写的文稿恰当			

3. 多种形式宣传家乡富有特色的风俗

（1）运用多种形式共同分享学习成果，介绍家乡风俗。

（2）作品展示及解读。

① 各小组展示自己富有特色的项目化学习成果（如手抄报、手工作品、视频讲解等），生生互评。

② 教师进行评价并提出改进建议。

③ 组内进一步修改完善项目成果。

（3）综合评价（见表 5 - 14）。

表 5 - 14 "小组合作创新"评价表

评价项目	评价内容			自评 ☆☆☆	小组评 ☆☆☆	教师评 ☆☆☆
参与	积极参与活动	主动搜集并分享自己查找的资料，能有自己的想法	不怕困难，遇到问题主动寻找方法，并有解决问题的能力			
合作	有合作探究精神，参加探究讨论真实有效	认真倾听同学的观点和意见，积极和其他同学交流	有团队意识，能共同解决组内出现的问题			
信息要素	小组信息完整，家乡风俗介绍完整且富有特色	文案撰写逻辑性强、条理清晰，介绍方式富有创新性	主题鲜明，通俗易懂			
展示	讲解时不流于表面，能深入探究	讲解时语言表述流畅，吐字清晰	讲解内容完整，讲解方式多样，能突出家乡特色			

（三）出项活动

（1）经过入项和实施阶段后，项目活动进入出项公开展示阶段——小组合作制作展板展台。

（2）在学校的项目化展评活动中，项目小组共同介绍展板内容，并介绍自己在项目中承担的任务。

（3）在公开成果中，记录他人意见和观点（见表 5 - 15）。

表 5 - 15 作品展示评价表

作品		讲解	
得分		得分	
建议		建议	

十、反思与展望

学习素养的本质是心智的灵活转换，项目化学习促进学生大脑发展，使知识、能力、态度融会贯通，为学生心智的自由发挥奠定基础。学习项目的设计从核心知识、驱动性问题、高阶知识、学习实践、公开成果、全程评价等出发,指向高阶策略,助力学生成长。学生在这个过程中学会更深入地理解问题、分析问题、解决问题、反思问题,并且在这个过程中提升自己解决问题的能力。

"千淘万漉虽辛苦,吹尽狂沙始到金。"通过本次项目化学习,学生基本上能够实现项目的预定目标:参与有效的团队合作获取所需资源,通过合理整合,有效展示图文材料。在公开汇报中,每个小组都能展示他们的学习成果,并讲述学习的收获。显然,学生对家乡风俗有了深刻而全面的认识,明白了"八千年看淮阳"的内涵,更加热爱家乡。在遇到困难时,他们会主动克服。在项目活动中,同学们团结互助,培养了团队的合作精神和责任感,懂得了奉献和勇于承担责任,弘扬了家乡精神。

"山重水复疑无路,柳暗花明又一村。"在活动过程中,学生一步步让我们感受到:"你给学生一个机会,他会还你一个惊喜。"在活动之初,我们预设的成果展示形式是手抄报和视频,但是在逐步深入开展活动的过程中,学生能辩证地思考问题,学会客观地去评析家乡风俗,尝试用发展的眼光赋予家乡风俗以新的内涵,于是就有了"水城淮阳一日游"的连环画,有了"淮阳风俗之我见"的作文集,自然有了"柳暗花明又一村"的惊喜。在活动中,孩子更深入地了解了家乡文化,感知到朴素的节日习俗里却寄予了人们对美好生活的希冀。家乡风俗在代代传承中,焕发出了蓬勃的生命力,也将激励我们为更美好的生活去奋斗。

"纸上得来终觉浅,绝知此事要躬行。"本次项目化学习开展的过程是一个遇见美好的历程,我们在开展项目化学习方面才刚刚启程,距离"内化于心、外化于行"还有很长的路要走,我们会努力学习,潜心研究,在项目化学习成为常态化教学方式的背景下,聚焦核心素养,深耕教学过程,打造评价体系,为学生创设真实的学习环境,开展基于实践的行动研究,以更开阔的视野、更包容的心态、更多元的评价方式探索项目化学习的新样态。

📖 案例分享

旧衣新颜的创意魔法

项目类型	年级	课时数	设计者
活动类	四年级	8课时	苏晨

一、项目概述

在"旧衣新颜的创意魔法"项目化学习活动中,通过探索和实践,让学生深入了解了旧衣物再利用的意义以及创意改造的价值。通过各种调研、反馈交流、欣赏优秀案例等,激发了学生的创意灵感,使他们设计出独特的旧衣改造方案。要求学生们对身边的旧衣物进行分类,先了解不同材质、款式的特点。通过交流合作精心制作创意改造方案并绘图,教授学生基本的裁剪、缝制、拼接、装饰等手工技能,让他们能够亲手将旧衣进行创意改造。通过改造,保留衣物中的情感回忆,让旧物焕发新生,以手工制品的礼物送朋友更有意义;在整个过程中强化环保和资源可持续利用的重要理念,培养学生的环保意识。学生展示自己改造后的作品,并分享创作思路和制作过程中的经验与感悟。通过这个项目,学生不仅能够提升动手能力和创造力,还能增强对环保和资源循环利用的认知,培养他们的审美和创新思维,同时也让旧衣物焕发出新的魅力和价值,体验从旧到新的神奇"魔法"。

二、项目目标

(一) 知识与能力目标

(1) 劳动:通过项目实践,提升学生的合作技能和实践技能。掌握制作手工作品的劳动技能和一般步骤,学会制作手袋、香包、布偶等手工作品,知道如何在制作过程中选料、缝制以及添加装饰,使作品更有欣赏价值。

(2) 科学:通过参与旧衣回收和分类活动,学生能够深刻认识到环保的重要性,学会珍惜资源、减少浪费。

(3) 美术:在创新设计实践中,学生需要发挥想象力和创造力,将旧衣物变成具有新面貌的作品,从而培养他们的创新能力和实践能力。

(4) 道德与法治:体会关爱他人、奉献社会等道德精神的美好实践,促进全面发展。

(二) 学习素养目标

(1) 能运用较为准确的统计方式记录和整理信息,并运用分析、比较、概括等方法,初步具备描述问题、分析结果、得出结论的能力。

(2) 能准确讲述并反思自己的探究过程和结果,作出自我评价与调整,初步具有交流、反思以及评价探究过程和结果的意识。

(3) 学会经过调查提出问题、发现问题、解决问题,并及时提出解决问题的策略,最终给出各种解决方案。

(三) 核心价值目标

(1) 通过设计作品的制作和展示,学生能够提升自己的审美能力和艺术鉴赏力,学会欣赏和创造美。

(2) 在小组合作进行设计时,学生需要学会与他人协作、沟通和分享,培养他们的团队协作精神和沟通能力。

三、挑战性问题

（一）本质问题

（1）如何处理旧衣物以减少环境污染和资源浪费，实现可持续发展？

（2）如何以创新的方式将旧衣物改造成时尚、实用的新品？

（3）如何在改造旧衣物的过程中融入传统文化元素，同时展现现代审美和创新精神？

（二）驱动性问题

（1）如何设计并制作一款具有环保理念和创新精神的旧衣物改造作品？

（2）如何结合传统文化元素和现代审美，打造一款独特的旧衣物改造时尚单品，提升学生的环保意识和创新能力？

四、认知策略

信息收集（　√　）　比较分析（　√　）　调研（　√　）　决策（　　　）

问题解决（　√　）　系统分析（　　　）　创见（　　　）　制作（　√　）

五、学习实践

（1）创造性实践：小组分工合作制作创意手工作品。

（2）调控性实践：制订计划和调查表，反思、修正。

（3）探究性实践：探索资料整理、筛选、记录、撰写、设计方案。

（4）社会性实践：项目小组调查、信息收集、比较分析、填写调查表。

（5）审美性实践：描述手工作品的制作过程以及用途。

（6）介绍项目经历：以小组为单位，介绍项目开展经历，进行成果展示与汇报。

（7）技术性实践：运用筛选、整理、记录、绘图、缝制等方法，设计并制作独具新意的手工作品。

六、预期成果

（一）产品形式

创意环保袋、手工香包、实用抱枕、创意布偶等。

（二）公开方式

（1）班级展评：学生以小组为单位，带着自己制作的手工产品，向参会的师生介绍项目经历,呈现产品的新用途以及各个作品的特殊意义。

(2)校级展评:班级宣传员向各级评委介绍项目化本质性问题、驱动性问题以及活动的展开和创意结果。

七、项目评价

(一)过程评价

1. 创意构思评价

(1)评价指标:创意的新颖性、实用性、环保性。

(2)评价标准。优秀(A):创意独特,具有很强的实用性和环保性,能有效解决旧衣改造的实际问题;良好(B):创意有一定新颖性,实用性或环保性较好,但需进一步完善;待改进(C):创意较为普通,实用性或环保性不足。

(3)评价方式:学生自评、小组互评、教师评价。

2. 旧衣改造评价

(1)评价指标:剪裁合理性、缝制质量、装饰效果、作品美观性和实用性。

(2)评价标准。优秀(A):剪裁合理,缝制精细,装饰美观,作品实用且富有创意;良好(B):剪裁较合理,缝制基本完成,装饰有一定效果,作品有一定实用性;待改进(C):剪裁不合理,缝制粗糙,装饰效果差,作品实用性不足。

(3)评价方式:学生自评、小组互评、教师评价。

3. 环保意识评价

(1)评价指标:环保措施的落实、材料节约、废弃物处理。

(2)评价标准。优秀(A):全程注重环保,材料利用合理,废弃物处理得当,环保理念贯穿始终;良好(B):有一定环保意识,但部分环节需改进;待改进(C):环保意识较弱,需加强环保教育。

(3)评价方式:学生自评、小组互评、教师评价。

4. 团队合作与沟通能力评价

(1)评价指标:分工明确性、合作默契度、沟通有效性。

(2)评价标准。优秀(A):分工明确,合作默契,沟通顺畅,团队效率高;良好(B):分工基本明确,合作较默契,沟通较顺畅,但有提升空间;待改进(C):分工不明确,合作不默契,沟通不畅,影响团队效率。

(3)评价方式:学生自评、小组互评、教师评价。

5. 反思评价

(1)评价指标:反思的深度、收获总结、改进方向。

(2)评价标准。优秀(A):反思深入,总结全面,提出明确的改进方向;良好(B):有一定反思,总结较全面,但改进方向不够明确;待改进(C):反思不够深入,总结和改进方向不明确。

（3）评价方式：学生自评、教师评价。

6．评价工具

（1）学习档案袋：定期记录学生在项目过程中的作品和反思。

（2）观察记录表：教师记录学生在小组活动中的表现。

（3）评价量表：用于量化评价学生的表现。

（二）结果评价

1．旧衣改造作品的创意与质量评价

（1）评价指标：设计的新颖性、独特性、实用性、美观性。

（2）评价标准。优秀（A）：设计新颖独特，实用性高，美观性强，作品整体质量高；良好（B）：设计有一定新颖性，实用性较好，美观性一般；待改进（C）：设计较为普通，实用性或美观性不足。

（3）评价方式：学生自评、小组互评、教师评价、公众评价。

2．环保理念的实践程度评价

（1）评价指标：设计的新颖性、独特性、实用性、美观性。

（2）评价标准。优秀（A）：设计新颖独特，实用性高，美观性强，作品整体质量高；良好（B）：设计有一定新颖性，实用性较好，美观性一般；待改进（C）：设计较为普通，实用性或美观性不足。

（3）评价方式：学生自评、小组互评、教师评价、公众评价。

3．团队合作与沟通能力的展示评价

（1）评价指标：团队合作的默契程度、效率、沟通有效性。

（2）评价标准。优秀（A）：团队合作默契，效率高，沟通顺畅；良好（B）：团队合作较默契，效率一般，沟通较顺畅；待改进（C）：团队合作不默契，效率低，沟通不畅。

（3）评价方式：学生自评、小组互评、教师评价。

4．公众展示与评价反馈

（1）评价指标：展示效果、观众反馈、项目对学生环保意识的影响。

（2）评价标准。优秀（A）：展示效果好，观众反馈积极，项目对学生环保意识有显著影响；良好（B）：展示效果较好，观众反馈一般，项目对学生环保意识有一定影响；待改进（C）：展示效果一般，观众反馈较少，项目对学生环保意识影响不明显。

（3）评价方式：教师评价、公众评价。

八、项目实施设计

（一）入项活动

随着人们消费观念的转变和环保意识的增强，旧衣物的处理问题逐渐引起了社会的广泛关注，传统的衣物消费模式导致了大量的废弃衣物，给环境带来了沉重的负担。

1. 教师以小组为单位分发调查问卷

（1）旧衣处理调查表（见表 5 - 16）。

表 5 - 16　旧衣处理调查表

基本信息			
1. 姓名：	2. 年龄：	3. 性别：	4. 家庭住址：

旧衣处理情况			
1. 捐给慈善机构或公益组织　□		4. DIY 改造　□	
2. 赠送给亲戚朋友　□		5. 作为抹布或清洁用品　□	
3. 回收处理　□		6. 其他方式（请注明）　□	
你是否了解旧衣物回收的具体流程？　是 □　否 □			
你是否知道旧衣物回收后的用途？　是 □　否 □			
你是否愿意尝试将旧衣物进行 DIY 改造？　是 □　否 □			
你是否认为旧衣物回收或 DIY 改造是环保和节约的行为？　是 □　否 □			

（2）旧衣的二次利用意向表（见表 5 - 17）。

表 5 - 17　旧衣的二次利用意向表

旧衣物处理方法	处理攻略	请在你选择的方法后画	请说一说你选择的理由
捐给有需要的人	攻略一：捐赠给慈善机构或者当地的衣物回收箱，既环保又有爱心。		
二手平台出售	攻略二：放在二手平台标个合理的价格，既能回收一些资金，又能让旧衣服找到新的主人。		
DIY 创意改造变废为宝	攻略三：对旧衣物进行改造，比如剪裁成抱枕、地毯、布艺玩具、香包、手包等，既有趣又实用。		
环保回收	攻略四：有些机构会专门回收旧衣物进行环保处理，比如制作成再生纤维等。		

2. 学生对所有调查表格进行整理分析。

3. 公布调查结果，激发学生的驱动力。

（二）项目实施

学生围绕问题进行讨论，对驱动性问题进行分解，探索解决创意环保的方向，形成思考路径和问题链，明确学习活动的进程和时间节点以及提交材料的要求。让学生以小组为单位按照以下路径开展项目化设计，最终形成一份科学出行的规划方案。

1. 活动一：分小组讨论，提出创意思路

（1）了解如何对旧衣物进行筛选，让旧衣物通过创意改造提升自身的价值，变得更有意义（筛选时要考虑结合自己身边的制作工具进行）。

（2）了解评比标准及要求，进行合理有方向的改造：①实用性。②创意性。③节俭、有爱。④从有价值、有意义等方面进行考虑。

（3）创新设计会。

① 邀请美术老师为学生的创作之路进行指导并提出建议。

② 教师展示讲解示范作品，激发学生的创作灵感，并提出制作过程中要注意的安全事项。

③ 各小组就项目的创新设计理念展开交流，讨论制作方案。

2. 活动二：各小组通过分享交流，绘制设计图，并利用周末完成作品制作（见表5-18）

表5-18　制作过程评价表

评价形式	评价标准	评价结果	评价结果	评价结果	综合评价
创意构思评价 （10分）	评估学生提出的旧衣翻新创意的新颖性、实用性和环保性。观察学生在小组讨论中的表现，看是否能够提出建设性的意见				
旧衣改造评价 （10分）	检查学生是否进行了合理的剪裁、缝制或添加装饰，评估改造后旧衣的实用性和美观性，看是否符合预期目标				
环保意识评价 （10分）	观察学生在整个过程中是否注重环保，如节约材料、减少废弃物等，评估学生对环保理念的理解和实践程度				
团队合作与沟通能力评价（10分）	观察学生在项目中的分工合作情况，看是否能够有效协作。评估学生在团队讨论、交流中的表现，看是否能够清晰表达自己的想法并听取他人的意见				
反思评价 （10分）	要求学生完成项目后进行反思，包括收获、不足和改进方向，看是否能够从中获得成长和提升				

（1）各小组发言人根据上次活动的要求分享小组创作思路。

（2）根据各小组的分享，再次交流讨论各小组创意思路的修改完善方案。

（3）各小组绘图，根据小组成员的修改建议，完成绘图。

（4）利用周末时间开展制作（安全起见，整个过程由家长辅助完成）。

（5）温馨提示：个人创意作品同样可以参与评比展示，裁剪、缝补等可由家长辅助完成。

3. 活动三：各小组为优秀创意作品命名，并汇报作品的使用

（1）各小组分享制作过程中遇到的问题。

① 旧衣物的选择与搭配。

② 剪裁与缝制（手法不熟练，线头打结等等问题）。

③ 如何在保证实用性的同时,增加作品的美观性。

(2) 各小组交流讨论为创意作品命名以及创意作品的使用。

① 作为生活日常用品家用,环保节能。

② 作为礼物送给好朋友,分享创意改造的乐趣,表达心意和关爱,让礼物更加有意义。

本次项目化创意作品包括:抱枕、环保手工袋、玩具娃娃、香包饰品等。学生发挥想象力,用旧衣进行创意设计,制作出具有实用价值和审美价值的作品。

4. 活动四:各小组投票评选优秀作品

在项目的成果展示阶段,班级举行"旧衣新颜"创意展览。

(1) 成果展示。

展示采用静态展示和视频展示两种形式。

(2) 互动交流。

学生之间开展互动与交流,分享创作心得和体会。

(3) 开展投票。

评选优秀作品,为优秀作品颁发奖品。

(三) 项目化活动评比(见表5-19)

表5-19　制作结果评价表

评价形式	评价标准	评价结果	评价结果	评价结果	综合评价
旧衣改造作品的创意与质量评价(10分)	评估改造后旧衣的创意性,包括设计的新颖性、独特性以及对旧衣的再利用程度				
环保理念的实践程度评价(10分)	在项目中是否采取了有效的环保措施,以及这些措施对环境保护的实际贡献				
团队合作与沟通能力的展示评价(10分)	观察学生在项目中的分工合作情况,评价团队合作的默契程度和效率				
公众展示与评价反馈评价(10分)	组织学生进行项目成果的公众展示,如开展班级展览、学校展览等活动。收集学生、教师、家长等多方面的反馈意见,综合评估项目对学生环保意识的影响				

1. 开场介绍

简要说明活动背景、目的和意义。

2. 作品展示区布置

将改造后的旧衣以美观、有序的方式进行陈列展示。

3. 呈现作品

逐一介绍每件作品的原始状态、改造思路和特色亮点,可通过图片对比等方式呈现。

4．设计师分享

邀请参与改造的设计师上台分享创作过程中的心得、挑战与收获。

5．互动环节

如提问、投票评选最喜欢的作品等，增加参与感。

6．创意理念阐述

深入讲解整个项目中体现的创意理念、环保意识等。

九、反思与展望

通过"旧衣新颜的创意魔法"项目化学习活动，我们深刻体会到了旧衣物再利用的重要性。活动不仅使学生了解到环保的意义，更在实际操作中体会到了旧衣物改造的乐趣和价值，从而增强了环保意识。学生通过团队协作，共同解决问题，完成了旧衣改造的任务，增强了团队凝聚力。在旧衣改造的过程中，学生充分发挥想象力和创造力，将原本废弃的旧衣物变身为时尚单品、实用物品等，如通过剪裁、缝制、加饰等手法，将旧衣物改造成手包、布偶、抱枕等作品，这些创新实践不仅锻炼了学生的动手能力，也提升了他们的创新思维。

在这次活动中，我们取得了不少成果，但也发现了一些问题。比如：部分学生对于某些改造技巧的掌握不够熟练，导致作品在工艺上存在一些瑕疵；时间管理上也有欠缺，一些小组未能按时完成所有预期的改造任务；在团队协作方面，偶尔出现分工不明确、沟通不畅的情况，影响了活动的效率。

在今后的活动中，我们将加强对学生改造技巧的培训，更加精细地规划时间安排，确保他们具备足够的能力去实现创意。在团队协作方面，明确每个成员的职责，建立更有效的沟通机制。同时，我们可以考虑拓展活动的范围，比如邀请专业设计师进行指导或与相关机构举办展览，为学生提供更多的实践机会和展示平台，进一步激发他们的积极性和创造力。此外，还可以鼓励学生不局限于衣物的改造，思考如何将旧物利用的理念延伸到生活的其他方面，真正将环保和创意融入日常生活。

通过以上反思与展望，我们将不断完善"旧衣新颜的创意魔法"项目化学习活动，使其更好地服务于环保事业和创新教育的发展。

📖 案例分享

设计装载幸福、感恩母亲的礼品盒

项目类型	年级	课时数	设计者
学科类	五、六年级	7课时	张丽

一、项目概述

《义务教育数学课程标准(2022年版)》倡导以解决实际问题为导向的项目化学习,强调数学知识的应用与其他学科的融合。我们所带的高年级的学生对长方体、正方体、圆柱体、圆锥体等几何图形有了一定的了解,但不能把生活中遇到的实际问题与数学知识深度联系起来。在母亲节来临之际,我们设计了一项以"设计装载幸福、感恩母亲的礼品盒"为主题的学科项目化学习。本项目旨在通过设计礼品盒,引导学生运用所学的长方体、正方体、圆柱体等几何形状的知识,进行实际操作和创意思考,培养他们的空间想象力、应用意识及创新思维。本项目化学习整合了数学、道法、美术等学科的重要知识,在整个过程中,学生使用各类技能,开展探究式学习、通过网上搜索、超市调查等手段来获取信息,并通过组内讨论、合作的方式来完成从平面图到礼盒的制作过程。学生不仅能够加深对所学知识的理解,还能够提高他们的设计能力和实践能力。同时,通过制作礼品盒来感恩母亲,学会用行动去表达对母亲的感激和敬意,增进亲情,体会数学学习的乐趣和价值。

二、项目目标

(一)知识与能力目标

(1)数学:通过观察、测量、估算,能合理选择合适的礼品盒,能正确描绘不同形状礼品盒的展开图,并结合测量数据计算或估算其表面积和容积。

(2)道德与法治:通过学习,理解母爱的伟大无私,做到用心感受,用行动来表达。

(3)美术:设计平面图,在礼品盒上绘制不同的美丽图案。

(二)学习素养目标

(1)审美能力:通过欣赏和分析不同风格、不同材质的礼品盒,培养学生的审美观念和审美情趣。

(2)创意思维:从多个角度思考问题,运用创新思维进行设计,如采用独特的形状、材质或结构来制作礼品盒。在实践中不断探索新的设计方法和技巧。

(3)技术素养:掌握基本的礼品盒制作技巧,如剪裁、粘贴、折叠等,以确保设计的可实施性。熟练使用剪刀、胶水、尺子等工具,提高制作效率和作品质量。

(4)实践能力:通过动手实践,将理论知识转化为实际作品,加深对礼品盒设计的理解。

(三)核心价值目标

能够从数学角度观察生活中的物体,主动参与数学探究活动,发展创新意识。渗透感恩思想,学会感恩,懂得感恩,教育学生具有积极健康的心态及人生观。

三、挑战性问题

(一) 本质问题

如何运用几何图形的面积、体积、容积等知识灵活解决生活实际问题？

(二) 驱动性问题

为了增进母子情感，表达感恩，我们准备亲手为自己的妈妈制作礼品盒，用来包装要赠送的礼品，如何设计并制作一款实用、美观的礼品盒来表达对妈妈的爱？

四、认知策略

信息收集（ √ ）　　比较分析（ √ ）　　调研（　　　　）　　决策（ √ ）

选材（ √ ）　　　　设计（ √ ）　　　　问题解决（ √ ）　　创意思维（ √ ）

动手实践（ √ ）　　评价反馈（ √ ）　　环保意识（ √ ）

五、学习实践

（1）创造性实践：小组合作设计平面图，制作礼品盒，并对礼品盒进行多元化装饰点缀。

（2）调控性实践：设定项目的时间表和进度表，确保每个阶段的任务都能按时完成。在项目实施过程中，不断根据实际情况调整计划和策略。

（3）探究性实践：研究不同材质、形状和尺寸的礼品盒，分析它们的特点。

（4）社会性实践：分组进行项目实施，鼓励学生与家人、朋友分享项目成果。

（5）审美性实践：礼品盒装饰，通过色彩、图案和材质等元素的搭配，设计出美观大方的礼品盒。

（6）技术性实践：运用各种制作工具和材料，制作礼品盒。

六、预期成果

(一) 产品形式

（1）精美礼品盒。

（2）礼品盒平面图。

（3）项目介绍 PPT。

（4）制作过程中的照片与视频。

（5）项目总结表（学生撰写的心得体会或感恩文章，记录项目过程中的感悟和收获）。

（6）各种评价表。

（二）公开方式

以小组为单位,组内选出最佳作品。带着各组制作的礼品盒与相关平面图,参加学校举办的项目成果展示会,向参观的师生介绍项目经历和礼品盒的设计理念。

将项目成果制作成视频,通过学校公众号、和融校刊、社交媒体等渠道进行分享和传播。鼓励学生将项目成果带回家中,与家人分享自己的劳动成果和感恩之情。

七、项目评价

（一）过程评价

1. 创意构思评价

（1）评价指标:创意的新颖性、实用性、情感表达。

（2）评价标准。优秀（A）:创意独特,实用性强,情感表达丰富,能体现对母亲的爱;良好（B）:有一定创意,实用性较好,情感表达较充分;待改进（C）:创意较为普通,实用性不足,情感表达不够突出。

（3）评价方式:学生自评、小组互评、教师评价。

2. 设计与制作评价

（1）评价指标:平面图设计合理性、制作质量、尺寸准确性。

（2）评价标准。优秀（A）:平面图设计合理,制作精细,尺寸准确,作品美观;良好（B）:平面图设计较合理,制作基本完成,尺寸较准确;待改进（C）:平面图设计不合理,制作粗糙,尺寸不准确。

（3）评价方式:学生自评、小组互评、教师评价。

3. 团队合作与沟通能力评价

（1）评价指标:分工明确性、合作默契度、沟通有效性。

（2）评价标准。优秀（A）:分工明确,合作默契,沟通顺畅,团队效率高;良好（B）:分工基本明确,合作较默契,沟通较顺畅;待改进（C）:分工不明确,合作不默契,沟通不畅,影响团队效率。

（3）评价方式:学生自评、小组互评、教师评价。

4. 情感表达评价

（1）评价指标:礼品盒上的情感表达是否真挚、丰富。

（2）评价标准。优秀（A）:情感表达丰富,真挚感人,能充分表达对母亲的爱;良好（B）:情感表达较丰富,有一定感染力;待改进（C）:情感表达不够突出,缺乏感染力。

（3）评价方式:学生自评、小组互评、教师评价。

5. 反思与总结评价

(1) 评价指标：反思的深度、总结的全面性、改进方向的明确性。

(2) 评价标准。优秀（A）：反思深入，总结全面，提出明确的改进方向；良好（B）：有一定反思，总结较全面，但改进方向不够明确；待改进（C）：反思不够深入，总结和改进方向不明确。

(3) 评价方式：学生自评、教师评价。

6. 评价工具

(1) 学习档案袋：记录学生在项目过程中的作品和反思。

(2) 观察记录表：记录学生在小组活动中的表现。

(3) 评价量表：用于量化评价学生。

（二）结果评价

1. 礼品盒成品评价

(1) 评价指标：创意性、美观性、实用性、情感表达。

(2) 评价标准。优秀（A）：创意独特，美观大方，实用性强，情感表达丰富；良好（B）：有一定创意，美观性较好，实用性较强；待改进（C）：创意和美观性不足，实用性较弱。

(3) 评价方式：学生自评、小组互评、教师评价、公众评价。

2. 知识与技能评价

(1) 评价指标：平面图绘制、测量准确性、制作方法。

(2) 评价标准。优秀（A）：平面图绘制准确，测量数据准确，制作方法合理；良好（B）：平面图绘制较准确，测量数据基本准确；待改进（C）：平面图绘制不准确，测量数据误差较大。

(3) 评价方式：学生自评、教师评价。

3. 项目展示与宣传效果评价

(1) 评价指标：展示效果、观众反馈、项目对学生情感的影响。

(2) 评价标准。优秀（A）：展示效果好，观众反馈积极，项目对学生情感有显著影响；良好（B）：展示效果较好，观众反馈一般，项目对学生情感有一定影响；待改进（C）：展示效果一般，观众反馈较少，项目对学生情感影响不明显。

(3) 评价方式：教师评价、公众评价。

八、项目资源及工具

（一）项目资源

短视频 APP，与礼品盒相关的文章、视频或其他形式的资料信息，绘图工具，美术材料，做礼盒的材料等。

（二）制作工具

剪刀、胶水、尺子、纸板、木材、布料、空塑料瓶、丝绳、画笔等，用于制作实体礼品盒。

（三）计划时间表（见表5-20）

表5-20　计划时间表

时间	课时	内　　容
第一周	2	项目启动，制订计划，收集资源，进行初步设计构思
第二周	2	完成设计方案，制作设计图，准备制作材料
第三周	2	制作实体礼品盒，进行调试和改进，准备展示材料
第四周	1	举办展示活动，展示项目成果，收集反馈和建议

九、项目实施设计

（一）入项活动

1. 故事导入，引发思考

通过讲述《慈母情深》的故事，引导学生感受母爱的伟大。接着，简要介绍母亲节的起源和传统习俗，进而引导学生思考："在母亲节这个特殊的日子里，你们打算如何向母亲表达爱意？"许多同学可能会想到送上一份精心挑选的礼物，教师进而提出问题："我们是否可以通过亲手制作一个特别的礼品盒，为这份礼物增添更多的意义与仪式感呢？"最终，提炼出核心问题：为了增进母子和母女的情感，表达感恩，我们准备亲手为自己的妈妈制作礼品盒，用来包装要赠送的礼品，如何设计并制作一款实用、美观的礼品盒表达对妈妈的爱？

2. 礼品分类与记录

鼓励学生记录下他们打算赠送的礼物，并通过商场、网络等途径收集常见的礼品盒样本。指导学生根据礼品盒的形状特点进行分类，如长方体、正方体、圆柱体、圆锥体、三棱柱、组合图形及不规则图形等。每位同学需结合自己所选的礼物，选择适合的包装盒类型。

3. 分组合作，拟定方案

根据之前整理的礼品盒类型，组织学生进行分组。同一小组的学生将围绕特定的礼品盒形状开展研究，并初步拟定制作方案。通过分组合作，学生在互相学习、交流的过程中，提高设计能力和实践能力。

（二）项目实施

1. 设计礼品盒平面图

组织学生先对礼品盒的三维结构有清晰的了解。通过看视频、网络查找礼品盒的结构图等,了解礼品盒的各个部分以及它们是如何组合在一起的。

(1) 信息收集。

① 通过测量礼物的数据,确定礼品盒的长、宽、高等尺寸。

② 小组成员经过讨论,选择适当的材质和颜色,以确保礼品盒不仅外观美,而且与礼物相匹配。

③ 将收集到的信息记录在统计表上(见表 5 – 21)。

表 5 – 21 礼品盒尺寸记录表

＿＿＿＿小组	组长:	记录员:
组员	礼品盒尺寸	
组员 1		
组员 2		
组员 3		
组员 4		
组员 5		

(2) 数据及信息分析。

① 将收集到的信息按照类别进行整理,例如:尺寸、颜色、材质等。

② 对比不同组的信息,发现其中的差异和共同点。

通过数据及信息分析,可以发现礼品盒设计的潜在规律和特点,这有助于确定礼品盒设计的独特性和一致性。

(3) 绘制平面展开图。

① 根据测量和分析结果,分组进行绘制,每组选出一名负责人,负责协调和组织小组内的活动。通过对教材中常见立体图形的表面积计算公式和平面展开图绘制方法的学习,思考礼品盒的平面图怎样设计,探讨怎样将表面积较大的礼品盒按比例缩小画在 A4 纸上。

② 使用适当的绘图工具(如绘图笔和纸等)来绘制平面图,并标注好各个部分的尺寸和颜色。

在绘制过程中,注意保持设计的一致性和美观性,确保礼品盒的外观特点在展开图中得到充分的体现。

③ 完成初步设计后,对平面图进行审核和修改。检查各个部分的尺寸是否合适、连接关系是否合理、颜色搭配是否协调等。

(4) 评价与反思。

学生总结经验以及反思活动中的不足,教师对整个活动进行总结,肯定学生的努力和成果,同时指出活动中存在的问题和不足,提出改进的建议,师生共同完成评价表。教师提供"绘制礼品盒展开图"评价表(见表 5 – 22)。

表 5-22 "绘制礼品盒平面图"评价表

评价项目	评价内容			自评	小组评	教师评
积极参与	积极参与讨论、统计数据等活动	主动提出设想、建议,对平面图的绘制有自己的想法	不怕困难,遇到问题主动寻找方法,态度积极主动			
合作探究	有合作探究精神,参与探究,讨论真实有效	认真倾听同学的观点和意见,积极和其他同学交流	善于思考,能发现并解决活动中提出的问题			
创新设计	积极动脑、动口、动手	设计有新意,主动承担任务	注重实用性、艺术美和感恩意义			

2. 完成礼品盒的制作

(1) 合作制作。

① 材料准备:根据设计图纸确定所需材料,如纸板、木材、布料、空塑料瓶、丝绳、胶水、胶带、剪刀等制作礼品盒所需的基本材料。

② 熟悉图纸:仔细分析设计图纸,注意图纸上的尺寸标注。根据图纸要求对材料进行处理,如剪拼、折叠等。对于需要涂胶或粘贴的部分,确保材料表面干净、干燥。

③ 分工合作:根据小组成员的特长和兴趣进行分工,比如:有人负责剪切纸板,有人负责黏合等。

④ 教师指导:教师在制作过程中巡回指导,解答学生在制作过程中遇到的疑惑。学生对制作过程进行反思和总结,以便在未来的类似项目中应用和改进。

(2) 展示与分享:展示制作完成的礼品盒,向他人介绍其特点和制作过程,师生对本活动做评价(见表 5-23)。

表 5-23 "礼品盒的评价和制作与优化"评价表

评价项目	评价内容			自评	小组评	教师评
创意制作	积极动脑、动手参与以及情感渗透	突出美观、新颖,对礼品盒进行美化、暖心装饰	注重使用性,有节约和环保意识、感恩意识			
问题解决	理解所要解决问题的约束条件,确立目标	采取合适的方法完成任务	优化或迭代成果			
交流分享	作品展示与交流	小组分享自己的作品,介绍作品设计的想法和收获	学生修正完善自己的作品,提升反思能力			

3. 礼品盒的优化改进

完成初步制作后,小组展开讨论,从美观性、实用性、创新性、环保性等方面出发,提出改进意见。

（1）外观装饰：对礼品盒进行外观装饰。如添加贴纸、绘画或其他装饰品。可以根据礼物的性质和妈妈的喜好进行个性化设计，使礼品盒更具吸引力。在装饰过程中要注意细节和色彩搭配，使礼品盒更加美观。

（2）情感相融：在礼品盒上写上或者粘贴爱心纸片，送出对妈妈的祝福和爱意。

（3）结构调整：结合讨论结果，对礼品盒的结构进行调整，使其更合理、稳固。比如在里面添加硬纸板或坚硬些的底托。

（4）学生写出项目化学习过程总结（见表5-24）。

表 5-24　项目化学习总结表

小组名称		组长	
获得的经验与教训：			
遇到的困难及解决方案：			
团队合作的体会：			

（三）出项活动

1. 成果展示和宣传推广

（1）设置作品展示区。

① 学生制作的礼品盒各具特色，充分展现了他们的创意和用心。家长通过视频观看，对学生的努力和成果给予了高度评价。

② 在展示区，学生解说员汇报制作过程和感受，得到领导的认可和鼓励。

（2）情感分享。

部分学生上台分享制作礼品盒的过程和感受，用真挚的语言表达对母亲的感恩与祝福，传递亲情的温暖和力量。

（3）宣传推广。

通过学校公众号、视频等多种渠道进行宣传，吸引学生的关注和参与，这种多样化的宣传方式提高了活动的影响力。

分享改进前后的差异及原因，让大家了解整个制作过程的思路和创意。

2. 评价反思

在整个活动过程中，学生感受学习的快乐与收获，可以讨论在活动中的收获和不足，以及探讨如何改进未来的活动，由教师提供评价表（见表5-25）。

表5-25 "成果的宣传和推广"评价表

评价项目	评 价 内 容			自评	小组评	教师评
传播效果	统计线上平台浏览量、点赞数和评价	家长、教师、和参观者的反馈	宣传和推广的广度			
影响力度	带动其他学生的模仿力和创新力	在学校产生积极影响	社会上的认可,用充满爱的礼品盒表达母爱最伟大、无私			
学习提升	学科知识水平得到提升	学习素养的提升	学科核心素养的提升,和对母亲深情的体现			

十、反思与展望

项目化学习强调知识的实际应用,使学生能够将课堂上学到的理论知识与现实生活问题相结合。通过本项目的实施研究,学生能够更深刻地理解知识背后的原理和实际应用场景,解决理论与实践相脱节的问题。项目通常围绕学生感兴趣的主题和实际问题展开,激发学生的学习兴趣和动力。学生在参与项目的过程中,能够主动探索、学习和解决问题,从而提高学习的主动性和积极性。

项目化学习涉及多个学科的知识和技能,要求学生在解决问题的过程中灵活应用知识。这种学习方式能够培养学生的综合能力,使学生能够更好地应对现实生活中的复杂问题。项目化学习以问题为导向,要求学生在解决问题的过程中发挥创新思维和创造力。学生需要运用所学知识,通过假设、实验操作、观察和分析数据等方法,提出解决方案并进行实践验证。这种学习方式能够培养学生的问题解决能力和创新能力,使其能够更好地应对未来工作和生活中的挑战。

在未来的项目化学习中,我们要通过参加更多的培训和实践活动,提高自己的综合素质和创新能力。我们将更加注重创新和实践,鼓励学生提出自己的创意和想法。通过这次项目化学习实践,我们收获了很多宝贵的经验和教训。在未来的学习和实践中,我们将继续努力,不断创新,为项目的成功开展作出更多努力!

📑 案例分享

为母校画像

项目类型	年级	课时数	设计者
跨学科类	六年级	8课时	雷梦 刘静波 薛艳

一、项目概述

西师版六年级数学上册第五单元的综合实践是绘制校园平面图。在测量与绘制的活动过程中,学生需要团队协作,运用各种方法与策略,处理实际问题,解决实际困难;通过实际的动手动脑操作,培养学生的创新意识与应用意识,提高学生的解决问题的能力,提升学生的劳动素养与数学素养。依托六年级毕业典礼这一真实情境,我校整合了数学、美术、语文、科学等学科知识,设计出三个密切联系的主要任务:画校园——为校园画一幅数学画像;做校园——为校园做一个缩略模型;赞校园——为校园写一篇小传。这是一个数学味足、情感味足,实践性、综合性强的跨学科项目化学习活动。

二、项目目标

(一) 知识与能力目标

(1) 数学:理解平面图的基本概念,明白平面图在描述地理位置和建筑物布局上的重要性。掌握绘制平面图所需的基本数学知识,如比例尺、图形变换、坐标定位等。

(2) 美术:培养对实际空间结构的敏锐观察能力,能够准确捕捉并表达出空间的布局和细节。通过绘画技巧,如线条、色彩和光影的运用,准确而生动地表现平面图的空间感、体积感和质感。

(3) 语文:通过不断尝试、反复修改,使学生的文章能完美呈现母校的独特魅力,提升写作技艺。

(4) 科学:理解校园内道路网络的设计原则以及绿化、景观的布置,能够按照设计图纸精确制作模型,包括建造物、道路、绿化等部分。

(二) 学习素养目标

(1) 通过绘制校园平面图的活动,了解制作校园平面图的基本原理和步骤,包括收集数据、设计图例、确定比例尺等。

(2) 通过引领学生测量、收集数据,并展开运算等,完成平面图的绘制和缩略模型的制作,发展学生的操作能力、绘图能力与空间想象能力。

(三) 核心价值目标

此次活动让学生更加了解校园文化,绘出与学校共同珍藏的独家记忆,将自己对学校的热爱汇聚在笔下。

三、挑战性问题

(一) 本质问题

如何利用学过的图形、比例尺等相关知识,依据实际情况设计出校园平面图的方案,并绘制出平面图?

(二) 驱动性问题

如何制作一个清晰易懂的校园缩略模型,既能帮助参观人员轻松找到目的地,又能有效展示我们学校的风采呢?

四、认知策略

信息收集(√) 比较分析(√) 调研(   ) 决策(   )

问题解决(√) 系统分析(   ) 创见(√) 实验(   )

五、学习实践

(1)创造性实践:在实践中探索绘图技巧,共同完成测量数据的任务。

(2)探究性实践:将数学与美术相结合,把校园文化、校徽等元素融入绘图创作中,从而更全面地展现母校的特色和魅力。

(3)审美性实践:运用美学知识和设计原理,对平面图进行精心的布局和设计,使其既符合实际比例和尺度,又具有视觉上的美观性和艺术感。

(4)技术性实践:学生需要掌握基本的绘图技巧,如线条的绘制、颜色的搭配、图例的使用等。

六、预期成果

(一) 产品形式

(1)校园平面图和校园立体图。

(2)校园缩略模型。

(3)文章《母校,我想对您说》。

(二) 公开方式

学生以小组为单位,带着自己绘制的校园平面图、校园缩略模型及相关照片等布置赞校园展览会,向参会的师生介绍项目经历,呈现成品效果,展示并介绍项目成果。

七、项目评价

（一）过程评价

1. 数学知识应用

（1）评价指标：是否能准确测量校园建筑的数据，并进行整理和计算；是否能合理选择比例尺，并正确绘制校园平面图。

（2）评价标准。优秀（A）：数据测量准确，比例尺选择合理，平面图绘制规范；良好（B）：数据测量基本准确，比例尺选择较合理；待改进（C）：数据测量不准确，比例尺选择不合理。

2. 美术技能应用

（1）评价指标：是否能运用绘画技能对校园平面图进行修饰和美化；是否能合理使用色彩和线条，使平面图美观且易于理解。

（2）评价标准。优秀（A）：色彩搭配和谐，线条清晰，平面图美观；良好（B）：色彩搭配较合理，线条基本清晰；待改进（C）：色彩搭配不和谐，线条不清晰。

3. 团队协作

（1）评价指标：是否能积极参与团队讨论，分工明确，合作默契；是否能有效沟通，解决团队内部的分歧。

（2）评价标准。优秀（A）：分工明确，合作默契，沟通顺畅；良好（B）：分工基本明确，合作较默契；待改进（C）：分工不明确，合作不默契。

4. 情感表达

（1）评价指标：是否能通过文字表达对母校的热爱和感激之情。

（2）评价标准。优秀（A）：情感表达真挚，内容充实，逻辑连贯；良好（B）：情感表达较真挚，内容较充实；待改进（C）：情感表达不够突出，内容较空洞。

（二）结果评价

1. 校园平面图

（1）评价指标：是否包含校园中的各个主要建筑物，位置准确，方向正确；比例尺是否合理，平面图是否整洁美观。

（2）评价标准。优秀（A）：包含所有主要建筑物，位置准确，比例尺合理，平面图美观；良好（B）：包含大部分主要建筑物，位置较准确，比例尺较合理；待改进（C）：包含建筑物较少，位置不准确，比例尺不合理。

2. 校园缩略模型

（1）评价指标：模型是否真实反映校园布局，建筑物比例是否准确；模型是否美观，细节是否丰富。

（2）评价标准。优秀（A）：模型真实反映校园布局，比例准确，细节丰富；良好

(B)：模型基本反映校园布局，比例较准确；待改进(C)：模型与校园布局不符，比例不准确。

3. 校园小传

(1) 评价指标：是否真实反映作者对母校的情感，情感表达是否自然、深刻；文章结构是否清晰，文字是否流畅，用词是否准确。

(2) 评价标准。优秀(A)：情感表达深刻，内容充实，结构清晰，文字流畅；良好(B)：情感表达较深刻，内容较充实，结构较清晰；待改进(C)：情感表达不够突出，内容较空洞，结构不清晰。

八、项目资源及工具

(一) 项目资源

校园鸟瞰图、绘图工具、美术材料、乐高、橡皮泥等。

(二) 制作工具

① 绘图工具：白纸、铅笔、橡皮、直尺、圆规、彩笔等。

② 测量工具：卷尺、测距仪等。

(三) 计划时间表(见表5-26)

表5-26　计划时间表

时间	课时	内　　　容
第一周	1	确定项目主题，分组明确任务，收集各种数据，开展入项活动
第二周	2	测量建筑尺寸，确定比例尺，绘制平面图，作品展示评价
第三周	2	观察平面图，确定实物位置，选择合适材料，制作缩略模型
第四周	2	渗透爱校情怀，学习写作技巧，构思写作思路，呈现母校魅力
第五周	1	提出修订建议，形成最终成果，演示文稿报告，公开成果展示

九、项目实施设计

(一) 入项活动

同学们，再过一段时间，你们就要离开这个生活了六年的学校。毕业后，你们会怀念你们的母校吗？为了让自己记住母校之恩，同学们提出可以用我们之前学习过的比例尺绘出校园平面图，来表达自己对母校的感激之情。

(1) 明确分工：分小组进行实地丈量并记录实物名称、方位和距离。

(2) 统计数据：根据实测的数据和图幅大小确定恰当的比例尺，并将各实地距离按比例尺计算，转化为图上距离。

(二) 项目实施

1. 活动一：收集数据，绘制校园平面图

如何选择合适的比例尺并绘出校园平面图？

(1) 实地考察与测量。

① 分组进行校园实地考察，了解校园内主要建筑物的分类、位置、形状及大小。

② 使用测量工具测量各建筑物之间的实地距离及所占面积。

③ 在测量表上记录测量数据，并绘制简单的草图。

④ 完成测量记录表(表5-27)。

表5-27　"为母校画像"测量记录表

类别	建筑物名称	实际距离	比例尺	图上距离
1				
2				
3				
4				
5				
6				
我的发现				

(2) 确定比例尺。

① 根据测量数据和图纸大小，选择合适的比例尺。

② 比例尺的选择要考虑图纸的详细程度，较大的比例尺适合绘制详细的平面图，而较小的比例尺适合绘制范围较大的平面图。

③ 计算公式：比例尺＝图上距离/实际距离。

(3) 学习地图三要素。

① 选择不同类型的地图(如行政区划图、地形图、气候图等)，学生分析其中的比例尺、方向、图例与注记。

② 学生讨论制作地图需要什么？

③ 归纳总结：在学习过程中，及时归纳总结比例尺、方向、图例与注记的特点和应用方法，形成自己的知识体系。地图三要素：地图的方向、比例尺和图例注记。

(4) 绘制校园平面图。

① 在白纸上绘制校园的外轮廓，包括围墙、道路等。

② 根据比例尺和测量数据，绘制出各建筑物的准确位置和形状。

③ 设计图例和注记表示，教学楼、食堂、宿舍楼、车棚等建筑物，道路、绿化带、运动场地等其他校园设施。

(5) 完善与修饰。

① 检查平面图是否准确反映了校园的实际布局。

② 对平面图进行修饰,使其更加美观和易于理解。

③ 在平面图上标注比例尺、方向等信息。

(6) 展示与评价。

① 各小组展示自己的校园平面图,并介绍绘制过程及心得。

② 进行班级内的交流与评价,完成评价表(表5-28),评选出优秀的校园平面图作品。

表5-28 "为母校画像"平面图评价表

评价标准	做得很好☺	做到了☺	要加油呀☹
平面图是否整洁、美观			
平面图中是否包含校园中的各个主要建筑物			
主要建筑物的位置是否比较准确,方向是否正确			
选用的比例尺是否合理			
是否积极参与活动,小组分工是否合理			
我喜欢参加这些活动			
小组的记录单中有我的发现和观点			
我还想研究	在活动过程中,你又有哪些新发现、新问题?把它写下来		

2. 活动二:利用橡皮泥、乐高等工具制作校园缩小模型

如何制作校园缩小模型?

(1) 实地考察与数据收集。

学生分组进行校园实地考察,收集建筑、道路、绿化等区域的数据,并拍摄照片作为参考。

(2) 模型制作。

选择合适的比例(如1∶100、1∶200等),根据校园平面图制作地基,标出建筑物和道路的位置。

① 使用橡皮泥、纸板等材料制作建筑物的模型,注意保持比例和形状的一致性。

② 使用颜料对建筑物进行涂色,增加细节和真实感。

③ 制作道路和绿化区域,使用合适的材料模拟道路纹理和绿化植物。

④ 添加细节,如树木、人物等,使模型更加生动有趣。

⑤ 模型完善与修订:在制作过程中,学生应定期评估模型的进度和效果,根据反馈意见进行修订和完善。

⑥ 模型展示与评价:活动当天,学生将制作的模型展示在活动现场,吸引其他同学、家长和教师观看,由他们从模型的创意、制作精细度和真实感等方面进行评分(见表5-29)。

表 5-29　"为母校画像"缩略模型评分表

评价标准	评价指标	评分 （1—10分）	评价说明
整体布局	地图比例尺是否合适		比例尺应能清晰展示校园，整体布局不过大或过小
	建筑物位置准确性		建筑物在校园中的位置应准确无误
	道路和路径清晰度		道路和行走路径应清晰可辨，便于导航
信息标注	建筑物名称标注		所有重要建筑物都应有明确名称标注
	关键点标注（如校门、停车场等）		关键地点如校门、停车场等应有明确标注
	指示性标注（如方向指示、距离标注等）		地图中应包含方向指示和关键距离标注，便于用户判断方位和距离
视觉设计	色彩搭配		色彩搭配应和谐，符合校园氛围
实用性	导航辅助		地图应提供基本的导航辅助，如路线规划
总体评价			综合以上各方面对校园缩略图进行总体评价

3. 活动三：赞母校，母校我想对您说

如何抒发你对母校的情感？

（1）征集阶段：校园小传作品，体裁不限，可以是散文、诗歌、小说等，内容需围绕校园生活、师生情谊、校园风景等主题展开。

（2）评价阶段：从多个维度阐述其爱校之情，通过科学的评价体系，落实过程性评价（见表 5-30）。

表 5-30　"赞母校"征文评分表

作品名称	学生姓名	评分	评价标准
			1. 是否真实反映了作者对母校的情感，情感表达是否自然、深刻 2. 文章内容是否充实，是否包含了作者对母校的回忆、感激、建议或期望等多个方面 3. 文章结构是否清晰，段落划分是否合理，逻辑是否连贯 4. 文字是否流畅，用词是否准确，修辞手法是否得当，能否有效传达作者的情感和思想

（3）展示阶段：将评选出的优秀作品汇编成册，并在校园内举办展览活动，让更多人了解并感受母校的魅力。

（三）出项活动

经过入项和实施后，项目活动进入出项公开展示阶段——"为母校画像"作品展示会。

在走廊里布置展架,展示学生绘制的校园平面图、校园缩略模型和校园小传,学生需要现场解说项目活动过程,由领导进行评价打分。

十、反思与展望

通过制作校园平面图,学生不仅掌握了地图制作的基本知识和技能,还提高了观察能力、团队协作能力和解决问题的能力。学生在实地测量和资料收集过程中,对校园的环境和设施有了更深入的了解,增强了对校园的感情。

在实地测量中,学生可能会遇到建筑物多、地形复杂等问题,导致测量不准确或记录不完整。这需要在未来的活动中加强指导和培训。在使用绘图软件时,部分学生可能由于操作不熟练或软件功能不熟悉而遇到困难。因此,需要提供更多的技术支持和培训。团队协作方面,可能存在沟通不畅或任务分配不均等问题。这需要在项目初期明确分工和职责,加强团队沟通和协作。

在评价过程中,应更加注重学生的过程性评价。可以引入多元化的评价方式,如学生互评、自我评价、教师评价、专家评价等,以鼓励学生积极参与和反思。在未来的项目化学习中,可以进一步提高学生的地图制作技能,如引入更高级的绘图软件和测量工具,提高学生的操作能力和测量准确性。同时,可以加强学生对地理、测量等相关学科的学习和理解,以更深入地理解地图制作的过程和意义。除了校园平面图外,还可以引导学生将所学技能应用于其他领域,如城市规划、景观设计等。这不仅可以拓宽学生的视野,还可以增强他们的实践能力和社会责任感。

在未来的项目化学习中,可以引入更多创新的项目形式,如结合虚拟现实(VR)或增强现实(AR)技术制作校园三维模型,或利用大数据和人工智能技术分析校园人流和交通状况等。这些创新形式可以激发学生的学习兴趣和创造力,提高他们的综合素质和能力。在项目化学习中,可以加强与其他学科的合作和交流,如与数学、物理、计算机等学科共同开展跨学科项目,这不仅可以促进学生跨学科思维和综合素质的培养,还可以加强不同学科之间的联系和互动。

总之,制作校园平面图项目化学习为学生提供了一个实践和应用知识的平台,通过反思和总结可以不断改进和完善活动内容和形式,为未来的学习和发展奠定坚实的基础。

第六章

成果展示　凸显核心素养

"成果展示"作为项目化学习中不可或缺的一环,其重要性不言而喻。它不仅是学生知识与技能的集中展示,更是学生核心素养的直观体现。通过这一环节,我们能够观察到学生在项目实施过程中的思考、合作与创新能力,以及他们如何将所学知识应用于解决实际问题。成果展示不仅是知识的结晶,更是学生批判性思维、问题解决能力、团队协作与创新精神等核心素养的有力彰显。这种展示方式,让学习成果更加生动、具体,教育的成效更加显著,为学生的全面发展奠定了坚实的基础。

一、成果展示的意义与价值

(一)展示学生的学习成果和创新能力

成果展示在项目化学习中扮演着至关重要的角色,它不仅是学生学习成果的直观呈现,更是他们创新能力和实践技能的集中体现。通过展示,学生可以将理论知识与实际操作相结合,解决实际问题,从而深化对学科内容的理解和掌握。在创新能力的培养与呈现上,成果展示更是提供了广阔空间。以"积木创意拼搭大赛"项目为例,它鼓励学生突破传统思维模式,自主探索拼搭模型。展示过程中,学生独特的创意构思、新颖的方法应用以及别具一格的成果表现形式,都是其创新能力的生动体现。这不仅让学生的创新思维得到锻炼和发挥,还能在分享交流中,从他人的反馈和建议里进一步获取创新灵感,形成创新能力提升的良性循环。

(二)凸显学生的核心素养和综合能力

在素养培育层面,成果展示是学生核心素养的具象化呈现。在项目化学习的成果展示环节凸显学生核心素养,可从多方面着手:展示形式多样化,鼓励学生用演讲、表演、实物展示等,锻炼表达与实践能力;注重团队协作呈现,在展示中体现分工合作过程,反映沟通合作素养;引导学生深度思考表达,让学生阐述项目中的问题解决思路,展现思维能力;关联生活实际,说明成果对生活的影响,彰显社会担当;同时,鼓励学生回应质疑,在互动中强化自主学习等核心素养。

如在"留住校园的秋天"的出项展示活动中,学生分享秋天的相关知识,观察动植物的变化,通过书写、绘画等方式表达对校园秋天的喜爱之情。将隐性的素养发展转化为可见的成果,使其素养提升有了切实的落脚点,也为素养教育的深入实施提供了有力证据。

从综合能力发展角度来看,成果展示为学生提供了全方位锻炼与展示综合能力的舞台。这些能力在展示活动中相互交织、协同发展,共同推动学生综合能力的提升,使其在未来的学习、生活和工作中更具竞争力,能够更好地适应社会发展的多元需求,真正成长为具备全面素养和综合能力的新时代人才,也为教育教学活动围绕学生综合能力培养进行优化指明了方向。

(三) 增强学生的自信心和成就感

增强学生的自信心和成就感可以通过多种方式实现。学生在项目中担任重要角色,从项目策划到实施再到成果展示,每一步成功都会让他们感受到自己的价值和能力。我们在开展项目化学习过程中发现,尤其在成果展示环节,学生都想有机会展示自己的作品,表达自己在该成果中的价值和表现。当他们看到自己的努力转化为具体的项目成果时,内心的成就感油然而生。在"我是淮阳小导游"项目中,性格内向的小雨起初不敢表达自己的想法,但她在负责资料收集和数据分析后,能在小组汇报中自信分享成果。此后,小雨更主动参与讨论,逐渐成为团队核心,变得越来越自信、开朗。

总之,项目化学习为学生提供了一个展示自我、实现自我价值的舞台,有助于培养他们积极向上的学习态度和坚定的自信心。

(四) 成果展示对项目化学习的影响

成果展示在项目化学习中具有重要的影响。首先,它能够增强学生的自信心和成就感。当学生看到自己的项目成果被公开展示时,他们会感受到自己的努力得到了认可,从而激发出学习动力和自信心。其次,成果展示促进了家校联合,家长可以通过参与成果展示活动,了解孩子在学校的学习情况和成长过程,从而更好地支持和参与孩子的教育。此外,成果展示还为教师之间、学校之间的交流提供了平台,有助于教师相互学习和提升教学水平。通过成果展示,学生的学习成果得到了更广泛的传播,增强了公众对教育项目的认知和认可。总之,成果展示不仅是项目化学习的重要环节,也是推动教育改革和发展的重要手段。

二、成果展示的形式与方法

(一) 口头汇报与演讲

在项目化学习中,口头汇报和演讲都是展示学生学习成果和核心素养的有效方式。口头汇报更侧重于信息的传递和小组内的互动,而演讲则更注重对广大听众的影响和感染力。两者都能锻炼学生的表达能力、逻辑思维和自信心,是提升学生综合能力的重要途径。例如,在"我是淮阳小导游"项目中,学校举办了"淮阳美景展",设立了展览区,展示学生的导游词文稿、图片、视频及手工艺品等。小导游对展示内容进行讲解,让全校师生共同感受淮阳的美景与文化。将优秀作品汇编成册,制作成"小小导游作品集",在学校图书馆、资料室长期展示,并对在项目实施过程中表现突出的学生、小组进行表彰,颁发"金牌小导游""最佳导游词奖""最佳创意奖""最佳团队奖"等奖项。鼓励学生将项目成果分享给家人和朋友,增强他们的成就感和自信心。

(二) 书面报告与论文

书面报告是学生展示其研究成果的重要方式。书面报告侧重于记录和描述项目的过程和结果,能帮助学生提升批判性思维、分析能力和写作技巧,是学术和职业发展中不可或缺的技能。例如,在"留住校园的秋天"项目中,以"拾秋"——在校园里收集树叶,"绘秋"——画出自己眼中的秋天,"赞秋"——拍下你认为最美的秋景,并用几句话赞美秋天为主题。分成不同的区域进行展览,让学生以小组合作的方式进行观察、探究、创作和展示,撰写书面报告,在实践中深入理解秋季的魅力,激发对校园和大自然的热爱之情。

(三) 实物展示与演示

在项目化学习成果展示中,实物展示与演示是一种极具直观性和感染力的方式,而团队精神在其中扮演着至关重要的角色,贯穿于整个过程的各个环节,为展示的成功增添了独特的魅力和价值。例如,在"爱上蔬菜——从种子到餐桌的奇妙之旅"项目中,举办了盆栽蔬菜展览会,并制作了蔬菜营养分析知识图谱展板,实物展示加上制作知识图谱演示相结合,使项目化学习成果更加生动形象,有效提升展示的效果和影响力,让观众更深入地参与项目成果的体验与交流中,促进知识与创意的传播与分享。

(四) 数字化作品与多媒体展示

数字化作品与多媒体展示的结合不仅增强了学生的学习体验,而且提升了他们的信息素养和创新能力。通过制作美篇、PPT 和小视频等,学生能够在项目化学习中更好地展示自己的核心素养和综合能力,同时也为他们的未来发展奠定了坚实的基础。

三、成果展示的评价与反馈的策略

在项目化学习成果展示的评价中,制订清晰明确的评价标准至关重要,它能确保评价的公正性、客观性与有效性,为学生提供明确的努力方向,也有助于教师和其他评价者精准衡量展示成果的质量与价值。

(一) 保证评价的公正性

1. 明确评价标准

在展示项目化成果前,制订清晰、详细且可操作的评价标准,应涵盖成果的内容完整性、创新性、实用性、团队协作等多个维度。每个维度设置具体的评分细则和等级描述,确保评价者对各项指标的理解一致(见表 6-1)。

表6-1 评价标准

评价维度	A	B	C	评价
内容	内容全面,信息丰富准确且有深度,资料来源广泛可靠	内容完整,信息较丰富,资料来源较多样	内容无明显错误,但较简单,资料来源有限	
展示形式	新颖独特,多媒体运用恰当,流程流畅,吸引力强	较多样,图文搭配协调,有一定创意,过程较流畅	形式常规,内容排版一般,多媒体运用较少,偶有卡顿	
团队协作	分工明确合理,成员积极沟通配合,充分发挥各自优势,高质量完成	分工较明确,成员沟通较顺畅,基本完成任务,质量较好	分工存在模糊之处,成员沟通一般,任务完成较勉强,质量一般	
创新	提出全新且可行的理念或方法,突破性创意,成果能显著区别于传统宣传方式	有一定创新点,运用新元素,在宣传角度、内容呈现上有新颖之处	创新程度较低,仅在现有基础上进行微小改变,无明显独特之处	

2. 多元评价主体

组建多元化的评价团队,包括教师、行业专家、项目小组代表等。不同背景的评价者能从不同视角提供意见,避免单一评价主体的主观偏见。教师从专业知识角度把关,行业专家依据实践经验评判成果的应用价值,学生代表则从同伴角度提供共鸣性的看法。

3. 评价过程规范

要求评价者在评价过程中独立思考、客观打分,避免受成果展示顺序、学生平时表现等无关因素影响。可采用匿名评价方式,隐去项目小组和成员姓名,仅对成果内容进行评价,进一步确保评价的公正性。

(二) 自我评价与他人评价相结合

1. 自我评价

项目小组在成果展示后,组织成员进行自我评价。成员回顾项目实施过程,从目标达成情况、自身贡献、遇到的问题及解决方法等方面进行反思总结。通过撰写自我评价报告或开展小组内部讨论,帮助成员清晰认识自己在项目中的优势与不足,培养自我反思能力。

2. 他人评价

他人评价包含教师评价、同学互评和专家点评。教师基于专业知识与教学经验,指出成果的亮点与改进方向,提供专业指导;同学互评能促进学生之间的交流学习,从同龄人视角发现不同观点和问题;专家点评则为成果提供行业前沿的见解和实践导向,拓宽学生视野。评价过程中,鼓励评价者提出具体的建议和改进措施,而非单纯的批评。

3. 评价整合

将自我评价与他人评价结果进行整合分析,综合考量各方面评价意见。引导学生正确看待不同评价结果，认识到自我评价可能存在局限性，而他人评价能提供外部视角的反馈，从而全面、客观地认识项目成果与自身表现。

（三）激励学习积极性

1. 肯定与表扬

在评价过程中，注重发现项目成果的优点和学生在项目实施过程中的努力与进步，及时给予肯定和表扬。无论是成果的创新性、团队协作的高效性，还是学生克服困难的精神，都应具体指出并加以赞扬，让学生感受到自己的付出得到认可，增强自信心和成就感。

2. 设置多样化奖励

设立多种形式的奖励，除传统的物质奖励和成绩加分外，还可设置荣誉称号，如"最佳创新奖""最佳团队协作奖"等，满足学生不同层次的需求。对表现优秀的项目小组，给予展示机会，如在学校官网、公众号宣传其成果，激发学生的竞争意识和学习动力。

3. 成长型反馈

以成长型思维为导向，给予学生反馈。强调学生在项目中的成长与进步空间，鼓励他们将当前的不足视为学习机会，引导学生关注如何通过改进提高自身能力，而非仅仅关注评价结果本身，从而持续激发学生的学习积极性和内在动力。

（四）评价后反馈结果

1. 评价结果反馈

评价结束后，及时将评价结果反馈给项目小组和成员。反馈内容不仅包括最终得分和等级，更要详细说明各项评价指标的得分情况及评价依据，让学生清楚了解自己的成果在哪些方面表现出色，在哪些方面存在不足。

2. 小组内部反馈

各项目小组在收到评价结果后，组织内部讨论。成员分享对评价结果的看法，共同分析不足的原因，探讨改进措施。通过小组内部的反馈交流，促进成员之间的沟通协作，增强团队凝聚力，同时为后续项目积累经验。

3. 小组间交流

组织项目小组之间的交流活动，让各小组相互分享评价结果与改进思路。这种小组间的反馈交流能让学生了解其他小组的优势和创新点，拓宽思路，促进相互学习与借鉴，营造良好的学习氛围，推动整体项目化学习水平的提升。

总之，"成果展示"的本质就是"表达式学习"，它不仅能够展示学生的学习成果和全面素养，还能够提升学生的自信心、成就感和责任心，促进学生之间的相互学习、深度思考，激发学生持续学习的动力。

现代教育科学中，学生的学业成果展示表达已成为非常重要的教学方式。它不仅为学生提供了一个展示自我、锻炼能力的平台，更是培养其核心素养的有效途径。同时，"成果展示"也促使教师不断反思和改进教学方法，以更好地引导学生发展。未来,我们应继续推动项目化学习与核心素养的深度融合,为学生的全面发展奠定坚实基础,助力他们在未来的社会竞争中脱颖而出。

📋 案例分享

"留住校园的秋天"展览

项目类型	年级	课时数	设计者
学科类	一年级	8课时	林艳艳　凡苗苗

一、项目概述

秋季是金黄的季节,是收获的季节,为了增强学生对季节的直观认知,知道秋季的特征,对秋天的植物、果实、花朵有更多的了解,能感知秋之美,描述秋之美,提高自己的文字表达能力,我们开展了"留住校园的秋天"展览活动。活动以"拾秋"——在校园里收集树叶,"绘秋"——画出自己眼中的秋天,"赞秋"——拍下你认为最美的秋景,并用几句话赞美秋天为主题。整个过程通过学生动手收集,创作保留,文字描述来"留住校园的秋天"。引导学生在实践活动过程中观察、感受秋之美,丰富对自然现象的认知,增强自己的语言表达能力,通过设置"拾秋展示区""绘秋展示区""赞秋展示区",让学生以小组合作的方式,进行观察、探究、创作和展示,在实践中深入理解秋季的魅力,激发学生对校园的喜爱之情,对大自然的热爱之情。

二、项目目标

(一) 知识与能力目标

(1) 科学:在项目实施过程中,对秋季的天气、植物有更深的了解;学会掌握动植物相关知识以及科学采集、保存和展示标本,培养科学探究能力。

(2) 语文:通过项目研究,了解秋季的特点,学会用语言描述秋之美,提升语言文字表达能力和写话能力。

(3) 劳动:通过项目实践,提升学生的合作技能和实践技能。学会收集植物标本,创作植物标本,提升劳动实践能力。

(4) 艺术:以绘画、手工作品、摄影等形式表达对四季的喜欢。

(二) 学习素养目标

(1) 通过实践活动,让学生更深入地理解秋季的特点,培养观察力和想象力,激发对自然的热爱。

（2）通过本项目的研究，培养学生的审美情趣，通过欣赏秋季的美景，提高学生感受美和创造美的能力。

（三）核心价值目标

（1）通过小组活动，让学生了解秋季天气、植物的变化，养成乐于观察、勤于发现、善于合作的良好习惯，从中培养学生的合作意识和交流能力；培养学生热爱大自然的情感。

（2）通过观察学校银杏树叶、玉兰树叶入秋后的变化，欣赏校园秋景的美，激发学生对校园的热爱之情。

三、挑战性问题

（一）本质问题

如何通过多感官体验与创造性表达，引导学生发现、记录并传递校园秋季的自然之美与文化内涵？

（二）驱动性问题

你最喜欢秋天的什么景色？如何将你发现的秋季的奇妙与美好分享给大家？

四、认知策略（可多选）

信息收集（ √ ）　比较分析（ √ ）　调研（ √ ）　决策（　　）
问题解决（ √ ）　系统分析（　　）　创见（　　）　实验（　　）

五、学习实践（可多选）

（1）创造性实践：收集自己喜欢的、能代表秋季的物品。
（2）调控性实践：户外自然观察、感受秋季节气特征。
（3）探究性实践：观察植物的生长、变化，收集并整理资料。
（4）审美性实践：画出自己眼中的秋季。
（5）技术性实践：用手机拍摄图片，留住秋天。

六、预期成果

（一）产品形式

（1）植物标本创作。
（2）秋季手抄报、绘画作品。

（3）秋天的照片，以及合理的粘贴展示；对所拍景色的文字描述。

（二）公开方式

在校内举办"留住校园的秋天"为主题的展览馆，介绍管区设置及作品展示。

七、项目评价

（一）过程评价

（1）学生是否积极参与各项活动，如讨论、收集植物标本，主动观察天气变化等。

（2）学生在小组合作中是否能够有效沟通和协作。

（3）学生是否能够提出与秋季相关的问题，并尝试寻找答案。

（二）结果评价

（1）知识技能、合作技能、实践技能的评价量规用表。

① 知识评价：通过观察、展评或其他形式，评价学生收集的秋季材料。

② 技能评价：评价学生能否将学到的技能应用到新的情境中，如绘画、制作模型等。

③ 实操评价：标本的制作、清晰展示秋季特征的相关评价。

（2）产品展示、项目介绍、展览效果评价。

八、项目资源及工具

（一）项目资源

手机、网络、与动植物和农耕活动相关的书籍或其他形式的资料信息，实地考察校园、公园或郊外、田地等自然环境收集的植物标本。

（二）制作工具

剪刀、收集袋、绘画纸、植物标本、绘画和手工材料、观察记录表。

（三）计划时间表（见表6-2）

表6-2　计划时间表

时间	课时	内　容
第一周	1	学生分享自己最喜欢秋天的哪些地方，并说出原因。确定项目主题，学生选择自己感兴趣的子主题
第二周	1	收集关于秋季的资料，如图书、图片等。实地考察（校园）。小组分享观察结果，讨论如何去收集秋天，留住秋天。制订更详细的研究计划
第三周	2	小组开始深入研究各自的展馆区域。收集和整理数据，如秋季来临对植物和动物的影响。小组讨论，整合信息

续　表

时间	课时	内　　容
第四周	2	讨论如何通过艺术创作表达秋季。绘画和手工制作与秋季相关的艺术作品
第五周	1	继续完善艺术作品和收集的标本。讨论如何将作品展示给同学和家长。准备展示材料,如展板、演讲稿等,进行作品展示
第六周	1	组织班级或学校的展示活动。收集观众反馈,讨论如何改进作品。小组讨论,反思整个项目的学习过程。整理项目资料,准备最终报告

九、项目实施设计

(一) 入项活动

四季是多彩的,有桃红柳绿生机勃勃的春天,有烈日炎炎的夏天,有落叶金黄的秋天,有银装素裹的冬天。我们现在就处于满目金黄、充满收获的秋天。谈起秋天,那它的美可真是说都说不完! 只要我们有一双探索的眼睛,就一定能看到它的美,让我们来探索一下秋季之美吧!

(1) 抛出驱动问题:你最喜欢秋天的什么景物? 如何将你发现的秋季之奇妙与美好分享给大家? 引导学生思考:你了解的秋天是什么样的? 在这个季节中,你最喜欢什么景物呢? 你准备怎么把它分享给大家?

(2) 全班学生以小组为单位,讨论以上问题,选择自己感兴趣的部分,进行分组。

(3) 以不同展区为单位,分为四个小组,每组 8—10 人。

(4) 角色分配。

① 小组讨论:组织学生进行小组讨论,让他们共同商讨如何完成项目任务,并确定每个成员的角色和职责。

② 角色分配:根据小组讨论的结果,每个小组分配不同的任务,鼓励学生在项目中扮演不同的角色,如观察员、收集员、记录员、制作员、绘画员、写作员等,培养他们的团队合作能力和责任感。

(二) 项目实施

1. 搜集资料,举行秋季知识竞赛

表6-3 "我眼中的秋天"问卷调查表

班级:　　　　　　姓名:

秋天的天气有什么特点?	
秋天来了,植物有什么变化? 有哪些果实成熟了?	
秋天是什么颜色的? 你能从哪些地方看到这些颜色?	
你认为校园里的秋天是什么样的?	

2. 实地考察,了解植物变化

(1) 组织学生探究校园,观察校园里的植物特征。

(2) 记录动植物的信息,完成动植物记录手抄报。

3. 自然材料的收集与创作

(1) 小组内分工,收集员进行校园素材收集,整理员把树叶、花朵等素材进行分类整理。

(2) 小组合作对标本进行整理与创作,可直接保存树叶标本,也可以进行树叶画等创作。

4. 画出你眼中的秋天

在进行观察和收集后,以绘画的形式展示自己眼中的秋天。以整个小组为单位,选景、绘画、涂色。

5. 拍摄秋景并配文写秋

通过资料的收集和观察,写出自己眼中的秋,也可以小组合作,将小组里发现的秋之奇妙与美好分享给大家。

6. 区域设计

(1) 整理各种标本、产品、艺术作品,各小组对自己分配的展览区进行设计。

(2) 将要展览的物品对应展馆进行分类,各展区要突出自己的特点,对缺少的物品进行补充。

学生对本次活动中自己的表现、制作的作品进行评价与总结,并完成项目实施评价表(见表 6-4)和作品评价表(见表 6-5)。

表 6-4　项目评价表

评价内容	不好	一般	很好	存在不足	改进建议
是否积极参与各项活动					
小组合作中能否有效沟通					
能否有效地收集与秋季相关的图片、标本等资料					

表 6-5　作品评价量表

评价领域	评价标准	画上你的个性表情吧!		
		自评	组评	师评
审美感知	能否准确地用文字描述秋季的景象和感受			
	能否准确描述天气的不同变化			
艺术表现	能否用绘画的形式表现秋季的特点			
	能否准确把握秋的不同颜色			
创意实践	能否对花、果、蔬菜进行艺术创作			
	作品是否涉及秋季中的节日			

续　表

评价领域	评价标准	画上你的个性表情吧！		
		自评	组评	师评
科学探索	能否观察植物生长、制作天气日记等，并能得出合理的结论			
	能否简单说一说在秋天人类生活、农作有什么变化			
表情评价	☺　非常满意　　　　😊　比较满意	☹　　　　不满意		
综合评语				

（三）出项活动

经过入项和实施后，项目活动进入出项公开展示阶段——"留住校园的秋天"展览。

在学校走廊设置展架，完善各展区物品，学生需要现场介绍展品。学生先进行评估陈述，在陈述中，项目小组共同介绍陈述报告，并介绍自己在项目中承担的任务。

十、反思与展望

（一）反思

1. 活动设计富有创意，但实施细节需优化

活动初期，我们精心设计了采集秋叶、制作标本、绘制秋景、用文字描写秋天等多个环节，旨在全方位地留住秋天的印记。然而，在实施过程中，部分环节的时间分配不够合理，导致部分学生未能充分展示自己的才华。未来，我们将更加注重活动细节的规划，确保每个环节都能得到充分的重视和时间保障。

2. 学生参与度高，但个别学生缺乏主动性

活动中，大多数学生都表现出了极高的热情和参与度，他们积极投入各个环节，用自己的方式留住秋天的美好。然而，也有个别学生在某些环节显得较为被动，缺乏主动探索的精神。这提醒我们在未来的活动中，需要更加注重激发学生的内在动力，引导他们主动思考、主动创造。

3. 小组合作成效显著，但沟通机制需完善

在分组完成任务的过程中，学生展现了良好的团队协作精神。他们相互帮助、共同进步，完成了各项任务。然而，在小组内部沟通方面，仍存在一些不足。有时因为沟通不畅，导致任务进度受阻。因此，我们需要在未来的活动中加强沟通机制的建设，确保信息畅通无阻，提高团队协作效率。

（二）展望

1. 深化活动内涵，丰富活动形式

在保留原有精彩环节的基础上，我们将进一步挖掘秋天的文化内涵和美学价值，引入更多新颖、有趣的活动形式，如举办秋季摄影比赛、开展秋季户外写生等，让学生在更广阔的舞台上展示自己的才华。

2. 强化学生主体地位,激发内在动力

在未来的活动中,我们将更加注重学生的主体地位,鼓励他们主动探索、主动创造。通过设立奖励机制、提供展示平台等方式,激发学生的内在动力,让他们在活动中感受到成就感和自信心。

3. 完善沟通机制,提升团队协作效率

我们将加强小组内部的沟通机制建设,通过定期召开小组会议、建立信息共享平台等方式,鼓励家长参与,确保信息畅通无阻。同时,我们还将引入团队协作培训、角色扮演等教学方法,提升学生的团队协作能力和沟通技巧。

总之,"留住校园的秋天"展览项目化活动是一次充满意义和挑战的尝试。通过反思和总结,我们更加明确了未来的发展方向和目标。相信在全体师生的共同努力下,未来的活动将更加精彩纷呈,更加富有成效。

📖 **案例分享**

爱上蔬菜——从种子到餐桌的奇妙之旅

项目类型	年级	课时数	设计者
活动类	住校二年级	15 课时	辛美楠　丁小雨

一、项目概述

在当今社会,随着生活节奏的加快和饮食文化的多元化,学生与大自然的距离似乎越来越远,对蔬菜的了解和兴趣也逐渐减少。然而,蔬菜作为我们日常饮食中不可或缺的一部分,其营养价值和对健康的重要性不容忽视。通过调查,学生对蔬菜的认知仅限于餐桌上的菜肴,并且对其生长过程和营养价值知之甚少。因此,我们将通过一系列实践活动和项目,让学生与蔬菜建立深厚的友谊,旨在通过项目化学习的方式,让学生在实践中学习、在合作中成长。我们将通过了解蔬菜、种植蔬菜、制作蔬菜美食、进行蔬菜创意展示等活动,让学生亲身体验蔬菜的魅力,了解蔬菜的重要性。此外,我们还将以团队合作的形式,培养学生的团队合作意识和沟通能力,让他们在共同完成任务的过程中收获友谊和成长。

二、项目目标

(一) 知识与能力目标

(1) 劳动:通过实践活动和探究,培养学生的动手实践能力,让他们深入了解蔬菜。通过亲手种植爱上蔬菜,让学生体验到劳动的喜悦和收获的满足,从而更加珍惜食物、尊重劳动、热爱生活,为未来的健康生活打下坚实基础。

(2) 科学:学会提出问题、分析问题、解决问题的科学方法。培养学生的观察能力、合作精神和团队协作能力,让他们学会分工合作、共同完成任务。同时,也鼓励学生发挥创新思维,尝试不同的实践方法和解决方案,培养创新意识和能力。

(3) 美术:通过调查蔬菜的种植方法及营养价值,用思维导图的形式绘制蔬菜知识图谱。

(二) 学习素养目标

(1) 通过项目研究,学会用文字描述蔬菜的基本特征,记录项目研究过程,撰写项目报告等;学会组织语言介绍蔬菜,汇报项目开展经历。

(2) 通过本项目的研究,观察蔬菜的生长过程,设计绘制知识图谱。

(三) 核心价值目标

通过亲手种植蔬菜,让学生体验到劳动的喜悦和收获的满足,从而更加珍惜食物、尊重劳动、热爱生活,能尊重劳动和普通劳动者,形成积极向上的劳动态度和价值观,为未来的健康生活打下坚实基础。

三、挑战性问题

(一) 本质问题

如何通过亲身体验蔬菜的生命周期,建立儿童与自然食物的情感联结,培养健康的饮食习惯和可持续的生活态度?

(二) 驱动性问题

如何与蔬菜建立深厚的友谊,让它们茁壮成长并回馈给我们丰富的营养?

四、认知策略

信息收集(√)　比较分析(　　)　调研(√)　决策(　　　)

问题解决(√)　系统分析(　　)　创见(√)　实验(√)

五、学习实践

(1) 创造性实践:通过亲手种植蔬菜,观察它的生长过程,深入了解植物的生长规律,体验到从播种到收获的乐趣。

(2) 探究性实践:学生通过查阅资料、观看视频等方式,了解蔬菜的起源、种类、生长环境以及营养价值。

（3）社会性实践：分小组调查、信息收集、填写调查问卷。

（4）审美性实践：绘制不同种类蔬菜的知识图谱。

（5）技术性实践：通过实践操作，引导学生掌握种植蔬菜的技巧，观察蔬菜的生长过程，从而更深入地了解这种绿色蔬菜。

六、预期成果

（一）产品形式

蔬菜营养分析知识图谱、盆栽种植蔬菜展示。

（二）公开方式

盆栽蔬菜展览会、蔬菜营养分析知识图谱展览。

七、项目评价

（一）过程评价

（1）通过问卷调查了解学生对蔬菜种植方法及其营养价值的掌握，考查学生是否积极参与、认真思考。

（2）通过小组自评和互评，分析学生是否能合理分工，共同完成任务。

（3）通过视频记录学生种植蔬菜的过程，观察学生能否发挥创新思维，解决操作过程中的问题。

（二）结果评价

（1）知识评价：收集信息完整度，能否根据蔬菜的外形、种植方法、生长周期、营养价值、烹饪方法等方面进行调查记录。

（2）技能评价：绘制的蔬菜知识图谱是否完整、清晰、美观。

（3）实操评价：依据种植过程中的蔬菜长势作出评价。

八、项目资源及工具

（一）项目资源

计算机、网络、与蔬菜相关的书籍或其他形式的资料信息、绘图工具、美术材料、种子等。

（二）项目种植材料

花盆、小铲子、营养土、水壶、幼苗、种子等。

（三）计划时间表（见表 6-6）

表 6-6　计划时间表

时间	课时	内　　容
第一周	1	发布项目主题,完成调查表,分组与分工,开展入项活动
第二周	2	不同种类蔬菜的信息收集与整理,进行蔬菜知识小问答
第三周	3	分组确定种植蔬菜的种类,并依据收集调查的信息绘制蔬菜知识图谱
第四周	4	分组种植蔬菜,及时填写蔬菜的种植过程记录表
第五周	5	成果展评,公开成果展示

九、项目实施设计

（一）入项活动

1. 展示图片与视频

展示不易被学生关注的餐厅厨余桶图片或视频,引发学生思考,为什么会有那么多人倒掉蔬菜?

2. 说一说,想一想

（1）畅所欲言,分享自己喜欢吃的食物。

（2）由此引发学生思考,为什么那么多同学不喜欢吃蔬菜,但是餐厅仍旧每餐提供蔬菜?

（3）教师提供问卷调查表（见表 6-7）。

表 6-7　"蔬菜知识知多少"问卷调查表

班级:　　　　　姓名:

我认识的蔬菜有哪些	
蔬菜的种类有哪些	
我喜欢的蔬菜	
喜欢的原因	
我不喜欢的蔬菜	
不喜欢的原因	

3. 项目角色分配

（1）分组:以班内小组为单位,6人1组,组内2人1队,分为3队。

（2）依据收集的信息进行菠菜的种植,定期观察、记录菠菜的种植过程,并进行细致分工。

(二) 项目实施

1. 信息调查,实地考察

(1) 根据住校生的家庭特点,观察家里或村庄里的菜地,咨询有种植经验的长辈进行信息调查并记录。

(2) 通过手机、电脑、书籍等途径进行调查并记录。

信息包括蔬菜的种类、蔬菜的形状、蔬菜的营养价值、蔬菜的种植方法等,其中蔬菜的种植方法是进一步讨论的重点。

2. 蔬菜知识竞赛

教师:你知道关于蔬菜的哪些知识?

组织各小组进行知识竞赛,通过抢答、猜词等形式,由此检验学生对蔬菜知识的掌握程度。

抢答题:①种子的催芽方式有哪些? ②"种瓜点豆"在哪个节气前后进行?

3. 小组重点讨论

(1) 蔬菜的种植方法有什么不同?

(2) 种植过程中需要注意哪些事项?

学生分组讨论及时做好记录,然后由小组代表汇报情况。

师生对回报内容进行积极评价。根据调查结果进行分组汇报,依据信息收集的不同程度进行自评、师评、互评。

教师提供"我是蔬菜种植小能手"信息收集评价量表(见表6-8)。

表6-8 "爱上蔬菜——种子到餐桌的奇妙之旅"信息收集评价量表

信息收集方式	评价指标描述			评价方式			评价结果
	能否用自己的语言准确描述蔬菜的外形、种植方法、营养价值及烹饪方法等信息(A)	能否简单描述蔬菜种植方法、营养价值等信息(B)	根据收集的信息,读出蔬菜的生长条件、种植方法等信息(C)	自评	互评	师评	
网络搜索							
书籍查阅							
实地考察							
请教专业人员							

4. 开展分享会,提升表达能力

根据主题引入蔬菜种植的不易,我们要珍惜粮食蔬菜,学生通过文字描述和语言表达对蔬菜种植的初步认识:如土豆,又被我们亲切地称为马铃薯,是茄科茄属的一年生草本植物。土豆的生长适应性非常强,无论是山地、丘陵还是平原,只要气候适宜,它都能茁壮成长。它喜欢冷凉的环境,耐寒、耐旱、耐瘠薄,对土壤的要求不高,但排水良好、疏松透气的土壤最适合它的生长。如佛手瓜，它属于葫芦科佛手瓜属，是一种多年生宿根草质藤本植物。生长习性喜温暖和阳光照射的环境，不耐寒也不耐高温，生长适温为 18—25 摄氏度。对土壤要求不严，但在疏松肥沃、富含有机质的酸性和微酸性土壤中生长最好。

5. 绘制蔬菜知识图谱

教师：我们了解那么多有关蔬菜的知识，同学们能把这些知识整理记录下来，绘制成蔬菜知识图谱吗？注意绘制知识图谱时要依据蔬菜的外形特点、种植方法、营养价值等方面书写记录。

(1) 教师出示知识图谱范例。

(2) 知识图谱可体现蔬菜的简介、形态、食用价值、营养价值、烹饪方式、宜搭配食材等。

(3) 分组完成，集体评价，评价标准（见表6-9）。

表6-9 "爱上蔬菜——从种子到餐桌的奇妙之旅"知识图谱评价量表

知识图谱名称	评价指标描述			评价方式			评价结果
	整体美观，知识结构清晰，具体内容科学详细，字体工整，小组有团队意识(A)	整体具有观赏性，知识结构完整详细，能根据小组合作完成活动任务(B)	整体效果干净整洁，知识结构完整，分工明确(C)	自评	互评	师评	
佛手瓜							
西红柿							
辣椒							
土豆							
豌豆							
葫芦							
花生							
空心菜							

6. 蔬菜种植实践

(1) 种子播种。

学生可以在教师或家长的指导下，学习如何播种蔬菜种子，包括土壤的准备、种子的播种深度等。

学生分组讨论：①不同蔬菜所需土壤的湿度有什么区别？②种子种植的深度是多少？③种子种植后浇水的量是多少？

(2) 日常照料。

学生根据小组分工，负责给蔬菜浇水、施肥、除草等日常照料工作，观察并记录蔬菜的生长过程。

教师运用如下问题链驱动学生操作实践：①你是根据什么种植方法进行蔬菜的种植的？②你选择什么样的工具来管理照料蔬菜？③你选择什么时间进行蔬菜的浇水、施肥等工作？④蔬菜在生长过程中遇到病虫害时，要怎样去解决？

（3）教师引导学生依据日常管理进行详细记录（见表6-10）。

表6-10　（　　）成长周期表
记录者：_____

日期	天气	浇水	除草	晒太阳	松土	施肥
画出周植物生长周期图						

（三）出项活动

经过入项和实施后，项目活动进入出项公开展示阶段——举办盆栽蔬菜展览会和制作蔬菜营养分析知识图谱展板。

在学校东区大厅，布置展板和盆栽蔬菜置物架，学生展示种植的蔬菜成果，结合蔬菜知识图谱，面向观看的学校领导、教师、同学进行产品介绍。在介绍过程中要展示自己小组的分工和种植过程中遇到的问题及解决方案等。

十、反思与展望

本项目化活动借助"蔬菜种植"板块将科学课堂知识（植物的生长与繁殖）与课下动手实践相结合，让学生从种下一粒种子开始，全程自主播种、定期浇水、择机施肥、做阳光浴、观察、记录，一直到收获果实，"沉浸式"走近蔬菜生长过程，感受生命的奥妙。

（一）贵在参与，让所有学生都行动起来

本着让所有学生都参与到活动中来的原则，丰富的选择内容和多样的选择形式充分调动了学生的积极性。首先是学生对活动积极踊跃地报名展示，其次，同学们展

现了各自的展示风格,有知识图谱绘制,有盆栽蔬菜的展示等,给了学生一片自主发挥的天地。

(二) 重在过程,使劳动探究落到实处

活动目的是让每一个学生在探索劳动的道路上留下深深的足迹,洒下辛勤的汗水,收获丰硕的果实,从而终身受益。本活动注重过程本身的价值,同学们都以极其认真的态度投入到准备中去,有的同学制作了种豆角的短视频,体现了学生的创造能力。

(三) 重视互动,开创一片交流天地

项目化学习活动是一个大舞台,为学生提供了展示才华的空间和机会。师生们一起经历了一个个探究过程,这里面有搜集资料的耐心、解答疑难问题的乐趣、创造新作品的艰辛。通过互动展示,提升了学生参与的乐趣、自我评估能力,以及同学之间交流与合作的能力。

(四) 反思

通过这次项目化学习,学生用劳动教育丈量了知识与心灵。但是,回顾学习的全过程,我们发现还有许多可挖掘、可深入的内容。本项目活动的时间跨度较大,对于二年级的学生来说是一种考验,考验他们的坚持、耐心等能力。因此,整个过程中,应当多设计一些趣味性的活动进行穿插,如"我为蔬菜做代言"宣传海报或用蔬菜为家人做道菜等,可以激发学生坚持下去的动力和兴趣。

由于每个学生的种植条件和种子情况不同,导致有的学生在种植过程中没能一次成功,造成了后期空心菜和番茄的长势各不相同,甚至等到展示时间,有些蔬菜已经枯萎,遇到这种情况可以让学生复盘种植过程。

项目化学习的重要保障是有效的评估体系,必须将过程性评价和终结性评价相结合。项目化学习是培养学生核心素养、师生一起探求真智美的桥梁,让我们一起做项目学习的探索者,让劳动素养在项目化学习中落地生根!

案例分享

我是淮阳"小导游"

项目类型	年级	课时数	设计者
学科类	三年级	6课时	李艳飞

一、项目概述

在日常学习和生活中,同学们发现了一些有趣的现象。我们生活在淮阳,可当有

外地人问起淮阳有什么好玩的地方、有什么特别的文化时，大家却回答不上来。我们只知道淮阳有一座闻名遐迩的太昊陵，可为什么它这么声名远扬呢？里面有哪些动人的故事？还有那广袤无垠的龙湖，除了风景如画，还有没有其他值得了解的呢？我们意识到，虽然我们生活在这片土地上，但对家乡的了解还太少，更不知道怎么向别人介绍它。而且，我们在课堂上学到好多知识，却没有一个好的方式把这些知识用起来，让更多人知道淮阳的好。所以，我们想要成为淮阳小导游，好好地了解家乡，然后把家乡的美丽和文化介绍给大家。因此我们设计了"我是淮阳小导游"项目化活动。

二、项目目标

（一）知识与能力目标

1. 语文学科

（1）学生能够掌握丰富的描述性词汇、多种修辞手法（如比喻、拟人、排比等）和不同的表达方式（如描写、抒情等），将其融入导游词创作，使内容生动形象。同时，能熟练运用这些技巧，清晰、准确地向听众传达淮阳的景点特色、历史文化和民俗风情。

（2）提升口语表达能力，包括正确的发音、恰当的语调、合适的语速和自然的逻辑停顿。通过实践锻炼，能够在不同场景下，自信且流畅地向游客进行讲解。

（3）培养学生收集、分析和整合资料的能力，学会从图书馆资料、网络信息和访谈内容中提取与淮阳相关的关键信息，并有效组织到导游词中。

2. 道法学科

（1）通过了解家乡的历史文化，增强学生的民族自豪感和文化自信，培养热爱家乡、热爱祖国的高尚情操。

（2）在介绍家乡的过程中，引导学生了解并遵守相关的文物保护法律法规，树立保护文化遗产的法律意识。

（3）掌握与他人友好沟通、积极互动的能力，展现出文明礼貌、热情友善的态度，提升处理人际关系的能力。

（二）学习素养目标

（1）借助资料收集和导游词创作来培养学生思维发展与提升学生素养，让他们学会从不同角度思考淮阳文化，使讲解内容更具深度和广度。

（2）培养公共参与素养，积极参与家乡文化的宣传，引导游客了解和欣赏淮阳文化，增强社会责任感。

（三）核心价值目标

以培养淮阳小导游为切入点，引领学生深度探寻家乡文化，热爱家乡，将淮阳的历史文化、民俗传统传承下去，增强学生对家乡文化的自信，让学生意识到自己是家乡文化的守护者和传播者。

三、挑战性问题

(一)本质问题

如何引导学生通过深入探究淮阳的历史文化、自然景观和民俗风情,将学科知识和家乡文化内涵相结合,克服认知局限,掌握有效的文化传播方法,从而成为淮阳文化的主动学习者和自信传播者?

(二)驱动性问题

龙湖波光粼粼、古城墙巍峨耸立、太昊陵历史厚重,弦歌台畔旋律悠扬……淮阳的景点拥有独特的美、诗意的美。如果外地人想在短时间内全面了解淮阳文化,我们作为小导游,应该从哪些方面入手去挖掘太昊陵和龙湖等景点的深层文化,才能让他们不虚此行呢?

四、认知策略

信息收集(　√　)　比较分析(　√　)　调研(　√　)　决策(　√　)
问题解决(　√　)　系统分析(　√　)　创见(　　　)　实验(　　　)

五、学习实践

(1)分组调研:学生分组,每组选择一个淮阳景点进行深入调研,收集相关资料。
(2)信息整理:整理收集到的信息,包括景点的历史、文化、风景特色等。
(3)导游词创作:基于调研结果,每组创作一篇关于所选景点的导游词。
(4)模拟导览:在班级内进行模拟导览,每组轮流展示导游词和景点介绍。
(5)反馈与修改:根据同学和教师的反馈,对导游词进行修改和完善。

六、预期成果

(一)产品形式

(1)每组提交的导游词文稿。
(2)班级模拟导览的视频或音频记录。

(二)公开方式

(1)在学校内举办"淮阳美景展",展示学生的导游词和模拟导览视频。
(2)将优秀作品发表在"小天鹅"报、上传至学校微信公众平台,与更多人分享。

七、项目评价

（一）过程评价
（1）调研活动的参与度与积极性。
（2）信息的收集与整理能力。
（3）团队合作与沟通能力。

（二）结果评价
（1）导游词的准确性、完整性和吸引力。
（2）模拟导览的表现力和感染力。
（3）作品的创新性和文化价值。

八、项目资源及工具

（一）项目资源

1. 文本资源

（1）地方志与旅游手册：提供淮阳历史、文化、景点的详细介绍，作为导游词创作的重要参考。

（2）网络文章与博客：精选关于淮阳美景和文化底蕴的网络文章，为导游词增添生动性和真实感。

2. 图像资源

（1）景点：龙湖、古城墙、弦歌台、太昊陵等淮阳主要景点的高清图片，用于制作导游词中的插图或幻灯片。

（2）地图与路线图：淮阳旅游地图和景点路线图，帮助学生了解景点位置、规划游览路线，并在导游词中清晰描述。

（3）历史照片与老地图：淮阳的历史照片和老地图，用于展示景点的历史变迁，增加导游词的历史深度。

3. 多媒体资源

（1）视频资料：淮阳旅游宣传片、景点介绍视频，以及相关的历史文化纪录片，用于丰富导游词的呈现形式，提升观众的视听体验。

（2）音频资料：弦歌台畔的悠扬旋律、地方戏曲或民歌的音频，作为导游词中的背景音乐或插曲，营造氛围。

4. 其他资源

学校图书馆与资料室：利用学校图书馆和资料室的藏书，查找与淮阳相关的书籍、期刊和报纸文章，作为导游词创作的辅助材料。

(二) 制作工具

(1) 纸笔与文具:用于记录笔记、草拟导游词、绘制景点草图等。

(2) 电脑与打印机:用于搜索资料、编辑导游词、打印图片和地图等。

(3) 多媒体设备:投影仪、屏幕,用于展示图片、视频等多媒体资料。录音设备,如麦克风、录音笔等,用于录制导游词的音频。

(4) 实地考察工具:相机、手机(带拍照功能),用于记录实地考察的景点照片。笔记本、笔,用于记录实地考察的见闻和感受。

(5) 团队协作工具:如微信群、QQ群等,用于团队成员之间的沟通与协作。

(三) 计划时间表(见表6-11)

表6-11 计划时间表

时间	课时	内　　　容
第一周	1	项目启动,分组并确定调研景点
第二周	1	实地调研或网络调研,收集资料
第三周	1	信息整理与导游词初稿创作(问题解决质量评价权衡表)
第四周	1	导游词修改与完善,准备模拟导览
第五周	1	班级模拟导览展示,收集反馈
第六周	1	项目总结,成果展示与分享

九、项目实施设计

(一) 入项活动

1. 情境导入

播放淮阳旅游宣传片,展示龙湖、太昊陵、古城墙、弦歌台等主要景点的迷人风貌,配合悠扬的地方音乐,营造浓厚的家乡文化氛围,吸引学生的注意力,激发他们对家乡美景的自豪感和进一步了解家乡的渴望。

2. 分享项目内容

用外地人来淮阳游玩时学生因对家乡文化了解不足而无法详细介绍的事例,引发学生的思考和共鸣。随后详细讲解"我是淮阳小导游"项目的目标,包括知识与能力提升、学习素养培养、核心价值塑造等方面,强调学生作为家乡文化传承者和传播者的重要角色,让学生深刻认识到项目的意义和价值。

3. 组长推选与分组

综合评估学生能力,通过课堂表现、作业完成质量、课外活动参与积极性等多维度进行考量,初步确定能力较强、具有一定组织协调能力的学生作为组长候选人。

组织全班进行投票选举,采用自荐与推荐相结合的方式,最终确定各小组组长。

组长根据对同学们能力的了解,依次邀请组员加入自己的小组,形成相对均衡的团队组合。教师在旁观察并适时给予指导,确保分组合理,避免小组间能力差距过大。

4. 明确分工

各小组成立后,组织成员进行内部讨论。根据项目需求,引导学生确定如资料收集员、导游词创作者、PPT 制作人员、讲解员等不同角色,并明确每个角色的职责和任务。例如,资料收集员负责从各种渠道收集淮阳景点的详细信息;导游词创作者将收集到的资料进行整理和创作,形成生动有趣的导游词;PPT 制作人员根据导游词内容制作精美的演示文稿;讲解员则负责在模拟导览中向同学们展示小组的成果。通过明确分工,确保每个学生都清楚自己在项目中的任务,提高团队协作效率。

5. 问题发现与梳理

以小组为单位开展讨论,围绕"作为淮阳小导游,我们需要了解什么"这一核心问题,鼓励学生自由发言,分享自己对淮阳景点已有的认识,包括景点的基本信息、印象最深刻的地方等。同时,引导学生思考外地人来淮阳旅游可能感兴趣的方面,如景点的历史渊源、独特文化习俗、特色美食等。

在小组讨论过程中,教师巡视各小组,鼓励学生提出问题,并记录下有价值的问题。讨论结束后,各小组整理出讨论中提出的问题清单。教师组织全班进行问题汇总,引导学生对这些问题进行分类,如历史文化类、自然景观类、旅游体验类等。然后,筛选出具有代表性和研究价值的关键问题,如"太昊陵的历史文化如何体现在建筑风格和祭祀活动中""龙湖的生态环境对当地文化和居民生活有哪些影响"等,使学生明确项目的重点研究方向,为后续的分组调研等活动作好准备。

(二) 项目实施

1. 选择并深入了解淮阳最具代表性的景点

(1)集体讨论与初选。

组织全班学生进行一次集体讨论,每个学生分享自己对淮阳景点的了解和个人偏好。通过投票或教师引导,初步筛选出几个最具代表性的景点,如龙湖、古城墙、弦歌台、太昊陵等。

(2)资料搜集与整理。

分组进行,每组负责一个初步筛选的景点。利用图书馆、网络资源、地方志等,收集景点的历史、文化背景、风景特色等相关资料。整理资料时,注重筛选真实性、准确性和代表性强的信息。

(3)深入调研。

根据资料,选择适合的调研方式(如实地考察、访谈当地居民、观看视频资料等),对景点进行更深入的调研。记录调研过程中的所见所闻,拍摄照片或视频作为辅助材料。

(4)小组汇报与最终确定。

各组在课堂上汇报调研成果,展示景点的独特魅力和历史文化价值。通过全班讨论和教师评估(见评价量表6-12),最终确定最具代表性的几个景点,作为后续导游词创作的主题。

表6-12 评价量表(一)

学生姓名	参与度	信息收集	资料整理与分析	团队合作能力	总体评价

2. 创作一篇既准确又吸引人的导游词

(1)学习导游词写作技巧。

讲解导游词的基本结构和写作技巧,包括开场白、景点介绍、历史文化背景、风景特色、结束语等部分。强调语言要准确、生动、有趣,能够吸引听众的注意力。

(2)构思与草拟。

学生根据所选景点的调研资料,构思导游词的整体框架和内容。草拟导游词初稿,注意融入个人见解和创意,使内容更加丰富和有趣。

(3)修改与完善。

小组讨论,相互修改导游词初稿(结合评价量表6-13),提出改进建议。根据反馈意见进行修改和完善,注重语言的准确性和流畅性。

表6-13 评价量表(二)

学生姓名	评价指标	评价等级
	导游词结构的完整性	A/B/C/D
	历史文化背景的准确性	A/B/C/D
	风景特色描述的生动性	A/B/C/D
	语言表达的准确性、流畅性和逻辑性	A/B/C/D
	个人见解和创意融入	A/B/C/D
	团队合作与沟通能力	A/B/C/D
	创作过程中的积极性与参与度	A/B/C/D
	总体表现	A/B/C/D

3. 通过团队合作,共同完成导游词创作和展示任务

(1)分组与分工。

根据学生的综合能力推选组长,并自由选择组员,保持各组能力平衡。明确分

工,如资料收集、调研记录、导游词撰写、展示准备等,确保每个成员都有明确的职责。

（2）合作创作。

组内成员根据分工协同完成导游词的创作过程。定期进行小组讨论,汇总进度,解决创作过程中遇到的问题。鼓励相互学习和借鉴,共同提升创作水平。

（3）模拟展示与反馈。

在班级内进行模拟导览展示,每组轮流上台展示他们的导游词和景点介绍。其他组同学和教师作为观众,认真观看并给出反馈意见(结合表 6-14)。根据反馈意见进行进一步的修改和完善,提升展示效果。

表 6-14　评价量表(三)

学生姓名	团队合作	创作能力	展示效果

（4）成果展示与分享。

在学校举办"淮阳美景展",展示学生的导游词和模拟导览视频。将优秀作品发表在校园刊物、学校微信公众号等平台上,与更多人分享。

（三）出项活动

1. 项目总结大会

邀请学校领导、教师及家长代表参加,共同回顾项目历程。各组学生代表分享项目过程中的收获与感悟,展示调研照片、视频及导游词文稿。教师总结项目的亮点与不足,提出改进建议。

2. 成果展示与分享

在学校举办"淮阳美景展",设立展览区,展示学生的导游词文稿、图片、视频及手工艺品等。播放班级模拟导览的视频或音频记录,让全校师生共同感受淮阳的美景与文化。将优秀作品汇编成册,制作成"小小导游作品集",在学校图书馆、资料室长期展示。将优秀作品上传至学校微信公众平台,利用网络平台与更多人分享,扩大影响力。

3. 表彰奖励

对在项目实施过程中表现突出的学生、小组进行表彰,颁发"最佳导游词奖""最佳创意奖""最佳团队奖"等奖项。鼓励学生将项目成果分享给家人和朋友,增强他们的成就感和自信心。

十、反思和展望

在项目实施过程中,各子问题设置巧妙,能引领学生深入探究、热情投入资料收集等活动,学生的知识与能力目标达成良好。他们在导游词创作中自如运用丰富元素,口语表达和信息处理能力得以提升,学习素养也因思考文化内涵与多角度创作而发展,公共参与素养在积极介绍家乡文化中养成,核心价值目标成效显著,对家乡文化的理解加深,热爱与自信增强,自身责任更加明确。丰富的资源为学生提供多元学习素材,历史照片等使导游词更具韵味,视频提升了视听感受。但是,导游词创作与修改因学生要求高和多次讨论,时间分配紧张,部分小组作品不够完善。部分学生利用资源浮于表面,忽略深层次文化内涵。分组虽平衡小组能力,但个体差异仍存在,基础弱的学生参与度低,在关键环节遇困且未得及时有效指导,影响了他们在项目中的发展。

未来,我们将基于此次项目的经验与不足进行积极改进。针对时间分配问题,下次项目前会制订更精细且具弹性的时间表,加强进度监控,确保各环节顺利推进。为深化资源利用,会提前培训学生挖掘资源内涵的方法,鼓励创新多媒体运用,组织交流活动分享经验。在个体差异方面,分组时更精准评估搭配,倡导小组内互助,教师也会给予更多个性化指导,完善评价体系关注个体成长。同时,拓展项目内容,增加文化体验活动,如学习民间艺术、品尝特色美食、参与文化保护实践等,加强跨学科融合,如与美术、音乐、历史、地理等学科合作创作,还将与社区合作推广淮阳文化,组织学生进社区宣传,与旅游机构合作开展志愿者活动,通过这些努力,推动淮阳文化传承与学生综合素养提升。

案例分享

积木创意拼搭大赛

项目类型	年级	课时数	设计者
学科类	一年级	6课时	王子菲 靳丽萍

一、项目概述

图形与几何是数学的重要组成部分,它们不仅构成了丰富多彩的数学世界,也与我们的日常生活紧密相连。为了让学生更深入地理解立体图形的特征、性质及应用,我们设计了"积木创意拼搭大赛"项目化学习活动。该项目旨在通过动手实践、观察思考、合作交流等方式,来帮助学生直观认识长方体、正方体、圆柱和球等立体图形,并培养学生的空间想象力、动手能力和创新能力。

二、项目目标

（一）知识与能力目标

（1）数学：使学生掌握常见立体图形（如长方体、正方体、圆柱、圆锥、球等）的基本特征和性质。

（2）语文：通过项目化学习，使学生能够用文字描绘、表达自己在项目设计中的想法与设计，并完整表述自己的制作过程和想法。

（3）美术：能用不同的颜色搭配出好看的模型，培养美的意识。

（4）科学：在模型设计中，能够运用对称和均衡原理，初步培养科学意识。

（二）学习素养目标

（1）通过观察、操作、想象等活动，培养学生的空间观念和自主探究意识，提高其动手实践能力和解决问题的能力。

（2）培养学生跨学科的整合能力、团队协作能力、创新能力和实践动手能力。

（3）激发学生对数学学习的兴趣，体验数学与生活的密切联系，感受数学的魅力和美感。

（三）核心价值目标

能够运用立体图形的特征和性质，设计拼搭模型，实现视觉美感和实用功能的完美结合。培养学生的创造力、动手能力、团队合作精神以及空间思维和数学逻辑能力。

三、挑战性问题

（一）本质问题

如何通过动手实践和跨学科整合，帮助学生深入理解立体图形的本质特征，并能够将这些知识灵活应用于创意设计与实际问题解决中？

（二）驱动性问题

你想不想根据自己观察到的生活现象，自己设计出一款实用且好看的智慧大拼搭呢？如何让自己的作品脱颖而出呢？根据图形的特点大胆尝试吧！

四、认知策略

（一）直观感知

通过展示生活中常见的立体图形实物，如长方体（牙膏盒、文具盒）、正方体（魔方)、圆柱(薯片桶)、球(足球、乒乓球)等,让学生直观感受立体图形的形状和特征。

(二) 动手操作

鼓励学生亲手触摸、摆弄这些立体图形,通过看一看、摸一摸、滚一滚等方式,亲身体验立体图形的不同特征,如长方体有六个面、圆柱会滚动等。

(三) 比较区分

将平面图形与立体图形进行对比,让学生明确两者的区别。例如,通过触摸和观察,让学生理解平面图形是二维的,只有一个面;而立体图形是三维的,有多个面,且占据一定空间。

(四) 语言描述

鼓励学生用简单的语言描述立体图形的特征,如"长方体有长长的边和六个面""球是圆圆的,可以滚动"等,培养学生的语言表达能力。

五、学习实践

(1) 创造性实践:通过将形状相同的物体放在一起,学生能够辨别和区分长方体、正方体、圆柱和球等立体图形。根据这些图形的特征能够进行创意拼搭。

(2) 探究性实践:根据图形的特征和活动要求,通过比较、分析获取拼摆灵感。

(3) 审美性实践:通过艺术创作展现立体图形的拼搭模型,学生可以运用绘画、摄影和实物展示将自己设计的大拼搭模型的美观与创意表现出来。

(4) 操作性实践:通过实际操作来验证设计的可行性,不断调整和优化空间关系和布局,以创造最佳视觉效果。

六、预期成果

以拼搭模型实物、摄影、绘画为产品形式。在项目化活动成果展评中,向参会的师生介绍项目经历,展示并宣传自己设计的大拼搭的作用和愿景。

七、项目评价

(一) 过程评价

(1) 通过观察了解学生在活动中的参与度,参与度高的学生通常表现出对立体图形学习的兴趣和热情。

(2) 学生是否能够集中注意力完成任务。

(3) 学生是否能够与他人有效沟通,协作完成任务,以及是否能够尊重他人意见、共同解决问题。

(二) 结果评价

(1) 识别立体图形的名称和基本特征是否准确无误。

(2) 拼搭的作品是否符合立体图形的特征,如形状、比例等。

(3) 拼搭的作品是否具有独特的创意和想象力。

(4) 能否将所学知识灵活运用到实际问题解决中,提出创新性的解决方案。

(5) 拼搭的作品是否结构稳定,不易倒塌。

(6) 作品的整体美观度如何,包括色彩搭配、形状协调等方面。

八、项目资源及工具

(一) 项目资源

在生活中有长方体、正方体、圆柱、三棱锥、圆锥和球等形状的实物及立体图形的积木。

(二) 制作工具

笔、胶水、油画棒、剪刀、卡纸和立体图形积木。

(三) 计划时间表(见表 6 - 15)

表 6 - 15　计划时间表

时间	课时	内　　容
第一周	2	发布项目主题,确定探究内容,开展入项活动
第二周	2	划分小组,明确各自的任务,完成创意拼搭
第三周	2	展示交流拼搭模型,并根据意见优化完善

九、项目实施设计

(一) 入项活动

1. 课件出示

视频 1:播放魔幻城堡、水立方、高铁、汽车、火箭等生活中常见的建筑物和交通工具。

视频 2:展示一些积木拼搭作品。

同学们,想一想,视频 1 和视频 2 有什么联系吗? 说出你的理由。

根据这些信息,你想拼搭出什么样的作品呢? 学生独立思考并汇报。

2. 设计意图

通过描绘自己想制作的拼搭作品,培养学生的空间想象力和创新力,提升学生的自信心和语言表达能力。

(二) 项目实施

1. 任务一:智慧设计师大比拼

(1) 活动内容。

① 创意拼搭。提供丰富的立体图形积木,先让学生根据手中的立体图形拼搭出学校大门,再让学生自由发挥想象力进行创意拼搭。可以是简单的堆叠,也可以是复杂的组合造型。(要求:用到所有的立体图形。)

② 作品展示。学生展示自己的创意作品,说一说它的作用和自己的愿景,并分享拼搭思路和感受。

(2) 设计意图。

通过创意拼搭活动,培养学生的空间想象力和动手能力;通过作品展示和分享,提升学生的自信心和语言表达能力。

活动结束后,及时运用评价表对学生进行调研(见表 6-16)。

表 6-16　评价表(一)

评价内容	自评	组评	师评
拼搭的创新程度	☆☆☆☆☆	☆☆☆☆☆	☆☆☆☆☆
拼搭的美感	☆☆☆☆☆	☆☆☆☆☆	☆☆☆☆☆
拼搭的稳定程度	☆☆☆☆☆	☆☆☆☆☆	☆☆☆☆☆
小组合作情况	☆☆☆☆☆	☆☆☆☆☆	☆☆☆☆☆

2. 任务二:立体图形大探秘

(1) 活动内容。

① 实物展示并拆解。展示自己的拼搭作品,并拿出所用到的立体图形(长方体、正方体、圆柱、圆锥和球等形状的实物及积木),让学生直观感受其形状和特征。

② 分类游戏。让学生将桌上的立体图形进行分类,并说明分类标准。

③ 特征描述。引导学生观察、触摸立体图形,描述其特征,如面的数量、形状、能否滚动等。

(2) 设计意图。

通过实物展示和分类游戏,帮助学生直观认识立体图形;通过特征描述,培养学生的观察能力和语言表达能力。

活动结束后,及时运用评价表对学生进行调研(见表 6-17)。

表 6-17　评价表(二)

评价内容	自评	组评	师评
准确说出图形名称	☆☆☆☆☆	☆☆☆☆☆	☆☆☆☆☆
准确说出图形特征	☆☆☆☆☆	☆☆☆☆☆	☆☆☆☆☆

评价内容	自评	组评	师评
能够对立体图形进行准确分类	☆☆☆☆☆	☆☆☆☆☆	☆☆☆☆☆
小组合作情况	☆☆☆☆☆	☆☆☆☆☆	☆☆☆☆☆

3. 任务三:立体图形与生活应用

（1）活动内容。

① 寻找生活中的立体图形。让学生在家或校园里寻找立体图形的实例,如书本（长方体）、魔方（正方体）、水杯（圆柱体）等。

② 制作立体图形手册。引导学生将找到的立体图形实例拍照或绘画下来,制作成一本立体图形手册。手册中可以包括图形的名称、特征描述、实物图片等内容。

（2）设计意图。

通过寻找生活中的立体图形,让学生感受到数学与实际生活的紧密联系;通过制作立体图形手册,培养学生的归纳整理能力和创造力。

（三）出项活动

1. 组织学生进行作品展示和交流分享

（1）在班级走廊里设置展板,将制作的大拼搭模型、拍摄的照片、绘制的立体图形等成果展现出来。

（2）由一名讲解员详细讲解项目化学习过程和成果,以及制作的大拼搭模型的作用和自己的愿景。

2. 召开设计师交流会

通过自评、互评和教师评价等方式对项目成果进行评价和反馈,提出改进建议。

十、反思与展望

（一）反思

1. 学生参与度与兴趣激发

（1）反思:在项目实施过程中,学生普遍对立体图形表现出浓厚的兴趣,尤其是在动手操作环节。然而,由于一年级学生年龄尚小,自控力较弱,部分学生在活动中容易分心,导致参与度不均。同时,过于兴奋的状态也影响了课堂纪律和教学效果。

（2）改进措施:在未来的项目中,可以设计更多层次分明的活动,逐步引导学生深入探索。同时,加强课堂纪律管理,确保每位学生都能有序参与。此外,通过引入游戏化学习元素,如积分制、竞赛等,进一步激发学生的学习兴趣。

2. 知识掌握与技能发展

（1）反思:通过项目化学习,大多数学生能够初步认识长方体、正方体、圆柱和球等立体图形,并能在一定程度上描述其特征。然而,由于学生间存在个体差异,部分学生在空间想象力、动手操作能力等方面的发展相对滞后。

（2）改进措施：针对不同学生的发展水平，设计差异化的学习任务。对于空间想象力较弱的学生，可以提供更多实物模型和动手操作机会；对于动手操作能力不强的学生，则可以设置更具体的操作指南和分解步骤。同时，鼓励学生间的相互学习和帮助，形成良好的学习氛围。

3. 合作与交流

（1）反思：在项目的小组合作环节，部分学生表现出良好的合作意识，能够积极参与讨论和协作完成任务。但也有部分学生存在沟通不畅、责任不清等问题，影响了小组的整体表现。

（2）改进措施：在小组合作前明确任务分工和合作要求，培养学生的责任感和团队意识。同时，提供必要的沟通技巧和策略指导，帮助学生建立良好的合作关系。此外，通过定期的小组展示和评价环节，增强学生的合作意识和成就感。

（二）展望

1. 深化对立体图形的认知与应用

在未来项目中，可以进一步深化学生对立体图形的认知与应用。通过引入更复杂的立体图形和组合图形，提高学生的空间想象力和问题解决能力。同时，将立体图形的知识与现实生活紧密联系起来，引导学生发现身边的立体图形并尝试用所学知识解决实际问题。

2. 强化跨学科整合与实践应用

加强数学与其他学科的整合与实践应用是项目发展的重要方向。可以将立体图形的项目与语文、科学、艺术、美术等学科相结合，设计跨学科的学习任务和实践活动。例如，通过制作立体图形模型、进行简单的物品设计等活动，培养学生的创新思维和实践能力。

案例分享

节约粮食去奉献

项目类型	年级	课时数	设计者
学科类	四年级	10课时	楚春玲　张晓彩

一、项目概述

生活中的浪费现象随处可见：洗手、洗脸、刷牙或洗菜后，没有及时关掉水龙头；不爱吃的饭菜被倒进了垃圾桶；草稿纸随意丢弃……这些不经意间的浪费每天都在发生着。一个人的浪费看似微不足道,但我国是一个拥有 14 亿人口的大国,如果每个人都浪费,那将是一个巨大的数据;反观咱们国家的贫困地区,很多孩子没有衣服穿、没有饭吃、没有学习用品,如果我们把这些浪费的物资节约下来捐赠给需要帮助的人群,就可以为扶贫工作奉献自己的一份力量。基于此,我们设计了"节约粮食去奉献"项目化学习活动。

二、项目目标

(一) 知识与能力目标

(1) 数学:运用数学所学进行测量、数据收集与整理、推算与对比,获得信息和结论;经历猜想、推算、验证、联想等过程,初步获得解决问题的一些策略和方法,提高学生解决问题的能力。

(2) 语文:通过项目研究,记录项目研究过程、撰写项目报告等;学会组织语言介绍捐献方案,汇报项目开展经历。

(3) 美术:通过搜索观察生活中的浪费现象,绘画设计节约小妙招。

(4) 道德与法治:培养了学生的良好道德修养,让学生体验到节约给自己生活带来的快乐,自觉节约粮食,从而提升节约意识。

(二) 学习素养目标

(1) 学会调查统计分析:通过项目研究,学会根据调研数据分析问题,制作问题清单,整合知识结构,设计制作思维导图。

(2) 通过本项目的研究,在实践中发现问题,学会运用项目化学习可视化学习工具解决问题。

(三) 核心价值目标

(1) 在项目实施过程中,体验数学与日常生活的密切关系。认识到许多实际问题可以借助数学方法来解决,体会数学的应用价值,培养学生对数学的兴趣和解决实际问题的能力。

(2) 通过项目研究,学生能知道节约的主要意义,了解节约与人们的生活有着密切的关系;感受节约的重要性,明白要为建设美好家园贡献力量;培养勤俭节约的优良品德和奉献意识。

三、挑战性问题

(一) 本质问题

如何通过数据分析和实际行动,将日常生活中的节约行为转化为可衡量的社会奉献,从而培养可持续的节约意识和公益精神?

（二）驱动性问题

如果全校要节约1亿粒米捐献给贫困地区的200名孩子要怎么做？这节约下来的1亿粒米够200人食用多长时间？（可制作一份方案）

四、认知策略

信息收集（ ✓ ）　　比较分析（ ✓ ）　　调研（ ✓ ）　　决策（　　　）

问题解决（ ✓ ）　　系统分析（　　　）　　创见（　　）　　实验（ ✓ ）

五、学习实践

（1）创造性实践：小组合作绘制手抄报。

（2）调控性实践：制订计划和调查表，反思调控自己的行为。

（3）探究性实践：探索1亿有多大的方法。

（4）社会性实践：通过社会调查体验1亿有多大，并学会宣传勤俭节约的美德。

（5）审美性实践：制作精美的手抄报，供大家欣赏。

六、预期成果

（一）产品形式

（1）自制手抄报。

（2）用照片、视频、小报、表格以及图画等方式记录你的感想、心得，也可以试着用美篇记录下你的成长历程。

（二）公开方式

1. 成果展示会

（1）形式：组织一次成果展示会，邀请学生、教师、家长及社区成员参加。

（2）内容：学生以小组或个人形式，通过PPT、视频、实物模型、手抄报、小论文等展示他们的学习成果，包括1亿粒米的重量测量、节约行为的创意展示等。

2. 校园展览

（1）形式：在校园内设置展览区域，长期展示学生的优秀作品。

（2）内容：精选具有代表性的学习成果进行展览，如节约装置、节约行为的创意艺术表现等。

3. 线上分享

形式：利用学校网站、微信公众号、抖音等新媒体平台，发布学生的学习成果和心得。

4. 社区宣传

(1) 形式:走进社区,以宣传栏、海报、讲座等形式宣传节约理念。

(2) 内容:结合学生的学习成果,向社区居民普及节约知识,倡导节约行为。

七、项目评价

(一) 过程评价

关注学生在探究过程中参与度、合作能力、问题解决能力等方面的表现。

(二) 结果评价

根据各小组的探究成果质量、创新性、实用性等方面进行综合评价。

八、项目资源及工具

(一) 项目资源

(1) 数学教材和参考资料。

(2) 实验材料(如米、纸杯等)。

(3) 绘画和手工材料。

(4) 计算机或平板电脑、网络、与1亿有多大相关的书籍。

(二) 制作工具

(1) 基本测量工具:天平或电子秤、计时器、计算器、笔记本和笔、数据表格。

(2) 模型或示意图:通过制作模型或绘制示意图,帮助学生更直观地理解1亿个物体的规模或排列方式。

(3) 在研究1亿粒米的重量时,除了天平或电子秤外,还需要准备足够数量的米粒。

(三) 计划时间表(见表6-18)

表6-18 计划时间表

时间	课时	内 容
第一周	2	发布项目主题,调查数据分享,确定探究内容,开展入项活动
第二周	2	了解1亿有多大概念,提升节约意识
第三周 第四周	4	提供知识技能,掌握技术工具,设计手抄报
第五周	2	提出优化建议,形成最终成果,文字报告,公开成果展示

九、项目实施设计

(一) 入项活动

由于近年来人们的生活质量提高,节约一词已日渐被忽视和淡忘。但我国是一个人口大国,种种浪费现象如果继续下去的话,后果非常严重。近期教师想组织一场公益活动,如果把我们日常生活中浪费的物资节约下来捐给孤儿院的孩子们,你们愿意吗?(让同学们各自说说想要捐的东西)

(二) 项目实施

1. 开启调查,了解身边的浪费现象

(1)调查生活中浪费现象:小组合作调查生活中的浪费现象,并汇总到表格中。

(2)收集班级学生每天浪费粮食的情况,如果把这些物资节约下来捐献给县里的孤儿院,够一个孩子吃多久、用多久。(小组进行合作调查收集)

学生也可以上网调查生活中的浪费现象,将照片和文字填在表格里。表格内容可以是镜头下的浪费现象,也可以是数据下的浪费现象,可以自己拍摄生活中的浪费现象,也可以上网查阅新闻和资料(完成表 6-19)。

表 6-19　浪费现象调查表

来源:	调查人:
现象	
感想	

表 6-20　浪费现象评价表

评价维度	自我评价	家长评价	教师评价
浪费现象的来源	☆☆☆☆☆	☆☆☆☆☆	☆☆☆☆☆
浪费现象是否真实	☆☆☆☆☆	☆☆☆☆☆	☆☆☆☆☆
感想的深度	☆☆☆☆☆	☆☆☆☆☆	☆☆☆☆☆

2. 估算浪费数据

计算节约的粮食、纸张够孤儿院一个小朋友吃多久、用多久。（发挥小组合作的力量）

通过调查，同学们发现了身边这么多的浪费现象，那这些大数据背后到底承载着多少浪费呢？每人一顿饭浪费 1 粒米，14 亿人口一顿饭就浪费了 14 亿粒米，14 亿粒米到底有多重呢？

我们就先从了解 1 亿粒米有多重开始。1 亿粒米有多重，我们可以先称 100 粒米有多重，再用数学的方法进行推算。如果每人每天吃 400 克大米，1 亿粒大米大约可供一人吃多少天？吃多少年？从表 6-21 任务中选择研究的内容，也可以自行选择。可独立完成，也可与同学共同完成。最后完成课堂评价量表（见表 6-22）。

表 6-21　"体验 1 亿粒米有多重"活动记录表

任务	
成员及分工	
实验准备	
实验方案	
推算过程	
感想	

表6-22　课堂评价量表

项目成员	任务完成(20分)	小组汇报(10分)	课堂参与(10分)	课堂纪律(10分)	总分(50分)

3. 厉行节约,宣传美德活动

我们通过"1亿有多大"的探究,感悟到了大数据带给我们的震撼,为了让身边的人也能更加清楚地体会到浪费的严重性,提倡艰苦奋斗、勤俭节约,坚决反对铺张浪费,在全社会营造浪费可耻、节约光荣的浓厚氛围。可以从数据的层面制作一份"厉行节约,以俭养德"的宣传海报,将自己前两个活动的心得感悟融汇其中,倡导身边的朋友和亲人一起厉行节约,以俭养德。可以阅读书籍,看看我们的祖先是怎样艰苦朴素、以俭养德的,结合自己的心得体会,将故事讲给身边的家人和朋友听,录制"讲节俭,传美德"的视频,完成表6-23、表6-24。

表6-23　"节约粮食去奉献"项目化综合评价表

评价内容		☆☆☆☆☆	☆☆☆	☆☆	自评	家长评
调查浪费现象	评价标准	主动积极参与活动	参与活动较为积极	较为被动地参与活动		
		借助有效资源及方式进行调查	需要他人提供思路	依赖家长帮助		
		展示现实的客观性,产生研究数据的欲望	能客观展示现实问题	对浪费现象无动于衷		
推算浪费数据	量化标准	能设计合理方案进行实验	方案设计需要他人帮助	活动方案无从下手		
		利用数学知识正确推算	推算过程存在困难,需要他人帮助	不知道该怎样进行推算		
		能跟资料卡中的相关信息做好联结和对比,拥有较深的感悟	数感不强,没有较深感悟	不主动进行关联与对比,没有感触		
	质化标准	积极主动参与实验与推算,逻辑思维清晰	逻辑能力不强,需要他人帮助	实验与推算被动完成		
讲节俭,传美德	量化标准	通过项目学习感受1亿有多大,建立数感	数感不强,概念不够清晰	没有通过项目学习感受到1亿究竟多大		
		结合感悟,通过海报与故事宣传厉行节约、以俭养德	海报较简单,故事叙述传达性不高	海报质量不高,故事无条理,无感悟		

评价内容		☆☆☆☆☆	☆☆☆	☆☆	自评	家长评
讲节俭，传美德	质化标准	整个项目活动积极主动，逻辑清晰，建立勤俭节约的意识和责任感	整个项目活动较积极主动，能建立勤俭节约的意识和责任感	活动不够积极主动，节约意识不强		

表 6-24　"节约粮食去奉献"项目过程性评价表

评价项目	评 价 内 容	自我评价	组员评价	教师评价
学习态度	在整个项目化学习过程中，充满热情、积极主动地思考和探索问题，乐于参加实践活动			
团队合作	能正确处理组员间的矛盾，虚心听取他人意见，学会自我反思，学会沟通、交流与合作			
活动过程	能制订合理的研究方案，主动承担并按时完成自己的研究任务，遵守团队规则，围绕活动目标进行研究。			
计算推理	及时记录相关数据、活动资料，正确计算，合理推理、分析，获得的结论。			
创新能力	不是简单的模仿，而是经历、验证猜想的过程，能根据实际问题主动调整方案。			
成果汇报	汇报、展示成果时，举止自信、得体、大方，语言表达充满激情和感染力，精神饱满			
评价说明：采用星级制(☆有待努力；☆☆表现良好；☆☆☆表现优秀)				

（三）出项活动

经过入项和实施后，项目活动进入出项公开展示阶段——自制手抄报和 PPT、视频、实物模型展示活动。

（1）举办一次节约粮食、奉献爱心问题的展示活动，让每一个学生都介绍一下自己的作品，再谈一谈自己如何理解 1 亿有多大。

（2）汇报自己的活动过程，以小组为单位制作 PPT，来展示团结协作的过程。

（3）接受别人的评价（完成表 6-25）。

表 6-25　反思与改进

1. 我在此次活动中，有哪些发现？	
2. 我在此次活动中，遇到了什么困难或问题？	
3. 我是怎样解决这个困难或问题的？	

十、反思与展望

（一）亮点与收获

（1）实践操作加深理解：学生亲手进行实验，如测量1亿粒米的重量等，通过实际操作加深了对"1亿"的理解，培养了数感和量感。

（2）团队协作能力提升：在小组合作中，学生学会了分工合作、共同解决问题，提升了团队协作能力和沟通能力。

（3）成果展示锻炼表达：通过制作图表、模型、PPT等展示探究成果，学生锻炼了表达能力和自信心，学会了如何向他人展示自己的学习成果。

（二）问题与不足

（1）时间管理有待加强：在活动过程中，部分小组由于时间管理不当，导致实践操作时间紧张，影响了探究的深度和广度。

（2）数据准确性需提高：在实验操作中，由于测量工具、方法等因素的限制，部分数据存在误差，影响了探究结果的准确性。

（3）展示形式需多样化：在成果展示环节，部分小组的展示形式较为单一，缺乏创新性和吸引力，影响了观众的观看体验。

（三）改进建议

（1）加强时间管理培训：在活动开始前，对学生进行时间管理培训，教会他们如何合理规划时间，确保探究活动的顺利进行。

（2）提高数据准确性：在实验操作中，引导学生注意测量工具的精度和测量方法的选择，减少误差，提高数据的准确性。

（3）鼓励创新展示形式：在成果展示环节，鼓励学生尝试多种展示形式，如角色扮演、互动游戏等，增加展示的趣味性和互动性。

（4）加强反思与总结：在活动结束后，引导学生进行深入反思和总结，分析存在的问题和不足，提出改进意见和建议，为后续学习提供借鉴和改进方向。

（四）展望未来

通过本次"节约粮食去奉献"项目化学习活动，学生不仅收获了知识和技能，还锻炼了多种能力。展望未来，我们将继续探索更多有趣且富有挑战性的项目化学习活动，为学生提供更多展示自我和锻炼能力的机会，促进他们的全面发展。同时，我们也将不断改进和完善活动设计，确保活动的有效性和针对性，为学生的数学学习之路增添更多色彩和乐趣。

参考文献

［1］崔春华. 综合实践活动课程设计与实施［M］. 北京：北京师范大学出版社，2018.

［2］李镇西. 教育是生命相遇的事业［M］. 上海：华东师范大学出版社，2019.

［3］王晓春. 项目化学习设计与实施［M］. 北京：北京师范大学出版社，2021.

［4］刘可钦.“小组合作学习”教学设计与实施［M］. 北京：教育科学出版社，2017.

［5］郑永和. 智慧教育：技术赋能的教学创新［M］. 北京：教育科学出版社，2020.

［6］吴晓如. 人工智能赋能教育创新［M］. 北京：人民教育出版社，2021.

［7］焦建利. 信息化教学创新与实践［M］. 北京：高等教育出版社，2019.

［8］陈丽. 网络学习空间的教学应用［M］. 北京：清华大学出版社，2020.

［9］东北师范大学教育学部项目化学习研究团队. 项目化学习设计与实施指南［M］. 北京：教育科学出版社，2022.

［10］华东师范大学“零陵中学”项目化学习课题组. 跨学科项目化学习实践探索［M］. 上海：上海教育出版社，2021.

［11］北京师范大学“未来教育”研究院. 核心素养导向的项目化学习［M］. 北京：北京师范大学出版社，2020.

［12］朱永新. 新教育之梦［M］. 北京：人民教育出版社，2019.

［13］柳夕浪. 课堂转型：从“教堂”到“学堂”［M］. 上海：华东师范大学出版社，2018.

后记

项目化学习作为一种新的学习方式，需要精准把握育人方向，全过程融入优秀文化等教育元素，着眼于培养学生的创造性思维、批判性思维、团队沟通与合作等重要的终身学习能力，促进教与学方式的变革和教师专业成长，进而激发学校的办学活力。

两年来，学校在著名课程教育专家田荣俊校长和著名特级教师戴申卫老师的指导下，积极探索实践，在学校活动领域、学科领域和跨学科领域设计真实而富有挑战性的问题，引导和指导学生在一段时间内持续探究，尝试创造性地解决问题，并形成相关项目成果。在项目化活动设计的过程中，学校始终秉持"以学生为本"的教育理念，力求通过多样化的活动设计，激发学生的学习兴趣，培养他们的探究精神、合作能力和创新思维。每一个项目设计都经过多次修订与完善，既注重理论依据，又贴近实际教学需求，力求为一线教师提供可操作、可借鉴的参考。这些项目化学习设计，绝不是孤立的、单一的知识传授，而是将语文、数学、科学、美术、信息技术等多学科知识有机融合，打破学科壁垒，让学生在真实情境中去发现问题、分析问题、解决问题。在这个过程中，学生不再是被动的知识接受者，而是积极主动的学习者、探索者、创造者。他们学会了如何与同伴合作，如何在团队中发挥自己的优势，如何倾听他人的意见，如何用创新的思维去寻找解决问题的新路径。这些能力，如同一颗颗种子，悄然种在孩子们的心田，将在未来的岁月里生根发芽、茁壮成长，成为他们走向社会、面对未来挑战的坚实根基。

作为教师，我们在项目化学习的实践中也收获颇丰。我们从传统的知识传授者转变为学习的引导者、组织者和参与者。我们学会了如何创设真实且富有挑战性的学习情境，如何引导学生自主探究、合作学习。我们看到了学生身上无限的潜能与创造力，也深刻认识到教育的本质是激发、引导与陪伴。这种教育理念的转变，让我们在教学中更加注重学生的个性化发展，更加尊重每个学生的独特性，更加用心地去倾听他们的声音，去发现学生的闪光点，去帮助每个学生找到属于自己的成长之路。

然而，项目化学习的探索之路并非一帆风顺。在这个过程中，我们也遇到了诸多挑战与困难。如何设计出更具吸引力、更具挑战性且符合学生认知水平的项目主题？如何在有限的时间内保证项目化学习的深度与广度，让学生们真正有所收获？如何在项目化学习与传统教学之间找到平衡，确保学生们在提升综合素养的同时，也能在学科知识上达到应有的水平？这些问题一直萦绕在我们心头，促使我们不断反思、不断探索、不断改进。在活动项目化学习设计中，我们更加注重指向学生真实生活和发展需求，从真实情境中发现问题并转化为项目；在学科项目化活动设计中，我们更加注重指向学科的核心素养培育，从学科实践中发现真实问题并转化为项目；在跨学科项目活动设计中，我们更加注重指向两个及以上学科的核心素养培育，将自然与生活中真实而复杂的问题转化为项目，综合运用多学科知识和能力解决问题，从而完善学生的知识结构，锤炼综合能力，提升思维品质。

基于这样的认识和理解，学校组织教师开展了一系列的理论学习、方法探讨、实践交流、成果展示，最终形成了《项目化学习实施策略的研究与实践》一书。本书由李耀文校长总体策划，由李耀文校长和徐乃玉执行校长负责设计框架结构，每一章的撰写作者如下：第一章"问题驱动　促进学习动力"由王雯雯撰写，第二章"学习工具助力学生学习"由张雪云撰写，第三章"自主参与　发挥主体意识"由朱志勤、王佳撰写，第四章"合作探究　培养团队精神"由张凤撰写，第五章"多元评价　提升思维品质"由王段撰写，第六章"成果展示　凸显核心素养"由刘金华、韩园园撰写，最后由李耀文校长统稿。这本书的出版，只是我们项目化学习探索历程中的一个小小里程碑，它记录了我们过去的努力与成果，也为我们的前行指明了方向，让更多的教师了解项目化学习的价值，吸引更多的人加入项目化学习的实践中来。

我们衷心感谢每一位为这本书的出版付出智慧的教师，感谢你们精心编写每一个案例，用心修订每一段文字。感谢田荣俊校长和戴申卫老师给予教师的专业支持与引领，为我们的探索提供了坚实的后盾。感谢所有参与项目化学习的学生们，是你们的积极参与、大胆探索和无限创意，让项目化学习充满了生机与活力。

谨以此书献给所有热爱教育、勇于创新的教师们。愿我们在教育的道路上，继续携手前行，为学生的成长与发展贡献力量。由于我们对教育理论研究经验不足，我们开展的项目化学习还需要进一步走向深入，热忱希望得到广大同行、专家学者的批评与指正。

本书编委会

2025 年 2 月